# 규방가사의 '글하기' 전략과 소통의 수사학

# 규방가사의 '글하기' 전략과 소통의 수사학

최 규 수 지음

명지대학교출판부

이 저서는 2009년 정부(교육부)의 재원으로 한국연구재단의 지원을 받아 수행된 연구임(NRF-2009-812-A00224)

# 책을 내며

규방가사를 읽는 시간은, 잠시 멈추면 보이는 것들과 대면하는 시간이라고나 할까…. 이화여대에서 고전시가를 전공하는 동학들이 모여 〈규방가사의 작품세계와 미학〉이라는 책을 묶어낸 후, 어느덧 10여 년의 시간이 흘렀다. 기명(記名)의 규방가사 작품을 대상으로 한 이 책의 서문에서 나정순 선배님은 이렇게 소회를 밝힌 바 있다.

> … 이제 앞으로의 과제는 여기서 논의된 작품론을 토대로 후대 규방가사의 성격을 점검하고 규방가사 전체의 틀을 재정립하는 일일 것이다. 규방가사에 관한 학적 과제는 우리들만의 몫이 아니다. 규방가사 연구에 열의를 지녔던 선학의 뜻을 이어 고전시가에 관심을 가지고 있는 모든 연구자들의 몫일 것이다. 여기에 우리는 비로소 하나의 작은 길을 만들었을 뿐이다. 이 길이 규방가사라는 집에 이르는 하나의 지표가 되기를 기대해본다.

모교의 울타리를 벗어나 여럿이 해온 공부의 흐름은 끊겼지만, 그 때의 기대와 소망은 여전하고 제기된 문제의식 역시 늘 유념하고 있다. 규방가사의 전통이 오늘날에도 역동적으로 이어지고 있다는 점에서 다각도에서 규방가사를 분석하고 그 결과를 다채롭게 해석하고 의의를 검토하는 작업은 고전문학 연구의 현재적 당위성과 맞물려 있는 영역이기도 하며, 이를 위해서는 규방가사 연구의 방법론적 확장에 대한 고민과 성찰이 절실히 요청되기 때문이다.

무엇보다 규방가사의 자료적 실상에서 포착되는, 유형간 접점을 이루면서 다양하게 펼쳐지는 작품양상들을 볼 때, 규방가사의 적층성에 대한 문학적 · 문화적 이해에 대한 관심이 절대적으로 중요해진다. 이에 규방가사의 향수자들이 규방가사의 창작과 향수를 아울러 칭하며 사용한 '글하기'라는 개념을 이해하는 것이 유의미할 수 있다는 점에서, 이 책에서는 규방가사 텍스트를 단독적으로 분석하기보다 '글하기'가 이루어지는 소통의 상황과 원리를 주목하여 창작과 향수의 실상을 보다 역동적으로 파악하려 하였다.

또한, 제목으로 내건 '소통의 수사학'이라는 명명은 연구자가 규방가사의 작품세계에서 깊이 감명받은바가 규방가사의 향수자들이 보여주는 다양하고 울림 깊은 '의사소통의 지향성'에 있음을 반영한 것으로, 이를 통해 대동소이한 외관을 지녔음에도 작품 하나마다 새롭게 읽혀지는 비밀의 지점이 바로 여성이자 교양인으로 삶의 다단한 국면을 진솔하게 소통하려는 공감대에 있음을 강조하고 싶었다고나 할까? 규방가사는 삶의 현장과 괴리되지 않았으며, 필자 단독으로 고립되거나 폐쇄된 환경에서 만들어진 것도 아니며, 진공상태에서 자신의 생각을 일방적으로 쏟아내는 결과물은 더더구나 아니었기 때문이다.

물론, 시작할 때의 의욕이 왕성했던 만큼 욕심을 채우지 못하고 과제로 남겨둔 부분도 적지 않다. 한 걸음을 떼기가 어려움을 새삼 느낀다. 다만, 이 여정이 짧지 않을 것임을 잘 알고 있기에, 다시 내딛는 한 걸음마다에서 못다 푼 과제를 해결할 수 있도록 호흡을 새롭게 가다듬고 있다.

지난 3년 규방가사에 오롯이 집중할 수 있게 여건을 만들어준 한국연구재단과, 한 권의 책으로 갈무리할 수 있게 도움 주신 명지대학교 출판부의 신명용 선생님과 이영록 과장님께 감사드린다.

돌아보면 길고도, 멀지 않은 시간이다. 능력이란 무언가를 할 수 있는 것을 말하며, 무언가를 실제로 하도록 만드는 것은 동기라고 했던가. 하여, 이제 다시 소심심고(素心深考)의 자세로 그리운 시간들을 여행하고 싶다. 내가 오른 곳은 그저 고갯마루였을 뿐, 길은 다시 다른 봉우리로 이어지고… 낮은 데로만 흘러 고인 바다, 작은 배들이 연기 뿜으며 가는 풍경이 마냥 정겨울 따름이다.

2014년 2월

**崔 圭 穗**

# 차 례

# I
# 서 론

이 연구에서 연구자가 관심을 두는 지점은 크게 세 가지로 나뉜다. 그 하나는, 대상자료의 검토를 통해 규방가사의 '글하기' 방법이 실현되는 양상을 구체적으로 분석하는 작업이다(Ⅱ장). 다른 하나는, 앞선 분석 작업을 토대로 규방가사의 '글하기' 전략의 근간과 환경을 이해하는 작업이다(Ⅲ장). 마지막으로, 규방가사의 '글하기' 전략이 갖는 의의를 살펴 '소통의 수사학'을 지향하는 규방가사의 의의를 성찰하는 기회를 갖는 일이다(Ⅳ장).

이러한 관심사는 대상자료의 실상을 주목한 연구자의 문제의식에서 촉발된 것으로, 규방가사가 고전시가에서 작품 창작과 향수의 실상을 보다 다양하고 구체적으로 관찰할 수 있는 훌륭한 텍스트이며, 그래서 더더욱 흥미로운 주제를 가진 다양한 연구관점이 필요하다는 문제 제기에 충분히 동의한 데서 비롯된다.

이에 1항에서 규방가사 논의의 반성적 지점을 살피는 것으로 문제의식의 출발점을 재확인한 후, 2항에서는 규방가사에서 '글하기' 전략을 주목하는 이유를 구체적으로 서술하고자 한다. 이는 유형별 전제에 구속되지 않은 상태에서 보다 다양하고 새로운 유형적 특징을 찾고 그 의미를 다채롭게 부여하는 과정적 이해가 중요하다고 생각하기 때문이다. 이를 토대로 3항에서는 이 연구에서 선택한 대상자료의 범주와 특징을 개관하는 작업을 하게 될 것이다.

## 1. 규방가사 연구의 반성적 고찰

연구자는 규방가사의 작품론을 지속적으로 진행하면서 다대하고도 다양한 규방가사의 세계에 매료되었고, 이러한 자료적 실상을 제대로 보여주기 위해 오랜 기간 선학들이 쏟은 노고에 깊이 감사하고 있다. 또한 규방가사가 고전시가에서 작품 창작과 향수의 실상을 보다 다양하고 구체적으로 관찰할 수 있는 훌륭한 텍스트이며, 그래서 더더욱 흥미로운 주제를 가진 다양한 연구관점이 필요하다는 문제 제기에 충분히 동의한다.

이에 이 항에서는 본격적인 논의를 진행하기에 앞서 규방가사 연구에 대한 반성적 고찰을 행하고자 하는데, 기본 방향을 요약하면 다음과 같다. 그 하나는 규방가사 연구의 방법론을 새롭게 확대하는 지점에 대한 고민이 필요하다는 것으로, 주변부 문학으로 보는 경향성과 여성적 글쓰기 일변도로 접근하는 태도에서 탈피하는 것이 우선되어야 한다는 점이다. 다른 하나는 규방가사의 유형 분류 작업을 새롭게 하는 것으로, 기왕의 유형 분류 작업에서 드러난 편의성과 도식성에서 탈피하는 것이 우선되어야 한다는 점이다.

1.

이 글의 출발점은 규방가사의 자료적 실상에 대한 관심에서부터 시작되며, 새로운 자료의 발굴도 중요하지만 기왕에 소개된 작품들을 보다 면밀히 주목하여 작품 이해의 기본틀을 공고히 다지는 것도 필요하다는 문제의식을 토대로 한다. 근래 연구자가 행한 일련의 논의에서 언급한 것처럼, 유형별 전제에 구속되지 않은 상태에서 새로운 특징을 찾고 그 의미를 다채롭게 부여하는 과정적 이해가 규방가사의 실상을 진단하는 일단계 작업으로 중요하다고 생각하기 때문이다.[1)]

규방가사에 대한 연구자의 학문적 관심은 계녀가류 규방가사를 주목하면서부터 시작되었다. 딸이나 일반 부녀자를 대상으로 부녀의 시집살이 덕목을 경계하는 내용을 일정한 형식에 맞춰 담은 〈계녀가〉는 여성 독자층을 대상으로 결혼 후의 생활규범 및 교훈을 경계하고 있다는 점에서 조선후기 여성들이 여성으로서의 덕목과 규범을 어떻게 익혀 가는지를 보여주는 자료적 가치를 지니고 있었다.

무엇보다 계녀가류 규방가사는 규방가사이면서 교훈가사이기도 한 양면적 속성을 동시에 보여주는 작품군이라는 점에서 흥미로웠다. 여성 중심적인 공간에서 여성을 중심으로 이루어진 문학작품임에도 가정생활 혹은 가정이라는 공간이 가진 개방성 때문에라도 그 외방과의 교유 내지 확산을 지향하거나, 지향할 수밖에 없는 작품군이라 할 수 있기 때문이었다.

물론, 계녀가류 규방가사의 특질적 국면이 흥미롭다 해서 방대한 '규방가사'의 숲에서 '계녀가'라는 나무의 면면을 제대로 들여다보기는 좀처럼 쉽지 않았다. 연구자는 이후 규방가사의 작품론을 지속적으로 진행하면서 규방가사의 작품세계에 점차 매료되게 되었고, 다대하고도 다양한 규방가사의 윤곽을 조금씩이나마 더듬어나갈 용기를 얻게 되

---

1) 최규수, 「석별가에 나타난 처녀들의 이중욕망과 '철들다'의 문제」, 『한국고전여성문학연구』 16집(한국고전여성문학연구회, 2008), 319~350면; 최규수, 「아버지 작 계녀가의 변이양상과 시가교육적 함의」, 『어문연구』 36권4호(한국어문연구회, 2008); 최규수, 「홍씨부인 계녀사에 나타난 자전적 술회의 글쓰기 방식과 의미」, 『규방가사의 작품세계와 미학』(역락, 2002), 221~238면; 최규수, 「계녀가류 규방가사에서 〈귀녀가〉의 특징적 면모와 '귀녀'의 의미」, 『한국시가연구』 26집(한국시가학회, 2009).

었다.

이는 규방가사의 면면이 조선시대 여성들의 삶에서 문학이 차지하는 비중과 의미를 그대로 보여주는 것이기도 하기에 더더욱 그러하다. 조선조 여성들의 삶이라 할 때 연상되는 '삼종지도(三從之道)'나 '칠거지악(七去之惡)' 등의 표현은 말 그대로 여성의 삶에 대한 제약과 그에 따른 크나큰 고충을 압축하는 것인바, 봉건적인 가부장제하의 여성에게 가해진 억압적인 제도와 폐쇄적인 생활공간을 전제로 하는 것들이다.

더욱이 이 시기 여성들은 공식적인 교육의 기회를 좀처럼 획득할 수 없었던 탓에 주로 가학(家學) 등의 방식을 통해 자신들의 문화적 능력을 형성해왔다는 점에서 규방가사의 창작과 향유는 당대 여성들이 처한 이러한 제약을 반영하는 것임과 동시에 그 제약을 뛰어넘는 지점을 보여주는 중요한 국면이라 할 수 있다. 제도권에서 이루어진 교육의 틀과 기회를 비껴가면서도 당대 사회가 요구했던 규범을 충분히 익힐 수 있었고, 다른 한편으로는 자신들의 의사표현을 개진할 수 있는 통로의 역할까지도 하고 있기 때문이다.

이런 맥락에서 규방가사에서 보여주는 문학적 경지와 문화적 수준은, 그 편차의 기복에도 불구하고 여타 장르에서 보기 힘든 매우 개성적이고 폭넓은 경지를 드러내는 것이라 할 만하다. 그리고 이러한 자료적 실상을 오롯이 보여주기 위해 오랜 기간 선학들이 쏟은 노고에 깊이 감사하고 있다. 규방가사가 고전시가에서 작품 창작과 향수의 실상을 보다 다양하고 구체적으로 관찰할 수 있는 훌륭한 텍스트이며, 그래서 더더욱 흥미로운 주제를 가진 다양한 연구관점이 필요하다는 문제 제기에도 충분히 동의한다.

더욱이 규방가사의 창작 및 향수가 현재진행형으로 지속되고 있음을 알려주는 연구 성과들에 기대볼 때, 전통의 계승이라는 측면에서 그리고 문학의 다양성 충족이라는 측면에서도 규방가사에 관한 논의가 보다 발전적으로 활성화되기를 바라는 마음이 크다.

이정옥의 논의[2]에 따르면 현재 규방가사는 개인적인 차원에서도 활발히 창작되고 있어서 이정옥의 조사작업에 적극적으로 응한 대부분의 작자들이 창작가사를 가지고 있었으며, 더러는 시집이나 친정 쪽의 조상들, 이를테면 할머니나 어머니의 작품을 소중히 간직한 것을 자랑삼아 내놓기도 하였다고 한다. 가장 최근에 자신이 지은 가사라고 하면서 제공해준 분들도 많아, 영덕에서 만난 내방가사 창작자인 백남이 할머니는 총 70여 편의 창작가사를 보유하신 분이라고 보고하였다. 따라서 규방가사의 자료적 축적이 이루어져 보다 정치한 연구 작업을 필요로 하는 현 상황에서, 이제는 보다 큰 조망으로 규방가사 연구에 박차를 가할 필요가 있다고 생각하게 되었다.

2.

이를 위해 연구자는 기왕에 있은 규방가사 논의의 몇 가지 편향성에 대한 반성적 고찰을 통해 앞으로의 연구 방향을 잡는 실마리를 찾고자 한다.

**첫째**, 규방가사를 고전시가 문학의 '주변부(周邊部)'로 보려는 경향에 대한 반성이 필요하다는 점이다. 규방가사의 창작과 향수를 시가사(詩歌史) 전반에 걸쳐 꾸준히 영향력 있는 문학현상으로 주목하기보다는 어느 일정 시기에 단발적으로 등장하여 단기간에 집중적으로 성취

2) 이정옥, 『내방가사의 향유자 연구』(박이정, 1999); 이정옥, 「내방가사의 청자호명의 기능과 사회적 의미- 영남의 내방가사를 중심으로」, 『어문학』 78(어문학회, 2002); 이정옥, 「내방가사 향유자들의 문명 인식과 그 표출 양상」, 『현상과 인식』 4(한국인권사회과학원, 2002); 이정옥, 『영남 내방가사』(국학자료원, 2003); 이정옥, 「경북여성의 글하기」, 경상북도 · 국립민속박물관 공편, 『경북의 민속문화』(국립민속박물관, 2009).

된 일시적인 특수현상으로 주목하는 경향이 있기 때문이다.

규방가사 연구사의 궤적을 살피면 사대부 남성 작가 일변도의 고전 문학세계에 등장한 여성작가의 국문 작품이라는 의의와 여성적 글쓰기의 특질 부각이라는 방향성을 강조하여 왔다. 이전 시기까지 여성의 문학이 양적으로 미미했던 것과 다르게, 규방가사는 등장과 동시에 양적인 확대를 확실히 보여주고 있는 만큼 여성들의 본격적인 글쓰기를 가능케 한 측면이 더욱 중요해지기 때문이다.

물론, 여성들이 이전의 문학창작 및 향유에 있어 수동적이던 상태에서 벗어나 어떻게 능동적으로 규방가사 창작의 대열에 참여하게 되었는가에 대한 이유를 밝혀내기는 쉽지 않은 일이다. 규방가사가 양적인 측면에서는 그 어느 장르에서보다 충분한 편이라 해도, 작가와 창작시기에 대한 정보나 주변적 상황을 방증할 만한 자료 등을 추적하기는 어렵기 때문이다. 규방가사의 발생 시기에 대한 논의 역시 막연하게나마 18세기 초반 혹은 그 이전으로 거론되고는 있지만 아직까지 확실한 논거를 확증하지는 못한 상태이다.

무엇보다 이렇게 조선후기 여성의 글쓰기가 본격화되는 궤적을 양적인 측면에서만 좇다보니 초창기 연구에서 제시한바 이상으로 개별적인 작품의 존재의의를 충분히 주목하기가 쉽지 않게 되었다. 대체적인 경향만을 정리하여 양적인 윤곽을 그리다보니 의미화되거나 의미화될 수 있는, 또는 의미화되어야 하는 중요한 변이지점을 놓쳐버리는 경우가 많아지게 된 것이다.

그런데, 이렇게 규방가사의 양적인 측면을 부각하여 개별적인 작품성을 특별히 주목하지 않는 태도는 작품에 대한 평면적 이해, 통시적 변모상에 대한 무관심 등 규방가사 작품론의 피상적 접근을 가져올 수밖에 없게 된다. 이는 규방가사의 문학성에 대한 폄하 혹은 왜곡으로까지 연결되는 문제이기에 좀 더 숙고할 필요가 있다.

이 때, 규방가사의 문학성을 파악하면서 '문외한의/일상적인/즉흥적인/일회적인' 창작 산물이라는 식으로 단정지어, 상대적인 우열의 평가적 방식으로 문자문학과 비교하려는 태도를 지양하는 것이 중요하다. 규방가사 작품을 쉽게 쓰이고 쉽게 읽히는 장르로 인식하는 경향이 있는데, 그렇다고 이런 인상이 이들 장르를 비논리적인 결과물로 알게 해서는 안 된다는 점이 강조되어야 할 것이다. 곧 사유의 결과물로 글이 존재한다고 할 때 외견상 인상적으로는 특별한 기교도 없고 정돈된 글쓰기가 아닌 것처럼 보이지만, 작품마다 그 구체적인 전략을 주목하는 것은 규방가사가의 가치를 알게 하는 것과 상통하며 현대와의 계승고리를 잇게 하는 부분이 되기 때문이다.

따라서 개별적인 작품마다의 질적(質的) 성취에 관심을 두기보다는 일정한 부류의 작품군으로 뭉뚱그려 획일적으로 보기 쉬웠던 그간의 경향을 반성하는 작업이 선행되어야 한다. 문학사의 전개과정에서 문학의 양적 확산 이상의 의미를 부여할 수 있는 시각을 갖고 이를 구체적으로 논증하여 실천해내는 작업이 그래서 필요하다.

**둘째**, 규방가사의 특질적 국면을 '여성적 글쓰기'의 맥락으로만 제한하여 집중적으로 고찰하려는 경향을 반성할 필요가 있다. 규방가사를 시가문학의 주변부로 보려는 경향은 다른 한편으로는 '여성문학'의 범주로만 제한하는 태도와도 연결되어, 규방가사의 실상을 여성적 글쓰기 일변도로만 파악하려는 태도와 경향을 양산했기 때문이다.

이는 '규방가사/내방가사/여성가사' 등과 같은 용어 사용을 둘러싼 초장기 논란에서도 확인되다시피 규방가사의 일차적 특징을 '규방(또는, 내방)'에 놓고 집중하는 경향과 맞물리는 지점이기도 하다.[3)]

---

3) 권영철은 규방가사 조사 정리 작업을 토대로 명칭에 관한 문제제기를 한 바 있는데, 그 내용은 이렇다. 우리의 가사문학이 발전해오다가 영·정조대에 이르러 영남지방의 양반규방 부녀자들에 의해 가창과 송영(誦詠)을 겸한 새

규방가사에서 여성적 글쓰기의 특징적 양상을 규명하려는 논의는 창작공간이 갖는 속성과 창작의 결과물인 규방가사에 드러나는 특질을 긴밀히 맥락지어 집중적으로 주목하고 있다. 예를 들어, 가옥구조로 볼 때 여성들의 주된 공간이자 규방가사의 창작 공간이기도 한 안방공간은 주택의 가장 안쪽에 자리 잡고 있어 폐쇄적이며 이 공간은 남자들의 활동공간인 사랑채와는 분리되었는데,[4] 이러한 공간적 특성이 주로 '규방'이라는 공간에서 창작되고 가문 내에서 유통되는 규방가사에 반영되어 이에 따른 작품의 특성들이 나타날 수밖에 없다고 보는 것이다.

이정옥은 '내방가사'라는 용어를 사용하여 "경북지역 양반부녀자들이 '가ᄉᆞ' 또는 '두루마리'란 이름하에 향유해왔던 문학작품"[5]이라 정의한다. 곧, 전통적으로 남성 중심의 유교적 생활문화가 뿌리 깊게 자리하고 있었던 경북지역의 양반집안 여성들이 다른 지역의 여성들보다도 유교적 규범에 속박된 생활을 할 수밖에 없었던 상황에서, 그들의 억압된 정서를 분출하면서도 기품 있는 문화생활의 활로로 선택한 문학

---

로운 면모의 여류가사가 창작되고 전파되기 시작했는데, 이것들을 '가ᄉᆞ' 또는 '두루마리'라고 일컬어왔으며, 이 작품들은 학계에서 '내방가사/규중가도/규방문학/규중가사/규방가사' 등으로 불려져 왔는데, 명칭의 통일성을 결여하고 있음이 가장 큰 문제라고 지적하였다. 특히 이러한 용어들이 학술적 명칭이라 하기에는 불합리함을 지적하고 '규방가사'라 칭할 것을 주장하였다. 권영철, 「내방가사연구1」, 『효대논문집』(효성여대, 1971).

4) 김종헌, 「한국전통거주에 있어서 안채와 사랑채의 분화과정에 관한 연구」, 『대한건축학회논문집』 12집(대한건축학회, 1996).

5) 이정옥은 18세기 영조시대 이후에 시작되어 개화기를 거쳐 일제강점기를 거쳐 현재까지도 활발히 창작되어온 내방가사는 4·4조의 형식 속에 주로 예의범절, 부모에 대한 효심, 현모양처의 도리, 시집살이의 괴로움 등 양반사회의 규범을 바닥에 깔고 여인들의 속박된 생활 속에서의 고민과 정서를 호소하는 내용으로 이루어졌음을 지적하였다. 이정옥, 「경북여성의 글하기」, 경상북도·국립민속박물관 공편, 『경북의 민속문화』(국립민속박물관, 2009), 370면.

적 방편이 바로 규방가사임을 지적하고 있다. 당시의 양반부녀자들은 어릴 때부터 부모나 친척으로부터 소위 '내방가사'에 관한 제반 교육을 받으면서 가문에 전해 내려온 선대의 가사본을 필사하여 소유하고 시집간 이후에는 자연스럽게 이를 시가 쪽으로 전파하는 역할을 했다고 한다. 또한 그 반대의 경로로도 전파하는 방식이 이루어져 결과적으로 '내방가사'의 다량화에 기여하였다는 것이다.

규방가사를 여성적 글쓰기의 맥락에서 보는 입장에서는 가부장제 사회에서 여성의 글쓰기는 개인의 내면을 확보해주는 역할을 수행하였다는 점을 주목한다. 여성들은 규방가사를 통해 친정 부모에 대한 그리움, 출가외인으로 살아가야 하는 자신의 삶에 대한 고백과 탄식, 규방공간에서의 해방을 가능케 한 화전놀이 경험 등 일상사의 다단한 면을 표출함으로써 심리적 위안을 얻고 새로운 삶의 희망을 가질 수 있다. 그런 의미에서 규방가사의 글쓰기는 여성의 역사이며 글쓴이 자신의 역사적 경험이 구현된 삶의 현장이라 할 수 있다.

하지만, 여성적 글쓰기로만 제한하여 볼 수 없다는 반증도 만만치 않다. 초창기 규방가사 연구를 행한 이재수의 논의에서도 〈망부가〉나 〈한별곡〉 등은 남성작가가 대작(代作)한 것이라 언급된 바 있다.[6] 조동일 역시 남자가 지은 작품도 작자가 잊혀진 채 규방가사로 편입될 수 있으므로 규방가사는 수용자를 기준으로 해서 이해하는 것이 더 적합함을 언급하였다.[7] 최근에는 박경주의 논의를 중심으로 남성이 쓴 규방가사 작품의 자료 발굴과 소개가 이어지고 있어[8] 규방가사의 특성을 '반드시' 여성적 글쓰기의 맥락으로만 제한할 수는 없게 되었다.

---

6) 이재수, 『내방가사연구』(형설출판사, 1976).
7) 조동일, 『한국문학통사 3』(지식산업사, 1994), 375면.
8) 박경주, 『규방가사의 양성성』(월인, 2007); 송재연, 「계녀가사의 구성 양상과 서술특성」(석사학위논문, 서울대, 2000); 백순철, 「규방가사의 작품세계와 사회적 성격」(박사학위논문, 고려대, 2000).

특히 계녀가류 규방가사는 주로 딸이 시집갈 때 경계하는 말을 어머니가 전하는 가사라 정의되기는 하지만, 그런 정의와 별개로 아버지가 그 역할을 대신하여 창작되기도 하였다. 연구자 역시 아버지 작 〈계녀가〉에 해당하는 10편의 작품을 선택하여 전형적 요소의 변이상을 살피고 이를 토대로 시가교육적 의의에 대한 탐색을 시도한 바 있으며, 〈계녀가〉 창작과 향수에서 남성과 여성의 교류 가능성을 볼 때 지나치게 규방 여성 중심으로 논의되어 온 계녀가 논의의 경향을 반성적으로 돌아볼 계기가 필요함을 제안하였다.[9)]

이렇게 남성 작 규방가사 혹은 남성과의 교류 양상에 대한 주목 작업 역시 꾸준히 이어지고 있는 만큼 규방가사 논의를 '여성'이라는 키워드만으로 제한하는 것은 규방가사의 이해를 편협하게 하는 것일 수 있으며, 규방가사의 다대한 작품세계를 여성만의 글쓰기 환경에서 이루어진 여성적 작품으로만 이해하기 어려운 지점을 통찰할 필요가 있다.

무엇보다 규방가사의 하위 유형을 세분화해서 주목하면 향유방식과 소통공간에 있어 여성적 글쓰기로만 획일적으로 접근하여 보기 어려운 지점들이 보다 확연히 드러나게 된다. 그간의 논의에서 여성적 글쓰기의 특징적 면모가 가장 자유롭고 풍부하게 드러났다고 주목한 탄식가류 규방가사야말로, 소통공간이 내밀한 규방에 가장 가까운 개인의 기록이라 할 수 있어 더할 나위 없이 적합한 자료가 된다. 하지만, 화전가류 규방가사의 경우에는 주로 화전놀이를 나가거나 문중 모임을 배경으로 하는 만큼 폐쇄적인 안방공간의 특성만을 전면화시켜 특징화하기가 어렵다.

이렇게 다양한 방식으로 외방과의 교유가 이루어지고 있는 만큼 남

9) 최규수, 「아버지 작 계녀가의 변이양상과 시가교육적 함의」, 『어문연구』 140집(한국어문교육연구회, 2008), 323~347면.

다른 개방성이 규방가사의 실질이 되어야 하고, 이는 규방가사의 문학성을 보는 기본전제로 충분히 주목할 필요가 있다. 여성적 글쓰기의 양상과 특질을 주목하는 것은 충분히 유효하고 의미 있는 작업이기는 하나, 대체적인 논의들이 대개 선별적으로 주목받은 일부의 작품 혹은 탄식가류 규방가사를 중심으로 이루어지고 있는 만큼, 규방가사의 전체를 두고 볼 때 여성적 글쓰기만을 집중하는 것 역시 또다른 의미에서 우리의 시각을 제한하는 결과가 될 것이다.

**셋째**, 규방가사의 자료적 실상을 볼 때 초창기 논의에서 제시한 유형별 논의에 집중하는 것이 역으로 다대하고도 다양한 자료적 실상을 효율적으로 직면하지 못하게 하는 역효과를 나타낼 수도 있음을 반성할 필요가 있다.

규방가사의 작품을 개관할 때 대체적인 경향은, 동일 제목으로 존재하는 여러 작품들을 주목하되 구성적 동일성이 인정되는 경우를 주목하여 하나의 유형으로 분류하는 작업을 선호하는 편이다. 규방가사 논의에서 흔히 보이는, 현전하는 방대한 자료들을 연구자별로 세분화시키는 분류 작업은 기초연구로서의 의의를 획득할 뿐만 아니라 작품론이나 유형론의 시발점이 되고 있다.

하지만, 다대한 규방가사의 작품들을 분류하는 작업은 대개 소재 혹은 주제별로 접근하는 방식을 취하는데, 하위유형의 구분이 명확히 자리잡은 것은 아니어서 연구자마다 다소간의 상이점을 보이고 있다. 최태호는 규방가사를 교훈류 · 사친류 · 풍류류 · 탄식류로 구분하였으며, 이재수는 교훈류 · 송축류 · 탄식류 · 풍류류로 구분하였다. 권영철은 자신이 수집한 자료를 정리하여 계녀교훈류 · 신변탄식류 · 사친연모류 등 21개 유형으로 나누고 이것을 다시 창작의 모티프에 따라 재분류하였다.

그런데, 대개의 작품에서 공통적인 화소가 겹쳐지면서 주제적 측면에서나 표현적 측면에서 부분적인 유사성이 많든 적든 드러나고 있음을 주목할 필요가 있다. 예를 들어, 〈홍씨 부인 계녀사〉에서 주목되는 점은 '계녀'와 '자탄'의 모티프가 교합되면서 하나의 작품을 이루어내는 서술 방식에 있음을 볼 때, '계녀가'임에도 '자탄가'와 중첩되는 지점이 생기게 마련이며 이를 계녀가류 규방가사 논의에서는 변형적인 작품으로 처리하게 된 것이다.

〈열친가〉의 경우에도 작품을 소개한 초창기 작업에서는 여자신세를 한탄하는 내용을 담았다고 보아 '신변탄식류'의 하나로 분류하였으나,[10] 실제 작품의 중심내용은 '놀음(노림)'에 있어 오히려 권영철이 분류한 '신변탄식류'와 '풍류소영류'의 두 유형간 접점을 보여주는 귀중한 사례가 될 수 있다. 그런 점에서 규방가사의 유형별 분류는 초창기 연구자들이 다대한 자료들을 양적으로 분류하는 과정에서 표면화된 특징에 따라 나눠놓은 잠정적인 분류태일 수 있다.

그럼에도 다대하고도 다양한 규방가사의 작품 양상을 크게 계녀가류 · 화전가류 · 탄식가류로 3대분하여 규방가사 논의의 기본틀로 보는 고정화된 인식이 아직까지도 강하다. 이런 유형 분류는 규방가사의 대체적 특징을 파악하는 데 효율적인 방편이 되지만, 다른 한편으로는 전형적 틀을 전제로 삼는 것인 만큼 작품의 실상 파악에 있어 전형적 특징을 우선적으로 공식화하는 경향이 있을 수 있으며, 3대분하여 편의를 추구하는 양상을 답습하다보면 이러한 유형들에 속하지 않는 새로운 유형은 소외되게 마련이다.

이렇게 대상작품이 보여주는 특징적 국면이 유형안에서의 특이한 경향으로 의미화되는 것은 유형별 이해를 전제한 연구자의 태도 때문에 귀결된 해석이라 보는 게 자연스럽다는 점에서 규방가사의 실상을

10) 권영철, 『규방가사 1』 (한국정신문화연구원, 1979), 158-164면.

진단하는 일단계 작업은 유형별로 이루어지는 단절적 이해를 불식시키는 것이라 생각한다. 창작과 향수의 실상 파악에 있어서는 기왕의 논의에서 강조한 유형별 전제가 무의미해질 수도 있다는 점에서 유형별 전제에 구속되지 않은 상태에서 보다 다양하고 새로운 유형적 특징을 찾고 그 의미를 다채롭게 부여하는 과정적 이해가 필요하다.

최근 연구자가 학계의 주목을 받지 못했던 〈귀녀가(貴女歌)〉를 대상으로 그 특징과 의미를 천착하면서 '귀녀(貴女)'라는 인물의 형상화를 통해 규방가사의 힘이 무엇인가를 다시금 생각할 수 있게 되었던 것도 바로 이런 맥락에서의 문제의식과 통한다.[11] 규방가사의 향수층이 시대나 공간, 주체의 성격에 따라 매우 다양한 성향으로 존재하면서도 하나로 묶일 수 있는 것이 그러한 공감대 때문이라면, 〈귀녀가〉는 어떤 유형에 귀속시켜 그 특징을 재단하기 전에 살피고 싶은 몇 가지 사항을 흥미롭게 보여주는 한편으로, 〈귀녀가〉 독해를 통해 그러한 공감대를 확인하는 작은 울림 역시 들을 수 있었기 때문이다.

중요한 것은 어떤 유형이건 규방가사의 여러 유형 중 하나일 뿐 규방가사의 전체를 대변하는 것은 아니라는 사실이다. 곧 개별 유형마다 나름의 특질적인 국면이 존재하는 것은 분명하지만, 이것 역시 규방가사의 나머지 유형들과 긴밀히 연결되거나 중첩되는 지점에서 그 의미를 생기 있게 가질 수 있기에 그 시야를 좀 더 넓혀두어야 한다. 작품의 단면만을 볼 것이 아니라 작품의 창작과 유통, 향수와 전승의 맥락에서 시야를 넓혀보는 태도가, 그래서 중요하고도 필요하다.

3.

문학연구에서 내용적 측면과 형식적 측면에서의 연구는 양쪽의 균

11) 최규수, 「계녀가류 규방가사에서 〈귀녀가〉의 특징적 면모와 '귀녀'의 의미」, 『한국시가연구』 26집(한국시가학회, 2009).

형을 이룰 때 연구 성과의 효율성이 극대화되기 마련이다. 그런 점에서 다음으로 주목할 사항은 규방가사 연구방법에 대한 반성과 고민에 대한 것이다.

규방가사 연구의 초창기에는 계녀가류 규방가사를 중심으로 형성의 문제를 풀고자 하였는데, 여성 교훈서의 간행과 보급이라는 소극적인 대책이 가사 창작 및 향수에 대한 여성적 관심의 확대와 맞물려 계녀가류 규방가사의 형성을 가능케 하고 있다고 보았기 때문이다. 조선후기 교훈가사의 형성과 더불어 가사 향수층의 범위가 확대되는 사회적 분위기에 맞추어 여성 교육의 필요성이라는 당면 과제를 해결하는 방안 모색이 계녀가류 규방가사의 창작과 보급이라는 현상으로 이어지게 된 것이다.[12]

최근에는 다양하고도 다채롭게 세분화된 분석 작업을 진행하여 규방가사 전반에서 상세한 연구 성과가 보고되고 있다. 규방가사의 표현적 특성을 총괄적으로 검토하는 것[13] 뿐만 아니라 문학치료학적 관점에서 규방가사 작품을 대상으로 문학치료의 효과 내지 효능적 측면을 분석한 연구도 등장하고 있으며,[14] 문학교육적 관점에서 규방가사의

12) 계녀가류 규방가사는 대체로 시집가는 여성에게 지어주던 것이기에, 그 내용도 친정보다는 시댁과의 관계 속에서 지켜야 할 유교적 윤리도덕을 말한 것이 대부분이다. 여성 교훈의 내용적 실질이 이렇다 보니 기왕의 논의에서도 계녀가와 계녀서의 비교 작업을 통해 그 상관성을 따지는 작업이 이미 이루어진 바 있다. 특히 조선후기 각 방면에서 이루어진 교훈가사의 흐름에 주목하고 이를 이른바 '교본성(敎本性) 가사'라 칭하여 각별한 관심을 쏟은 바 있는 노규호는 계녀가의 내용을 각 항목별로 나누어 여러 편의 민간전승 계녀서와 대비한 결과 내용 조직과 구성의 측면에서 계녀가는 계녀서의 주된 내용인 '부녀의 시집살이 도리'라는 메시지를 충실히 전달하고자 하였음을 지적한바 있다. 노규호, 「조선후기 교본성 가사 연구」(박사학위논문, 홍익대, 1997), 23-25면.

13) 조금주, 「여성가사의 표현의 특성과 그 변모양상에 관한 연구」(석사학위논문, 연세대, 1994).

특성을 주목하고 오늘날 글쓰기 교육에 활용할 지점으로 규방가사에 나타난 치유와 소통의 글쓰기 원리를 논한 논의성과도 보고되고 있다.[15)]

이렇게 다각도에서 규방가사를 분석하고 그 결과를 다채롭게 해석하고 의의를 검토하는 작업은 고전문학 연구의 현재적 당위성과 맞물려 있는 영역이기도 하다. 규방가사 연구의 방법론적 확장을 시도하는 측면에서라도 규방가사의 특질과 의의에 관한 논의를 어떻게 할 것인가 하는 방법적 고민과 성찰이 절실히 요청되는 이유가 여기에 있다.

광복 이후 최근에 이르기까지 규방가사의 창작과 향유는 대단한 양상을 띠며 전개되고 있지만, 실제로 이러한 현대 규방가사의 창작과 향유 양상은 학계에 그리 알려지지 못한 듯하다. 창작가사를 대상으로 논의를 펼친 김정화는 규방가사에 대한 찬양 일변적인 태도도 문제이지만, 구시대적인 유물이라는 식의 배척적인 태도 역시 지양해야 함을 강조하고 있다.[16)]

그런 의미에서 기왕에 있어왔던 이 방면의 연구 성과와 접근방법 중 텍스트 표면의 분석적 접근은 연구 방법의 기본 토대가 텍스트 차원에서 미시적으로 이루어지는 정태적 논의이기가 쉬워서 논의 성과를 거시적으로 활용할 여지가 크지 않았다는 아쉬움이 보다 커진다. 고전시가 교육론에서 '맥락'을 무시한 논의가 될 수 있다는 비판과 우려가 제

---

14) 정길자, 「규방가사에 나타난 결핍과 실현의 심리적인 성격」(석사학위논문, 숙명여대, 1993); 정길자, 「규방가사의 사적 전개와 여성의식의 변모」(박사학위논문, 숙명여대, 2002); 오인빈, 「신변탄식류 규방가사의 문학치료적 기능」(석사학위논문, 원광대, 2008); 이소영, 「탄식류 규방가사의 문학치료학적 연구」(석사학위논문, 숙명여대, 2008); 박경주, 「규방가사 창작에 담긴 문학치료적 기능」, 『한국고전여성문학연구』 16집(한국고전여성연구회, 2008).

15) 박춘우, 「규방가사의 글쓰기 방법 연구」(박사학위논문, 영남대학교, 2007).

16) 김정화, 「현대 규방가사의 문학적 특징과 시사적 의미」, 『고전문학연구』 32집(고전문학연구회, 2010), 139-140면.

기될 수 있다는 점에서 고전시가를 제대로 해석하기 위해 '텍스트' 뿐만 아니라 '텍스트 상황'의 검토와 이에 대한 제대로 된 이해가 중요하다는 점을 강조할 필요가 있기 때문이다.

이는 시 창작과 향수 방식이 다른 만큼 고전시가와 현대시의 미적 패러다임 역시 다르다는 사실을 지적하는 것으로, 이렇게 달라지는 텍스트의 소통체계에 대한 이해가 규방가사의 문학성 탐색에서도 충분히 고려되어야 할 것이다.[17] 고전시가의 창작과 향수 상황에서 미적 가치와 정서의 판독은 시가 작품의 평면적 공간에서만 이루어지는 것은 아니다. 고전시가를 이해하고 감상한다는 것은 당연히 현재와 다른 당대적 상황을 체험하도록 하는 것이기 때문이다.

규방가사 논의에서 '텍스트 상황'의 복원 작업은 고전시가의 언어미학적 자질을 이해하는 데 중요하며, 작품 당대적 상황의 복원 작업은 다각도에서 이루어질 수 있을 것이다. 연구자가 규방가사의 '글하기' 전략을 주목하는 이유가 바로 이런 맥락에 있다.

분명한 것은 규방가사의 전통은 오늘날에도 역동적으로 이어지고 있으며, 앞으로도 존재해나갈 가능성을 충분히 지니고 있다는 사실이다. 그리고 창작과 향유의 실상을 보다 역동적으로 주목하기 위해서는 규방가사의 향수자들이 규방가사의 창작과 향수를 아울러 칭하며 사용한 '글하기'라는 개념이 무엇인지를 이해하는 것이 유의미할 수 있다.

일찍이 이정옥은 경북지방의 여성에게 규방가사의 의미는 '글하기/내려주기'를 통해 설명이 가능하다고 말하며, 생애경험과 긴밀히 연결시켜 꾸준한 조사 작업을 벌여 소중한 연구성과를 보여주었다.[18] 그는

---

17) 최규수, 「대학생을 위한 고전시가 교육의 몇 가지 키워드」, 『한국고전연구』 15집(한국고전연구학회, 2007), 89～114면.

18) 이정옥, 『내방가사의 향유자 연구』(박이정, 1999); 이정옥, 「내방가사의 청

규방가사의 작가의식에 주목하여 작가의식 표출에 관한 섬세한 작업을 시도하여 향유자 연구에 관한 탁월한 논의성과를 제시하였는데, 특히 규방가사의 전승 방법과 표현 양식과의 관계를 따진 결과 '대립'과 '반복'의 공식적 표현구에 의해 규방가사가 전승될 수 있었음을 주목하였다.

'글하기' 개념을 주목한 최초의 논의이자 중요한 선행연구가 될 수 있는 이정옥의 연구 성과는 규방가사의 표현미학에 관심을 두고 있는 연구자의 문제의식을 첨예하게 다듬는 데 중요한 시사점을 주었다.

다만, 이정옥의 연구에서는 문학적 원리보다는 전승방식의 원리로서 구전 공식구(口傳 公式句)만을 고찰하는 데 한정하고 있어 규방가사의 표현미학을 본격적으로 다루고 있지 못한 아쉬움이 있다. '글하기' 개념을 '향수방식'의 일 측면으로 주목하였을 뿐, 이것과 작품의 특성 및 특질 분석이 긴밀히 연결되지는 않아서 장르적 본질을 규명하는 중요한 지점으로까지는 부각되지 못하였기 때문이다.

따라서 이러한 선행연구의 성과를 바탕으로 규방가사의 '글하기' 전략을 이해하는 구체적인 방법적 실천이 필요할 것이다. 이에 다음 항에서는 규방가사에서 '글하기' 전략을 주목하는 이유를 크게 두 가지로 나누어 서술하고자 한다. 그 하나는 규방가사의 전승환경에 대한 존중이 될 것이며, 다른 하나는 규방가사의 자료적 실상에 대한 주목이 될 것이다.

---

자호명의 기능과 사회적 의미- 영남의 내방가사를 중심으로」, 『어문학』 78호(어문학회, 2002); 이정옥, 「내방가사 향유자들의 문명 인식과 그 표출 양상」, 『현상과 인식』 4호(한국인권사회과학원, 2002); 이정옥, 『영남 내방가사』, 국학자료원, 2003; 이정옥, 「경북여성의 글하기」, 경상북도 · 국립민속박물관 공편, 『경북의 민속문화』 (국립민속박물관, 2009).

## 2. 규방가사에서 '글하기' 전략을 주목하는 이유

앞서 행한 반성적 고찰을 토대로 이 항에서는 규방가사에서 '글하기' 전략을 주목하는 이유를 크게 두 가지로 나누어 서술하고자 한다. 그 하나는 규방가사의 전승환경에 대한 존중이며, 다른 하나는 규방가사의 자료적 실상에 대한 주목이다. 이는 선행연구의 성과를 바탕으로 규방가사의 '글하기' 전략을 이해하는 기본전제를 정리하기 위함으로, 연구자가 규방가사의 '글하기' 전략에 관심을 갖게 된 계기와 과정을 설명하는 것이 되기도 한다.

### 1) 규방가사의 전승환경에 대한 존중

1.

최근 '글하기'라고 명명되는 규방가사의 향수상황에 대한 일련의 연구성과를 접하면서 연구자의 일차적인 관심은 규방가사의 텍스트에 '글하기'적인 특성이 어떻게 나타나고 있는지를 확인하는 데 집중되었다. 곧, '글하기'가 무엇인지를 규명하는 것이 목적이 아니라 규방가사의 텍스트적 특성이 전승환경에서 언급되는 '글하기' 방식에 어떻게, 얼마나 적합한지에 대한 관심이 우선되었기 때문이다.

이 항에서 규방가사의 전승환경에 어떤 특징이 있으며 이를 어떻게 존중할 것인가의 문제를 고민하는 것은 시가 연구에서 소위 '텍스트-중심적 틀'에서 벗어나는 문제와 연결된다. 이는 시가 논의의 출발점이 일차적으로는 대상자료의 텍스트 해석이 중심이 되는 만큼 그러한 논의방식의 실제적 효율성을 따지는 일과 직접적 관련성이 높기 때문이다. 특정한 작품에 집중되기 쉬운 현실에서 보다 다양한 텍스트를 대상으로 다양한 독법과 이해가 필요하다고 생각되며, 이는 규방가사의 현재적 의의를 되살릴 소중한 기회가 될 것이라 생각한다.

이에 이 항에서는 규방가사 연구에서 경계해야 할 몇 가지 지점을 짚어봄으로써 규방가사의 전승환경에 대한 존중이 필요하고도 중요하다는 사실을 다시한번 강조하고자 한다.

**첫째**, 규방가사에 대한 인상적인 평가로 가장 흔한 것이 작품의 평면성 혹은 상투성에 주어지고 있는 만큼 이를 쇄신하려는 노력이 텍스트의 기술적 측면에만 집중하게 될 경우 오히려 이런 집중이 '텍스트-중심적' 연구의 폐해를 낳을 수 있으리라는 점이다. 이런 집중은 텍스트의 감상에만 주력할수록 그리고 대중화의 기치를 높이 드는 저술일수록 현대시에 접근하듯 이미지나 상징, 화자의 정서 등의 파악에 집중하여 '시'로서의 이해를 우선하는 경향과 연결되기 때문이다.

현대시의 독법(讀法)에 익숙한 우리로서는 시 텍스트라는 공통점을 들어 현대시를 읽고 이해하는 방식 그대로 읽고 이해하는 게 당연해 보이지만, 규방가사의 독법이라는 것이 활자로 읽기 위해 창작된 현대시의 경우와 같을 수는 없을 것이다. 그래서 시적 전통을 잇는 것 같지만 근본적으로 달라질 수밖에 없는, 시를 창작하고 향유하는 생성과 향유의 메커니즘이 현대시와는 다를 수밖에 없는 고전시가의 시학적 (혹은 미학적) 패러다임의 변화에 대한 이해를 먼저 강조하는 것이 필요할 것이다.[19]

따라서 서술의 체계성이나 논리적 엄정성을 떠나 현실적으로 이런

19) 성기옥 외, 『한국시의 미학적 패러다임과 시학적 전통』(소명출판, 2003).

독법이 규방가사에 대한 거부감을 줄이는 소득이 있기는 하지만, 규방가사 텍스트에 대한 이해를 한걸음 가깝게 해주려는 의도가 자칫 '텍스트-중심적' 폐해를 낳을 수 있다는 점에서는 부정적인 한계를 지님을 지적해야 한다.

**둘째**, 고전 작품 해석에 필요한 일련의 과정을 거친다고 해서 규방가사의 독법이 완성되는 것은 아니라는 점을 기억해야 한다. 시인과 독자의 거리가 단절되어 인쇄된 텍스트로서만 소통되는 현대시의 경우에는 해석의 정보라는 것이 거의 모두 '텍스트'에 담겨질 수밖에 없다. 반면, 고전시가에서는 작품 해석의 정보라는 것이 '텍스트'에만 담겨있지 않고 독자와 공유하는 '텍스트 상황'에도 나누어 담겨진다는 사실이 중요하기 때문이다.

이때 '텍스트 상황'이라는 용어는 흔히 고전문학 작품의 해석에 동원되는 몇 단계의 선행 작업을 묶는 것이자, 보다 포괄적으로는 '작품 창작을 둘러싼 모든 정보'를 일컫는 것이다. 시인과 독자가 공유하는 '텍스트 상황'이라는 것은 현대시와 변별되는 고전시가 특유의 소통방식이 된다. 따라서 고전시가를 제대로 해석하기 위해서는 '텍스트' 뿐만 아니라 '텍스트 상황'의 검토가 필요하고 이에 대한 제대로 된 이해가 중요하다.

**셋째**, '텍스트 상황'에 대한 이해는 당대적 가치관과 미학을 이해하기 위해서도 필요하다는 점이다. 고전시가의 창작과 향수 상황에서 미적 가치와 정서의 판독은 시가 작품의 평면적 공간에서만 이루어지는 것은 아니기 때문이다.

시인과 독자가 공유하는 '텍스트 상황'이 고전시가에서 중요한 미학적 자질인 만큼 규방가사에서 추구하는 가치는 현대시에서 추구하는 그것과는 질적으로 다를 수밖에 없다. 따라서 노래된 세계의 깊이를 제대로 따지기 위해서는 창조적 가치가 아니라 규범적 가치가 고전시가에서 추구하는 제일의 덕목이 될 수밖에 없는 당대적 상황에 대한 우리의 이해가 유효한 전제가 되며, 이는 규방가사의 경우에도 당연히 수용되어야 할 사항이 된다.

이를 위해 '텍스트 상황'의 복원 작업은 고전시가의 언어미학적 자질을 이해하는 데 중요하다는 점을 강조할 필요가 있다. 창작 상황과 단절된 향유 메커니즘 때문에 모든 것을 언어로 담아내야 하는 현대시의 경우 시인과 독자의 의미 전달 통로가 텍스트의 '언어' 하나밖에 없기에 비유나 상징 등의 모든 표현장치를 언어에만 의존할 수밖에 없지만, 규방가사의 경우에는 텍스트의 '언어'와 '상황' 모두가 시창작과 해석의 통로가 될 수 있다.

당연히 현대시가 개인의 내밀한 공간에서 스스로 의미를 캐내야 하는 언어의 사유성을 지향하는 것과 달리, 규방가사의 경우에는 텍스트가 필사되고 향수되는 '상황'에서 그러한 '경험'을 공유할 수 있는 지향성이 훨씬 강할 수밖에 없다. 규방가사의 텍스트에 동원된 '언어'라는 것이 그저 밋밋하고 단조롭고 상투적이며 기계적이라는 인상을 주지만, 그것은 단지 일차적인 인상적 소견일 뿐 시언어의 미학적 차이를 만들게 한 문화적 배경으로 충분히 유효한 의미를 지니고 있다는 점에서 '글하기'가 이루어지는 전승환경에 대한 이해를 경험시킬 연결고리를 찾는 게 필요하다.

2.

'글하기'는 현재의 규방가사 향유자들이 규방가사를 위시한 일련의 문학적 행위를 그들 스스로 명명한 용어로, 이 명명은 규방가사가 여성의 일상문학 내지는 생활문학으로 자리잡은 당대 여성의 일상적 삶에 대한 인식에서 비롯된 것이다. 이정옥에 따르면, 18세기 이후 영남 사대부가의 여성들은 가사를 짓고 베끼고 읽는 독특한 문학 향유의 전통을 만들어내는데 수많은 가사작품들이 필사의 방식을 통해 양적으로 재생산되고 유통되게 되었다고 한다. 여기에 '낭송'의 방식이 수반되면서 전승과 전파를 거듭하면서 수천, 수만의 이본을 만들어내게 된다.[20]

이러한 논의를 주목하면서 연구자의 문제의식은 '원본의 정체를 알 수 없는, 아니 원본이 무의미하게 되는' 이러한 필사의 전통을 존중하는 방법을 고민하는 것으로 모아지게 되었다. 규방가사 향유의 전통에 대한 이해가 규방가사 연구의 기본 토대로 자리하여야 할 것이라 생각하였기 때문이다.

'글하기'라는 명칭이 애초 학계에 노출되는 계기는 오래전 한국시가학회에서 강연한 이 휘 여사의 언급에서 촉발된 것인데, 당시 이 휘 여사는 규방가사의 창작 행위에 대하여 경북 여성들은 무어라고 칭하느냐는 질문에 대하여, '가사 짓는다'라는 말보다는 '가사 한다' 또는 '글한다'라는 말을 쓴다고 답하였다. 이후 이루어진 이정옥의 최근 발표까지 반영하여 정리하자면, 이때의 '글한다'라는 것은 비단 '가사' 장르에만 국한된 게 아니라 일상적이고 실용적인 문자행위를 통괄한 것으로, 문자행위를 한다는 자부심을 토대로 하는 독특한 문학향유의 태도가 반영된 명명이라 할 수 있다.[21]

예를 들어, 성춘식이 구술한 자료를 살피면 다음과 같이 언급되어 있다.

- 친정어매하고 편지 오고가고 하고 그런 걸 … 편지 자주 했었는

20) 이정옥, 「경북여성의 글하기」, 경상북도 · 국립민속박물관 공편, 『경북의 민속문화』 (국립민속박물관, 2009), 371면.

21) 시가학회에서 이루어진 두 분의 발표내용에 대해서는 여타의 논의내용과 연결하여 차분히 정리하는 작업이 필요하다. 필요한 사항에 대해서는 추후 상술하게 될 것이다.

데 … 어매 편지에 "사오삭 그린 나의 권실아(=권씨 문중으로 시집간 딸/본명은 성춘식) 이목 성음이 그립고 나는 주소를 몰래서 편지를 못하는데 너는 봉화군 몰야면 가평리를 주소 몰래서 편지를 못하느냐" 내가 편지 조금 늦게 하면 그쿠 편지 하고. "좋은날 올 때까지 기다리라. 어미를 생각해서 몸을 잘 보호해 있으라" 그고. 옛날 어른들 언간하믄(=어지간하면, 웬만하면) 편지쓰기 어려워. 우리 친정 어매는 올캐한테 배우고 백씨들한테 배우고 그래 <u>글 잘하지는 못해도</u> 서로 궁그운(=궁금한) 대로는 했지.[22)]

그런데, 이러한 '글하기'의 명명을 통해 문학사에서·문화사적 지평으로 확산되는 의미 부여를 할 수 있을 듯하다. "가사를 한다"라는 언술에서 '가사'라는 지칭에는 규방가사뿐만 아니라 여러 형태의 작품들이 총망라되어 있어 협소한 의미의 규방가사에 국한되지 않기 때문이다.

이렇게 '글하기'로서의 규방가사는 여성의 교양과 생활문학으로서 규방가사의 창작과 향유방식과 독서행위까지를 모두 포괄하는 것이다. 자료적 실상을 논하는 자리에서 다시 언급하겠지만, '가사집'이라 되어 있음에도 가사 외의 편지나 제문, 상장문 등까지 다양한 자료가 포함되어 있어 이러한 전승환경의 특징적 국면을 어떻게 해석할 것인가의 문제가 고려될 필요가 있다.

따라서 규방가사의 전승환경에서는 원본의 개념이 무의미하고 이본 생성이 활발하여 대동소이한 작품이 많으며, 무기명 작이 대부분이라는 점을 주목할 필요가 있다. 특히 집집마다 필사된 두루마리 형태로 소장된 작품이 많은데, 이는 '책'의 형태로 출간되지 않았음에도 보존하고 전승하려는 욕구가 큼을 보여주는 부분이다. 이렇게 '두루마리(두루말이)' 형태로 전해지면서 '규방가사를 짓는다(글하기)'는 것은 규방

---

22) 성춘식 구술/신경란 편집, 『이부자리 피이놓고 암만 바래도 안 와』 (뿌리깊은나무, 1990), 105-106면.

가사의 특수한 향수방식을 토대로 한 문학성 규명에 대한 적절하고도 효율적인 방법론을 제시해줄 수 있을 것이다.

'두루말이', 'ᄀᆞ사', 'ᄀᆞᄉᆞ' 등으로 불린 규방가사는 규방을 중심으로 창작, 향유된 가사로 조선후기에 접어들면서 집중적으로 양산되는 모습을 보이며, 경북지방을 중심으로 집중적으로 향유되는 규방가사는 조선전기에 주로 사대부에 의해 창작, 향유된 가사와는 다른 양상을 많이 담고 있다고 한다. 규방가사의 창작과 향유는 20세기를 지나 21세기 초인 현재까지도 경북 일원에서 고령의 여성노인들에 의해 문학행위로서 당당하고도 활발히 이루어지고 있으며, 가문이나 개인 차원의 제책본 자료도 많이 발견된다. 특히 안동의 사회단체 '내방가사전승보존회'는 규방가사 창작의 전통을 계승하면서, 동시에 '내방가사 경창대회'라는 행사를 통해 규방가사 창작 및 소통방식에 새롭고도 적극적인 변화를 일으키기도 하였다.

이런 관점에서 가사 장르의 특성을 기반으로 하되, 규방가사 창작 및 향수방식의 특수성에서 빚어지는 특징적 양상을 주목하는 것이 필요하다고 생각한다. 이를 통해 '규방가사를 짓는다' 또는 '글하기를 한다'라는 것의 의미를 살피면 규방가사 창작 및 향수의 인지적 과정을 추론할 수 있으리라 기대하기 때문이다. 고로, 현재진행형으로 지속되는 규방가사 연구에서 텍스트 자체만을 보기보다 텍스트에 부여하는 향수자들의 의식과 가치를 아울러 보는 것이 필요하며, 이런 맥락에서 '글하기' 전략을 주목하려는 것이다.

### 2) 규방가사의 자료적 실상에 대한 직시

1.

이 항에서 살필 사항은 앞선 작업과 연결되는 기본 전제로 규방가사의 자료적 실상을 직시하는 일이다.

과거의 사실을 그 시·공간적 맥락에 따라 올바르게 이해하는 것은 충분히 유익한 일이지만, 그렇다고 과거가 단지 과거로만 존재한다면 과거를 대상으로 체계를 외우고 의미를 따지는 어려운 일을 굳이 해야 할 필요는 없을 것이다. 고전문학이 죽은 말로서만 남아 있는 것이 아니라 현대를 살아가는 우리 문화의 현존을 밝혀주는 관습으로 작용함은, 마치 조상의 유물들이 단지 골동품에 불과한 게 아니라 그 당시 삶의 방식을 알려주는 자료로서 의미 있는 것과 마찬가지이기 때문이다.[23)]

그런 의미에서 우리에게 진정으로 필요한 것은 과거와 현재에 대한 동시적인 비평적 성찰이며, 연구자의 문제의식 해결에 선행되어야 할 것은 규방가사의 자료적 실상을 직시하여 제대로 된 이해를 도모하는 작업이다.

이에 기왕의 규방가사 연구에서 보인 자료 해제 작업의 경향성을 정리함으로써 새로운 절충 지점을 제시하고자 한다.

권영철은 지난 1955년부터 약 25여년에 걸쳐 영남지방의 곳곳을 철저히 현지답사하여 5,000필 이상을 수집·정리하며 이 방면의 자료정리 작업에 박차를 가하였다. 그는 규방가사의 유형을 21개로 나누고 계녀교훈류가 그 '원류'를 차지하고 신변탄식류가 그 '주류'를 이루며

23) 김종철, 「한국고전문학사의 시각」, 『한국고전문학입문』 (집문당, 1996), 30-40면.

여타의 것들은 '아류'가 된다고 밝힌 바 있다.

권영철이 수집하고 정리한 규방가사 자료는 총 15책 이상의 분량이 되는데, 그 중 대표적인 작품을 골라 두 권의 책으로 묶어낸 바 이것이 현재까지 규방가사 연구자들의 기본자료가 되어왔다. 권영철의 이러한 자료정리 작업을 통해 규방가사의 대강을 소개받고 이해할 수 있다는 점에서 연구자는 그 노고와 은공에 깊이 감사하고 있다.

이후 임기중의 가사자료 정리 작업을 통해 제목 중심으로 열람할 수 있게 된 것도 중요한 진척 지점이라 할 수 있다.『역대 가사문학 전집』이 그 성과물로, 규방가사만을 따로 선별하지는 않았으나 다양하고 다대한 가사 텍스트를 원본의 영인자료로 검토할 수 있다는 것은 규방가사의 자료적 실상을 탐구하려는 연구자에게 큰 힘이 되었다.

최근 규방가사의 자료 정리 작업에서 혁혁한 업적으로는 이정옥이 펴낸『영남 내방가사』라는 제목의 자료집이다. 이정옥은 자료를 모으면서 막연하게 두루마리 형태로만 존재하는 줄 알았던 규방가사가 소장자들 나름의 소박한 솜씨로나마 제책된 가사집 형태로 존속되는 것도 상당하다는 것을 발견하였다며, 각기 장책본과 두루마리본으로 분류하여 놓았다.

장책본에는 가사 이외의 편지글도 많아서 여성적 글쓰기의 영역으로 가사 뿐 아니라 생활문에도 학문적 관심을 갖는 추세임을 덧붙여놓았다. 두루마리본으로 전하는 제문 등도 배제하지 않고 같이 싣고 있으며, 제목이 원래 없거나 있었더라도 훼손, 또는 유실된 작품들은 〈미상〉으로 통일하여 정리하였다.

이러한 선학들의 작업을 토대로 규방가사의 자료적 실상을 주목한 결과, 연구자의 입장에서 우선적으로 부각되는 것은 대동소이해보이는 작품들을 어떻게 존중할 것인가의 문제이다. 초창기 권영철의 작업에서 '교합본'을 만들게 된 정황과 취지를 충분히 이해하고 수용하더라도, 교합본만을 대상으로 할 경우 문제가 될 만한 지점을 비판적으로 고찰할 필요가 있기 때문이다. 이러한 고찰을 통해 대상자료의 선택에서 기왕의 분류작업을 개선할 여지를 발휘하는 것도 필요하다고 생각한다.

규방가사에서 큰 비중을 차지하는 〈계녀가〉류의 경우만 하더라도 자료적 실상을 제대로 파악하는 일이 간단치는 않아 보인다. 규방가사 연구의 선편을 잡은 권영철의 작업에 따르면 현전하는 계녀가류 규방가사는 소장 자료 3,670여 편 중에서 약 700여 편 정도를 차지하는 것으로 나타나 자료적 비중이 적지 않음을 알 수 있다.[24)]

물론, 양적 비중이 자료적 가치에 강세를 주는 현실을 무시할 수는 없다. 다만, 후속 논의를 통한 작품 발굴 작업이 간헐적으로나마 보고되는 상황에서 이러한 양적 비중보다 중요하게 생각할 것은, 오히려 계녀가류 규방가사의 전승 형태를 따져 현전 자료의 존재 양상을 제대로 이해하는 안목을 갖는 것이라 생각한다.

최근 규방가사의 자료적 실상을 정리한 바 있는 백순철의 작업에 따르면, 규방가사는 작품의 전승 형태상 세 가지 유형을 설정할 수 있다고 한다. 개별 작품이나 작품집으로 전해지는 경우(A)와, 현장에서 채록되어 수집되는 조사보고 자료집의 경우(B)가 있으며, 연구자의 안목에 따라 선별적으로 작품을 정리해놓은 선집(選集)의 경우(C)가 있다.[25)]

A의 경우 화전놀이나 기행, 탐승 등과 같이 집단적 모임의 환경에서 창작된 작품이 많은데, 규방가사의 형성기에서부터 근대에 이르기까지 이러한 유형의 작품들이 꾸준히 지속되었음을 알 수 있다. B의 경우

24) 권영철, 『규방가사연구』 (이우출판사, 1980), 167면.
25) 백순철, 「규방가사의 작품세계와 사회적 성격」(박사학위논문, 고려대, 2000), 22-28면.

특정 가문이나 촌락에서 집중적으로 창작되고 향유되는 작품들인데, 특히 문답의 형태로 지속적으로 창작되는 작품군까지 있어 보다 생생한 규방가사의 향유양상을 보여주는 자료들이라 할 수 있다.

앞선 두 유형이 자료의 형태를 비교적 그대로 복원하고 있는 것이라면, C의 경우에는 수집된 자료를 선집의 형태로 묶은 것이기에 실제적인 향유 양상을 그대로 보여준다기보다는 연구자의 시각을 반영하여 재조정한 자료라 할 수 있다. 이는 연구자들이 여러 지역에서 무작위로 수집한 작품들을 다시 특정 유형별로 배치한 흔적이 나타나기 때문이다.

규방가사의 이러한 전승 형태는 작품의 유형별 특징을 파악하는 것과 긴밀하게 연결되는 부분이다. 이 작업의 결과에 따르면 현전 규방가사 작품들에는 화전 · 기행 · 탐승의 모티프와 자술의 모티프가 각각 3분의 1 정도의 비율을 차지하는 것으로 드러나는데, 이렇게 자기술회적 성격이 강한 작품들이 큰 비중을 차지하게 된 것은 다름 아닌 C의 유형, 곧 선집류의 자료집에서 선집자(選集者)들의 안목과 관심이 특별히 자술의 유형에 쏠려있기 때문이라 해석하였다. 이어지는 양적 비중의 순위로는 교훈 · 우국의 모티프가 단연 상사 · 사친이나 송축 · 애도의 모티프를 앞서고 있다고 한다.

규방가사의 이해를 위해 작품의 유형별 접근을 시도한 기왕의 논의들에서는 모티프를 중심으로 다양한 유형 분류를 시도하였는데, 앞서 정리한바 규방가사의 실제적인 비중을 따져볼 때 세 가지 모티프들을 규방가사의 비중 있는 유형들로 설정하는 것이 가능하리라는 데 의견의 일치를 보이고 있다. 곧 화전가류, 탄식가류, 계녀가류로 삼대분하여 규방가사의 전모를 파악하는 경향이 최근까지도 이어지고 있다.[26)]

---

26) 이혜순 외, 『한국 고전 여성작가 연구』 (태학사, 1999), 312-314면.

중요한 것은 계녀가류 규방가사가 규방가사의 여러 유형 중 하나일 뿐, 규방가사의 전체를 대변하는 것은 아니라는 사실이다. 곧 계녀가 나름의 특질적인 국면이 존재하는 것은 분명하지만, 이것 역시 규방가사의 나머지 유형들과 긴밀히 연결되거나 중첩되는 지점에서 그 의미를 생기 있게 가질 수 있기에 그 시야를 좀 더 넓혀두는 것이 필요할 것이다. 작품의 단면만을 볼 것이 아니라 작품의 창작과 유통, 향수와 전승의 맥락에서 시야를 넓혀보는 태도가, 그래서 중요하다.

2.

다음으로, 연구자가 규방가사의 자료적 실상을 직시하는 데 중요한 의의를 부여하는 것은 규방가사 자료수집에서 부딪치는 사소한 실상을 어떻게 받아들여야 되는지를 고민하고 있기 때문이다.

예를 들어, 〈ᄀᆡ여가(7번)〉[27]는 제목이 없는 작품인데, 소장자인 이정옥이 작품의 내용을 토대로 〈ᄀᆡ여가〉라는 제목을 붙였다고 한다. 〈ᄀᆡ여가(7번)〉는 2음보 상하 구분 4음보로 배치하여 적고, 그 외의 글은 행구분없이 이어 적고 있다. 이 작품이 수록된 작품집은 총 50면의 필사장책본에 표지가 따로 없으며, 첫 번째 수록가사는 제목도 없다고 하는데, 그것이 바로 〈ᄀᆡ여가(7번)〉이다.

수록작품 중〈셔찰리라〉는 조부가 손녀에게 보내는 편지글이고 〈어마님젼숭ᄉᆞ리/답샹즁〉은 필체를 달리하는 자의 편지글인 것을 보아, 조부가 손녀에게 보낸 앞의 두 글의 여백에 손녀가 이어서 쓴 글이 아닌가 짐작된다.

또다른 작품인 〈게여가〉[28]는 〈은사가〉를 필사한 두루마리에 있는

27) 이정옥, 『영남내방가사 1권』 (국학자료원, 2003), 324-358면. 이 자료집에 실려 있는 작품으로, 순서대로라면 7번) 〈ᄀᆡ여가(가칭)〉이라 되어 있다. 가로 18.5, 세로 28.5의 두루마리에 있는 작품이다,

작품이다. 이정옥 소장의 두루마리본으로, 표제작인 〈은사가〉를 비롯하여 〈숙여가〉·〈숙여경계ᄉᆞ〉·〈춘몽가라〉·〈셕츈가〉·〈게여가〉 등 여섯 작품이 수록되어 있는 보기 드문 대작이라 소개하고 있다. 이정옥에 따르면 〈은사가〉는 현재까지도 많이 애송되고 있는 작품이라 하는데, 현재 상황에서는 별도의 소개사항이 없어 작품 이해를 진전시키기는 어려워 보인다.[29]

이 두루마리본에 수록된 〈게여가〉를 살펴보니, 약 10장 분량의 작품으로 〈계녀가(전형)〉의 내용과 거의 일치하는 것으로 보인다. 다만, 〈게여가〉 필사를 마친 후 자기 하소가 절절한 내용으로 이어지고 있는데 그 분량이 무려 6쪽에 이르고 있어 특별한 관심을 불러일으킨다. 이에 연구자가 이 텍스트를 살펴본 결과 몇 가지 특이점을 발견하였다.

이 작품의 마무리 부분은 다음과 같은데, 대개의 경우라면 이 부분까지가 한 작품의 종료지점이라고 할 수 있을 것이다.

> - 넷글에 잇ᄂᆞᆫ말이 셰졍에 당ᄒᆞ기로 ᄃᆡ강 기록하여 ᄎᆡᆨ의올여 경게ᄒᆞ이 이ᄎᆡᆨ으르 일치말고 시시ᄎᆞᆫᄂᆡ보면 ᄒᆡᆼ신쳐ᄉᆞ 뉴익ᄒᆞ고 부모ᄋᆡ기 귀하리라 경긔할말 무슈ᄒᆞ나 졍신슈슈 긋치노라 경오쵸이월 김소져 ᄇᆡ운거시 ᄉᆞ오연 ᄇᆡ운거이리라 경오쵸팔일 김소져 하셔리.

그런데, 그 다음 부분에서는 동일한 필체로 별도의 제목 없이 필사되는 부분이 이어지고 있다. 이를 간략히 살피면 다음과 같다.

---

28) 이정옥은 〈계여가〉라 소개하였으나, 실제 제목 부분은 〈게여가〉로 되어 있다.
29) 이정옥, 『영남내방가사 4권』(국학자료원, 2003), 16-75면. 이 자료집의 순서대로라면 2번) 〈은사가〉로 되어있으며, 가로 1426.3, 세로 30의 두루마리에 있는 작품이다.

- (앞부분 판독불가) 가난절ᄉᆞ난 흐르ᄂᆞᆫ 유수갓탄 절세난 흐르난 유수갓타 여어나듯 잇ᄯᅵ을 당ᄒᆞ연ᄂᆞᆫ고 슬흐고 ᄋᆡ들ᄋᆡ들 원통원통 우리아ᄡᅡ임 갑ᄌᆞ가ᄂᆡ … 슬흐고 통곡통곡 우리아ᄡᅡ임이 ᄉᆞ라 짓스면요면.

완벽한 해독이 이루어져야 하겠지만, 우선적인 심증만을 이야기하자면 필사의 과정에서 개입되는 심정적 차원의 몰입에 대한 것이다. 제목이 없는 상태에서 이어지는 이 부분은 필사자의 충동적인, 또는 의도적인 덧붙임 과정이라 볼 수 있기 때문이다.

유사한 사례가 〈사친가(자탄형)〉의 자료 개관에서도 발견되는데, 이정옥의 『영남내방가사』 1권에 소개된 ≪사친가라≫[30]는 총 21면 분량의 필사장책본이며, 표지는 따로 없다고 한다. 가사작품 〈사친가라〉와 〈칠석가〉 2편과 제문 1편, 서간문인 〈답상장〉·〈문〉 등이 수록되어 있다.

제문의 기사 '을사 정해월 이십육일 병자는 즉 아모주유인 능성구씨 상긔지일 애타장여 경주이실'로 미루어 을사년(1905) 이후로 필사연대를 추정할 수 있다. 그러나 경주의 이씨가로 취혼한 '경주 이실'이 본 가사집의 필사자인지의 여부에 대해서는 좀더 상세한 검토가 필요하다고 지적하였다.

〈사친가라〉와 〈칠석가〉는 대중적으로 널리 향유되는 가사라고 하는데, 기왕의 규방가사 연구에서는 〈사친가〉를 특별히 주목하지 못하였기에 자료적 실상을 본격적으로 검토하여 연구 작업에 착수할 필요가 있다고 생각한다.

한편, 〈화젼가(14번)〉[31]라는 작품은 이정옥 소장본으로, 자료를 소

---

30) 이정옥 소장본으로 가로 28.5, 세로 32.8의 두루마리에 있는 작품이다.
31) 이정옥, 『영남내방가사 5권』 (국학자료원, 2003), 216-231면. 이 자료집의 순서대로라면 14번째이다.

개한 이정옥은 작품해제에서 "가로 536.6, 세로 16의 두루마리본"이라는 간단한 설명만 제시하고 있다. 연구자가 이 작품을 살펴보니, 첫 부분이 다음과 같은 식으로 되어 있었다. 제목으로 〈화젼가〉라 쓴 후 다음줄에 '어와동유들아'라고 써놓고는 한 줄을 비운 후  다시한번 이 부분을 반복하고 있어 무척 흥미로웠다.

| 화젼가<br>어와동유들아<br><br>화젼가<br>어와동유들아<br>화젼가들어보소 |
|---|

〈화전가(22번)〉[32]라는 제목의 다른 작품을 보면, 9쪽 분량의 비교적 짧은 이 작품은 화전가 전체가 아니라 중반까지만 필사되어 있다. 또 다른 작품 〈화젼가라(9번)〉[33]의 경우에는 연구자가 살펴보니, 필사상태가 썩 좋지는 않아서 앞장과 뒷장이 겹쳐서 영인된 듯 해독이 곤란하였다.

---

32) 이정옥, 『영남내방가사 5권』(국학자료원, 2003), 333-342면. 이 자료집의 순서대로라면 22번째이다. 이정옥 소장본으로 가로 387, 세로 21의 두루마리본이다. 이정옥은 해제를 통해 이 작품이 '긔축 삼월 이십츄일 지호화슈회'라는 기사가 작품 말미에 있는데, 1949년 작품인 듯하다고 설명하였다.

33) 이정옥, 『영남내방가사 4권』(국학자료원, 2003), 192-196면. 이 자료집의 순서대로라면 9번째이다. 이정옥 소장본으로 가로 166, 세로 16의 두루마리본인데, 일부는 뒷면까지 쓰여져 있다고 하였다. 이정옥은 '정히년 유월 초일일'이라는 기사로 보아 1947년 혹은 1887년 작으로 추정하고 있다.

그런데, 〈화젼가(2-3번)〉[34]라는 작품은 좀더 면밀히 그 자료적 실상을 주목할 필요가 있다. 이정옥 소장본으로 가로 18.5, 세로 19, 총 57면의 필사장책본인데, 〈추풍감별곡〉 12면, 〈김대비훈민가〉 13면, 〈화젼가(2-3번)〉 25면, 〈언문뒤풀리〉 5면 등 3편의 가사와 1편의 민요가 수록되어 있다.〈추풍감별곡〉과 〈김대비훈민가〉는 4음보 두 줄을 한 단위로 위아래로 줄을 바꿔 적었고, 〈화젼가(2-3번)〉와 〈언문뒤풀리〉는 줄구분이나 띄어쓰기 없이 이어 적었다.

이정옥은 이 작품집이 남성 필사일 가능성이 높은 두 가지 근거를 제시하고 있는데, 또박또박 한 자씩 적은 글씨가 여성의 필체인 내간체라기보다는 남자가 필사했을 가능성이 높다는 점과, 〈화젼가(2-3번)〉 끝 구절의 '산중쳐사인생산업니박게다시업다'에서 처사(處士)는 남성을 지칭하는 불교용어라는 점을 들었다. 그리고 책 표지에 〈花餞歌/金大姒訓民歌/秋風感別歌〉로 쓴 한자제목이 있는데 이러한 한자표기가 종래 흔히 써오는 〈花煎歌/金大妃訓民歌〉와 다르다는 점에서 오기(誤記)일 가능성이 크다고 지적하였다.

연구자가 보기에 이 작품은 서두가 〈화전가(전형)〉과는 상이한데, 그럼에도 전체적인 구성의 틀이나 표현방식은 비교적 유사한 방향으로 표현되고 있어 흥미로웠다. 예를 들어, 다음과 같은 부분은 〈화전가(전형)〉에 공통적으로 나오는 부분이기 때문이다.

- 꼿차꼿차 무려보자 너은엇지 피여는야 동군의 너분덕택 덕택 꼿태 피여는가 청용니 물을주어 조하 꼿태 피여는가 일매오일 양

---

34) 이정옥, 『영남내방가사 1권』(국학자료원, 2003), 14-20면. 이 자료집의 순서대로라면 2-3번째이다. 연구자가 주목하는 〈화젼가〉라는 작품의 끄트머리에 '임진 十一月 二十九日로 보아, 기록연대가 1952년 혹은 1892년으로 추정이 가능하다고 하였다. 연대는 상당히 내려가지만, 자료적 실상을 파악하는 중요한 단서가 되기에 같이 살피기로 한다.

화졀의 비을 쌔려 피여는야 쳐쳐제조 우난곳의 식소래도 듯기좃타 져져경게 조흔곳의 그져가면 무엇하리 화조가을 읍퍼보자 삼백화보 쏫자치의 자자이 살펴보니 홍화백화 난만한대 어는 쏫치엇듬인고 삼백쳔향 목단화은 화중군자 뒤야잇고 연당압해 부용화은 화즁의 제일이요 명사심니 해당화은 화즁신션 뒤야익고 만호촌즁 셩유화은 화즁미인 뒤야잇고 산즁의게수화은 월궁션여 뒤여잇고 …

이에 그 마무리 부분까지 살펴보았는데, 결사 부분에 이어 여러 가지 논증할 부분들이 있었다. 우선 연구자가 살펴본 결과 〈화젼가(2-3번)〉의 마무리 부분에는 "여가여가 심심커든 졍리보고 간수하라 이것도 젹비심역"이라 쓰인 후 필사시기인 임진년 기록이 나오고 있다.

그런데, 이 부분이 나오기 이전의 부분을 잠시 살피면 다음과 같은데, 이 필사장책본의 제일 마지막 장인 57면에 책을 꾸린 목적이라 할 수 있는 당부의 말을 덧붙이고 있다.

- 어와셰상사람들 내이내 말삼드러보소 인생산업 제일이라 아들노고 손자바셔 길삼방적 힘을씨고 팔월박조하고 구월수의한연후의 남젼북답 장만하야 춘경추수하기뒤면 셔창을 비기누어 아들손자 압해녹고 독셔셩을 드려시면 인간자미 이박게또 이실가 봉재와 졉빈객을 지셩으로 하기뒤면 산업즁의 엇듬니라 여가여가 심심커든 강태공을 쏜을바다 동유수의 다달나셔 낙수를 담아녹고 백구로 싹을하고 소부허유 쏜을바다 소을모라 등산하야 종일토록 머긴후의 셕양쳔의 도라오면 산중쳐사 인생산업 이박게 다시업다[35)]

이정옥은 '두렵다여인행실사람으게잇난니라 …'라 쓴 부분을 토대로

35) 이어서 공란이 있은 후에 "여가여가~"식으로 연결되고 있다.

'여자의 행실은 봉제사접빈객이요 삼종지도를 따르라'는 권유의 내용이라 지적하고 있다. 이에 연구자가 다시 살펴보니, 다음과 같이 표현되어 있다.

- 두렵다 여인ᄒᆡᆼ실 사람으게 잇난니라 ᄂᆡ몸의 맛튼일은 음식과 갈ᄉᆞᆷ이라 이박게 다른일은 주장을 ᄒᆞ지마소 (판독불가능한 두 글자)을 할지라도 시부모계 무러ᄒᆞ소 시부모 업신후난 가장이 주장이라 ᄇᆡᆨᄉᆞ을 조심하야 그말ᄃᆡ로 시ᄒᆡᆼᄒᆞ소 가장이 업신후의 자식으로 상의ᄒᆞ소 삼종ᄒᆡᆼ실 ᄶᅥᆺᄶᅥᆺᄒᆞᆫ계 이박계 ᄯᅩ인난야

기왕의 규방가사 연구에서는 이러한 세세한 양상들을 충분히 주목하지 못하였기에, 자료적 실상을 토대로 한 본격적인 연구 작업이 필요하다고 생각한다. 중요한 것은 이러한 양상이 규방가사의 '글하기' 상황에서는 매우 흔하게 일어날 수 있으리라는 점이다.

기초 작업에 동원되어야 하는 여러 가지 사항들이 다소 번거롭고 부담스럽기는 하지만, 이러한 작업을 토대로 좀더 차분히 그 실상과 특징을 주목하여 나간다면 보다 유연하고 풍부하게 규방가사 논의의 새로운 장을 열 필요가 있지 않을까 기대하는 마음이 크다.

## 3. 대상자료의 범주와 특징 개관

### 1) 대상자료의 범주

1.

규방가사의 작품을 개관할 때 대체적인 경향은, 동일 제목으로 존재하는 여러 작품들을 주목하되 구성적 동일성이 인정되는 경우를 주목하여 하나의 유형으로 분류하는 작업을 선호하는 편이다. 대개의 작품에서 공통적인 화소가 겹쳐지면서 주제적 측면에서나 표현적 측면에서 부분적인 유사성이 많든 적든 드러나게 마련이기 때문이다.

하지만, 하위유형의 구분이 명확히 자리잡은 것은 아니어서 다대한 규방가사의 작품들을 분류하는 작업은 연구자마다 다소간의 상이점을 보이고 있다. 최태호는 규방가사를 '교훈류/사친류/풍류류/탄식류'로 구분하였으며, 이재수는 '교훈류/송축류/탄식류/풍류류'로 구분하였다.

권영철은 자신이 수집한 자료를 정리하여 '계녀교훈류/신변탄식류/사친연모류' 등 21개 유형으로 나눈 후, 이것을 다시 창작의 모티프에 따라 재분류하는 방식을 선택하였다. 이정옥은 규방가사의 내용을 기준으로 '부녀교훈류/부녀탄식류/풍류기행류/송경축원류'와 같이 크게 4가지로 분류하고 있다.

그 중 연구자는 이정옥의 분류작업을 주목하고자 한다. 이는 이정옥의 자료조사 작업이 최근에 마무리되어 『영남 내방가사』라는 5권의 자료집이 이루어졌는데, 구체적인 검토의 기회가 충분히 이루어지지 않았다고 생각하기 때문이다.

우선, '부녀교훈류'는 가장 이른 시기에 지어져 가장 많은 부분을 차지하는 교훈적인 내용을 담은 규방가사로, 여기에는 출가를 하는 딸이나 시집온 며느리들에게 부녀자로서의 생활과 규범을 강조하기 위해 만든 〈계녀가〉를 비롯해, 당시의 유교적인 이념들을 부녀자들에게 전하기 위해 유교적인 내용들을 담은 가사들로 분류할 수 있다. 이 글에서는 이정옥의 자료조사 작업에서 〈계녀가〉라는 제목으로 전해지는 일련의 작품들을 대상자료로 선택하였다.

'부녀탄식류'는 자신의 처지에 대한 부정적 시각과 저항을 읊은 자조탄식류의 가사로, 시집살이 중에 자신이 겪고 있는 처지와 상황을 비관하고 한탄하는 내용을 주로 담고 있다. 자신의 삶에 대한 질곡과 불행을 있는 그대로 사실적으로 담고 있는 이들 유형의 작품들은 〈원별가〉·〈노처녀가〉·〈석별가〉·〈자탄가〉·〈회심가〉·〈복선화음가〉 등 다양한 제목으로 전해지고 있는데, 연구자는 〈여자자탄가〉와 〈석별가〉라는 제목으로 전해지는 작품들을 대상자료로 주목하고자 한다.

'풍류기행류'는 자연을 찬탄하는 풍류적인 내용을 담은 것들로, 당시 여성들은 일년에 한두 번 정도 허용되었던 놀이나 모임을 통해서 억압되고 규범화된 생활에서 탈출할 수 있었다. 그런 자리가 계기가 되어 가사가 창작되고 전승되기도 했는데, 놀이의 즐거움과 모임 장소의 아름다움을 노래한 내용들이 주류를 이룬다고 한다. 화전놀이를 하거나 또는 놀이를 파한 후에 불렀던 〈화전가〉를 비롯해 〈반유가〉·〈화유가〉·〈태백산가〉·〈사시풍경가〉·〈화조가〉·〈몽유가〉 등이 수록되어 있다. 여성들의 놀이공간이 시집이나 친정과 같은 공간으로 제한되게 마련인데, 이정옥은 이에서 보다 먼 거리로 확대되면서 기행가류의 가사가 많이 창작되게 되었음을 보고하고 있다. 연구자는 이정옥의 자료조사 작업에서 〈화전가〉라는 제목으로 전하는 작품을 주목하고자 한다.

양반가에서 출생하여 양반교육을 받은 대개의 가사향유자들은 역시 양반가로 시집가는 소위 계급내 혼인을 하였던 여성들이다. 그들에게 있어서 가문의 자랑은 대단한 것이어서 조상을 기리고 흠모하는 가사들도 매우 다양한데, '송경축원류'는 소위 가문세덕가라 할 수 있는 것들로서 〈쌍벽가〉·〈수경가〉·〈회혼치하가〉 등의 제목으로 전해지는 작품이 있다고 한다. 연구자는 이정옥의 자료조사 작업에서 〈회혼가〉라는 제목으로 전하는 작품을 대상자료로 선택하였다.

2.

이 때, 앞서 지적한 유형별 집중으로 인한 단점을 극복하기 위해 대상자료를 선택하는 시각을 일단은 넓혀놓는 게 필요하다. 이에 다음과 같은 과정을 거쳐 최종적으로 7개의 작품군을 대상 자료로 선정하였다.

우선, 연구자는 권영철의 고전적인 두 자료집『규방가사 1』(한국정신문화연구원, 1979)과『규방가사 : 신변탄식류』(효성여대출판부, 1985)[36] 현재 50권까지 영인되어 있는『역대가사문학전집』(임기중 편, 여강출판사),[37] 전체 5권으로 이루어진『영남의 내방가사』(이정옥 편, 국학자료원, 2003)[38]를 개괄적으로 검토하고, 앞서 제시한 자료집 외에 단권(單券) 형태 혹은 작품 소개 중심으로 되어있는 자료집 등도 폭넓게 조사하여 해당 자료집에 수록된 규방가사 작품들을 세밀하게 검토하였다.[39]

---

36) 권영철,『규방가사1』(한국정신문화연구원, 1979); 권영철,『규방가사:신변탄식류』(효성여대출판부, 1985).

37) 임기중,『역대가사문학전집 1』(아세아문화사, 1987). 이 자료집은 모두 51권까지 간행되었으며, 시기상으로는 1992년까지 이어진다. 세세한 서지사항은 이로 대신한다.

38) 이정옥,『영남 내방가사 1』(국학자료원, 2003). 이 자료집은 5권까지 간행되었으며, 5권까지의 발행사항은 동일하다.

39) 경상북도,『전통문화의 맥』(경상북도 교육위원회, 1987); 이재수,『내방가사연구』(형설출판사, 1976); 이정옥,『내방가사의 향유자 연구』중 자료편

이렇게 대상자료로 편입될 수 있는 작품들을 1차적으로 수집하여 다음과 같이 3개의 작품군을 우선적으로 주목하게 되었다. 동일제목으로 이루어진 작품들이 여러 자료집에서 산견되어 해당 제목의 작품 창작 및 향수상에 대한 영향력이 적지 않음을 인상적으로도 감지할 수 있었기 때문이다.

| 권영철의 분류 작업 | 이정옥의 분류 작업 | 작품명 |
|---|---|---|
| 계녀교훈류(戒女敎訓類) | 부녀교훈류 | 〈계녀가〉 |
| 신변탄식류(身邊歎息類) | 부녀탄식류 | 〈여자자탄가〉 |
| 풍류소영류(風流嘯詠類) | 풍류기행류 | 〈화전가〉 |

특히 이상의 3개 작품군을 유의미한 유형으로 주목하게 된 것은 규

(박이정, 1999); 이종숙 외편, 「내방가사자료」, 『논총』 15집(이화여대 한국문화연구원, 1970); 임기중 편, 『한국가사문학주해연구』 (아세아문화사, 2005); 최태호 편, 『교주 내방가사』 (형설출판사, 1980); 김성배, 『주해가사문학전집』 (집문당, 1961); 영천시, 『규방가사집』 (영천시, 1988); 이선자, 『안동의 내방가사』 1 · 2(도서출판 한빛, 2002); 이재수, 『내방가사연구』 (1970); 이종숙, 「내방가사연구1」, 『한국문화연구원논총』 15집(한국문화연구원, 1970); 이종숙, 「내방가사연구2」, 『한국문화연구원논총』 16집(한국문화연구원, 1971); 이종숙, 「내방가사연구3」, 『한국문화연구원논총』 19집(한국문화연구원, 1974); 최태호, 『교주내방가사』 (형설출판사, 1968); 강전섭, 「홍씨부인 계녀사에 대하여」, 『어문연구』 5집(대전어문연구회, 1967); 권영철, 「부여노정기 연구」, 『국문학연구』 4집(효성여대, 1972); 권영철, 「쌍벽가 연구」, 『상산이재수박사회갑기념논문집』 (간행위원회, 1972); 노태조, 「교주금행일기」(정훈출판사, 1992); 이신성, 「협천화양동파평윤씨가규방가사해제」, 『어문학교육』 11집(한국어문교육학회, 1989); 이원주, 「잡록과 반조화전가에 대하여」, 『한국학논집』 7집(계명대 한국학연구소, 1980); 진동혁, 「공인남원 윤씨의 명도자탄사 연구」, 『단국대 논문집』 19집(단국대, 1985); 홍재휴, 「전의이씨유문고(절명사)」, 『국어교육논지』 1집(대구교대, 1973); 유지천, 「귀녀가」, 『어문논집』 4권(안암어문학회, 1960); 최강현, 「귀녀가를 살핌」, 『어문연구』 26집(어문연구회, 1995), 411~427면.

방가사의 자료 연구에서 선구적 업적을 이룬 권영철의 분류 작업에 힘입은 바 크다. 권영철은 1955년부터 약 25년간에 걸쳐 약 5천 필 이상의 규방가사 자료를 수집하였는데, 이렇게 수집된 자료들을 21개항으로 분류한 후, 다시 대표적인 10가지 유형을 선정하여 『규방가사 · Ⅰ』로 묶어냈고, 신변탄식류 규방가사만을 다시 모아 『규방가사 : 신변탄식류』로 묶어낸 바 있다. 권영철의 분류 작업은 규방가사의 자료적 실상을 곡진하게 보여줄 수 있으며, 연구자가 착안하고 있는 '글하기' 방법의 구체적 실현상을 분석하기에 충분한 양적 확보를 가능케 한다고 보았기 때문이다.

또한, 앞서 선택한 세 개의 유형 외에 대상자료의 범위를 좀더 확대하고 적절하고 적합한 작품들을 선택할 수 있었는데, 이 과정에서 추가된 작품군들을 차례로 소개하면 다음과 같다.

우선 권영철의 분류작업에서 보인 다음의 두 작품군으로, 기왕의 논의에서 제대로 된 언급을 찾아보기가 어려워 본격적인 검토 작업을 필요로 한다.

| 권영철의 분류 작업 | 이정옥의 분류 작업 | 작품명 |
|---|---|---|
| 사친연모류(思親戀慕類) | 부녀탄식류 | 〈사친가〉 |
| 축원송도류(祝願頌禱類) | 송경축원류 | 〈회혼가〉 |

여기에 〈귀녀가〉와 〈석별가〉라는 제목으로 존재하는 작품군을 추가하였다.

| 권영철의 분류 작업 | 이정옥의 분류 작업 | 작품명 |
|---|---|---|
| 해당없음 | 해당없음 | 〈귀녀가〉 |
| 신변탄식류(身邊歎息類) | 부녀탄식류 | 〈석별가〉 |

이들 작품군은 기왕의 논의에서 주목받은 바가 없어 당연히 기본적인 유형분류 자체가 되어 있지 않은데, 각기 〈계녀가〉와 〈여자자탄가〉의 유형들과 중첩되면서 개성적인 면모를 보여주는 작품군들이라 할 수 있다.

이어지는 부분에서 대상자료의 특징을 개관하며 상술하겠지만, 이들 작품군은 기왕의 논의에서 큰 주목을 받지 못했음에도 각기 유형별 개성과 유형간 접점을 동시에 보여주면서 독특한 작품세계를 보여주고 있다. 권영철의 초기자료 조사 작업에서는 언급조차 되지 않았지만, 이후의 여러 자료집에서는 동일제목의 작품들이 산견되는바 연구자가 보기에 충분히 주목할 만한 가치가 있다고 생각한다.

이상의 검토 작업을 거쳐 이 연구의 대상자료로 다음과 같은 7가지 작품군이 최종적으로 확정되었다. 작품군별 특징에 대해서는 항을 달리하여 개관하기로 한다.

(1) 기왕의 분류작업을 토대로 선택한 작품군
- 〈계녀가〉
- 〈여자자탄가〉
- 〈화전가〉

(2) 모녀 관계가 부각되는 작품군
- 〈귀녀가〉 : 어머니의 입장에서 딸을 대상으로 한 작품
- 〈사친가〉 : 딸의 입장에서 부모(어머니)를 그리는 작품

(3) 결혼(혼인) 풍속에 관한 내용이 부각되는 작품군
- 〈석별가〉 : 결혼 첫해의 풍속과 심경을 담은 작품
- 〈회혼가〉 : 결혼 60주년을 맞이한 때의 작품

## 2) 대상자료의 특징 개관

### (1) 〈계녀가〉·〈여자자탄가〉·〈화전가〉의 경우

1.

권영철은 자신이 수집한 700여 편의 계녀가류 텍스트를 대상으로 내용적 특성을 고찰하여 13개 항목을 모두 갖춘 텍스트를 〈전형 계녀가〉로 칭하고 이외의 것을 〈변형 계녀가〉로 구분하였다.

계녀가류 규방가사 연구는 이러한 이대분의 유형화가 갖는 장점을 토대로 이루어져 왔다. '전형(혹은, 규범적) 계녀가'로 불리는 작품들은 계녀 항목의 나열과 지시 혹은 금지의 내용 전달을 목적으로 하는데, 양적으로 많지만 대개 내용의 가감이나 순서변이 없이 필사된 양상을 보여 계녀가류 규방가사의 전범성이 얼마나 확고한지를 잘 드러내고 있다.

그러나 계녀가류 규방가사의 자료적 실상을 주목하면 진술방식의 변화나 항목의 축소 등 다양한 층위에서 변이의 양상을 보여주는 자료 역시 적지 않아서, 〈계녀가〉 창작에서 필자들이 계녀가류 규방가사에서 요구되는 글쓰기의 전형성을 어떻게 다루고 있는지를 살필 수 있게 된다.

이 연구에서는 계녀가류 규방가사의 전형성 혹은 전범적 틀을 '글하기' 방법의 측면에서 새롭게 논의해볼 여지가 있다고 생각한다. 계녀교훈류에 속하는 다양한 작품 중에서 특별히 〈계녀가〉라는 제목을 단 작품을 대상자료로 주목하는 이유가 여기에 있다. 동일 제목이나 이본 관계가 아님에도 유사한 구절이 여러 텍스트에서 산견되는 양상을 볼 때, 유사한 구성방식의 텍스트가 존재하는 의의에 대한 고찰을 새롭게

해 볼 필요가 있기 때문이다.

2.

권영철의 작업에서 두 번째로 분류한 유형이 '신변탄식류'인데, 그 중 세 번째로 소개된 작품인 〈여자자탄가〉를 중심으로 대상자료를 수집 · 정리하였다. 이는 여타의 자료집에서도 동일 제목의 작품들이 다수 분포되어 있어 매우 보편적인 작품군임을 알 수 있기 때문이다. 이재수의 경우에는 '여자자탄가 · 사친가 · 여자유행가'를 묶어 〈여자자탄가〉류라 칭하고 이들 유형의 공통된 특징으로 출가한 부인들이 여자 신세의 슬픔을 강조하는 것을 들기도 하였다.[40)]

제목상의 공통 특징을 보면, '여자유행/여자' 등과 같이 여자신세의 불합리한 정체성을 토로하려는 의도에서 '여자'를 제목에서부터 내걸고 있으며, '자탄/탄식/소회' 등과 같은 표현이 덩달아 붙는 식의 경향성을 보이고 있다. 이 부류에 속하는 대상자료 중 '여자탄/여자자탄가/장탄가/여탄가' 등의 제목이 흔한 것에서 드러나듯이 이들 작품군은 신세한탄이나 소회를 토로하는 데 주력하고 있다.

작품에 담긴 내용을 일별할 때 여자신세에 대한 한탄이 대부분을 차지하는 비중높은 항목이지만, 신세한탄을 촉발하는 계기는 '근친/유희/생이별/남편 사망' 등으로 다양하며, 이러한 계기들이 신세한탄이 이루어지는 이전 부분 혹은 이후 부분에서 제시되고 있다. 그래서 '회심곡/과부가/석별가/사친가' 등처럼 유형상 접점이 나타나기도 하며, 특히 몇몇 작품에서는 과부 상황과 같이 드라마틱한 스토리가 전개되면서 동일한 제목의 〈여자자탄가〉와는 차별화되는 서사성이 드러나기도 한다.

하지만 이 작품군의 특질이 '자탄'에 있는 만큼 우선적으로 주목해야

---

40) 이재수, 「女子自歎歌 硏究」, 『동양문화연구』 2집(경북대 동양문화연구소, 1975), 18~19면.

할 작품들은 신변탄식류에 속하는 〈여자자탄가〉류이다. 연구 작업이 진행되면, 〈여자자탄가〉류의 작품들은 〈사친가〉류 작품군과 〈석별가〉류 작품군을 비교층위로 설정하여, 접점이 되는 부분과 차별화된 특징적 양상을 별개로 주목하는 것이 가능할 것이라 기대한다.

3.

〈화전가〉의 경우, 대상자료의 양도 방대하고 기왕의 연구성과 업적들이 대단히 분분하다. 가장 기본적인 분류작업만 하더라도 연구자별로 상이한 연구결과를 다양하게 제시하고 있다.

예를 들어, '내향적 표출/외향적 표출'(권영철의 경우), '문중 중심의 화전가/규중 중심의 화전가'(김동규의 경우), '글을 아는 양반여성이 지은 정형 화전가/글을 모르는 평민여성이 지은 변형 화전가'(손대현의 경우) 등과 같이 매우 다양하기 때문이다. 이재수는 다대한 화전가의 양상을 '화전가/화류가/화수가/기행가/답가/기타' 등으로 분류하기도 하였다.

〈화전가〉를 창작함에 있어 대개의 경우는 개인의 작이 많지만, 다수인이 모여서 윤작(공동작) 형식으로 어느 누구는 준비 대목을, 또 어느 누구는 화전놀이 대목을, 또 어느 누구는 파연후 귀가까지의 대목을 각기 분담하여 쓰는 경우도 흔하다고 한다. '화답가' 또는 '반가'를 요구하면서 〈화전가〉에 대한 화답형의 가사를 쓰고, 이의 답가를 받아서는 자기의 작품과 대조하는 수도 있다. 또한 각기의 작품을 합평하여 특정 부분을 서로가 어떻게 서술하였는가를 합평하는 경우도 있는 것이 관례이기 때문에 자연히 구조상 공통상이성을 지니게 되었을 것이다.

이러한 공통상이성을 바탕으로 권영철은 〈권본 계녀가〉에 이어, 〈권본 화전가〉를 복원하여 〈화전가〉의 전형적 모델을 제시하였다. 그 구조는 "서사-신변탄식-봄의찬미-놀이에 대한 공론-택일-통문-승낙-준비-치장-승지 찬미-화전 굽기-회식-유흥 소영-감회-이별과 재회의 기약-귀가-발문"의 순서로 정리된다. 최태호의 경우에는 시간의 흐름과 서사 구조를 통합하여 "준비 과정-출발 과정-화전놀이-술회-귀가"와 같은 5 부분으로 나누었다.

이렇게 전형적인 〈화전가〉의 구조가 이루어지는 근본적 이유로 기왕의 논의에서 합의된 바를 요약하면 다음과 같다. 모든 〈화전가〉의 구조가 평면적이고 '준비-출발-놀이-귀가'에 이르기까지의 화전놀이 순서가 획일적이며, 화전놀이 현장에서 개인작이건 윤작이건 일행들의 견해와 합평의 결과 등이 들어가서 이른바 〈화전가〉의 공통적인 구조가 만들어졌을 것이라는 점이다.

특히 윤작을 할 경우 전체적인 것을 서로가 합작하는 수도 있겠으나, 대개의 경우 각기 1개 항목씩을 맡아서 썼을 것이니 적어도 이에 참여한 작자들은 각 항목별로 몇 번씩이나 지어본 경험이 있었을 것이고, 귀가해서 개인이 작사하였더라도 후일 합평회 때 자기의견을 다시 다듬어 개사했을 것이기 때문에 하나의 특정 작품이 오랜 세월 동안 전사되고 전변되는 동안 후인의 손질이 다분히 더해져 〈전형 화전가〉의 공통적인 구조가 만들어졌을 것이라 상세하게 추측하기까지 하였다.[41)]

〈화전가〉의 발문이 대개 "청춘홍안 동류들네 오작낙서 많으니 보나니 눌러보고 답가도 지어주소"와 같은 식이 되는 것도 이런 정황을 반영하는 것이라 보고 있다.

41) 권영철 · 주정원, 『화전가 연구』(형설출판사, 1981), 59면.

(2) 〈사친가〉·〈귀녀가〉의 경우

1.

〈사친가〉는 기왕의 규방가사 논의에서 크게 주목받지 못한 작품군으로, 종래에는 〈여자자탄가〉 등과 비교하거나[42] 효 담론의 차원에서 전고인용의 양상을 분석하였을 뿐[43] 본격적인 논의가 활성화되지는 않았다.[44]

하지만, 동일제목의 작품을 대상으로 하고 있음에도 한쪽에서는 '여자자탄가'와 같은 부류로 접근하고 다른 한쪽에서는 '월령가(혹은, 달거리)'와 동일한 형태로 접근하고 있다는 점에서 소략하게나마 이루어진 〈사친가〉 논의가 두 방향으로 흐르고 있음은 특기할 만하다.

연구자가 〈사친가〉를 주목하는 이유는 이러한 연구사적 정황이 특이하게 느껴지는 것과 맞물려, 또다른 규방가사 작품인 〈여탄가〉에서 〈사친가〉를 언급한 다음과 같은 부분이 관심을 끌었기 때문이다.

> - 소설책도 일그면서 사친가도 봉독하고 … 부지련은 제목동들 사친가를 외부르나 … 가진명절 좋은때에 동ᄂᆡ부인 모여안자 가사책도 일그면서 소설책도 서로볼제 …

위에 인용한 〈여탄가〉는 경북 의성군의 화실댁이 필사한 작품으로

---

42) 이재수, 「女子自歎歌 硏究」, 『동양문화연구』 2집(동양문화연구소, 1975); 이재수, 『내방가사연구』(형설출판사, 1976).

43) 조금상, 「사친가류 가사 연구」(석사학위논문, 동덕여대, 2000).

44) 그나마 다음의 논의들에서 〈사친가〉에 대해 단편적인 논급이 이루어지고 있다. 이태호, 「월령체가의 내용적 연구」(석사학위논문, 건국대, 1970) : 박준규, 「월령체가 연구」(석사학위논문, 전남대학교, 1972), 35-38쪽 : 이규순, 「규훈류 연구」(박사학위논문, 숙명여대, 1987); 성무경, 「가사와 잡가의 접점에 대한 일고찰」, 『반교어문연구』 9집(반교어문학회, 1998), 203-240쪽.

전해지는데, 권영철은 여자로 태어난 신세를 한탄하되 그러한 와중에도 시집살이 규범을 다시 되새기며 아우르는 한국여인의 생활양식을 잘 보여주는 가사작품이라 소개하고 있다.[45)]

이를 통해볼 때 〈여탄가〉는 여자들의 일상생활과 매우 긴밀한 작품이라 여겨지는데, 바로 이러한 작품에서 〈사친가〉가 반복적으로 언급된다는 것은 〈사친가〉의 향수상이 의외로 폭넓게 이루어지고 있음을 짐작케 하는 것이라 생각한다.

연구자는 〈사친가〉라는 제목으로 포괄되는 일련의 작품들을 분류하여 대상자료의 자료적 실상을 검토한 결과, 〈사친가〉에 대한 기왕의 연구사적 성과가 소략한 대신, 〈사친가〉 논의에 포함될 수 있는 대상자료들은 의외로 양적 비중이 적지 않음을 확인하였다.

무엇보다 규방가사의 유형별 분류는 초창기 연구자들이 다대한 자료들을 양적으로 분류하는 과정에서 표면화된 특징에 따라 나눠좋은 잠정적인 분류태일 수도 있기에, 유형화의 공고한 틀에서 벗어나 대상자료의 실상을 파악하는 것이 우선되어야 할 것이다.

이에 〈사친가〉의 자료적 실상을 검토한 결과 다음과 같이 두 가지 서로 다른 유형이 〈사친가〉라는 동일제목으로 존재하고 있음을 발견하였고, 이를 각기 〈사친가(자탄형)〉과 〈사친가(월령형)〉으로 명명하고자 한다. 각 유형에 대해 검토과정을 약술하면 다음과 같다.

〈사친가〉는 제목에 '사친'을 내세운 만큼 결혼하여 친정을 떠난 여성의 사친지정을 형상화하는 데 일차적인 목적을 둔 작품이라 할 수 있다. 이러한 목적에 가장 근접한 작품군이 바로 자탄가의 범주에 드는 작품들로, 이를 〈사친가(자탄형)〉으로 명명하고자 한다.

두 번째로 살펴볼 유형은 달마다의 절기 풍속을 언급하면서 전고인

---

45) 권영철, 『규방가사; 신변탄식류』(효성여대출판부, 1985), 273-284쪽.

용을 통해 '사친'의 주제를 강조하고 있는 일련의 작품들로, 이를 〈사친가(월령형)〉이라 명명하고자 한다. 이는 정월에서부터 12월까지 이루어지는 작품양상을 볼 때 작품의 구성단락이 매월마다 이루어지는 월령의 주기가 된다는 점을 주목한 명명이다.

그런데, 〈사친가〉의 자료적 실상을 검토하고 보면 기왕의 논의에서 전혀 주목받지 못한 작품들도 존재하는데, 구체적인 자료 검토를 하고 보면 동일제목의 작품군으로 묶기에는 다양한 실상의 이형태들이 존재하고 있음을 확인하였기 때문이다.

더욱이 최근세까지도 자탄형의 변이된 자장으로 〈사친가〉를 창작하는 경우를 보기가 어렵지 않은데, 〈사친곡〉이나 〈망월사친가〉 등 다양한 제목의 작품들이 이에 해당될 것이며, 윤형덕이 소개한 〈사친가〉라는 작품 역시 대표례로 주목할 만하다.[46] 김정화는 현대 규방가사를 대상으로 가사의 전통이 오늘날에도 역동적으로 이어지고 있으며 그것은 앞으로도 존재해나갈 가능성을 충분히 지니고 있다는 사실을 강조하고 있다.[47]

그런 맥락에서 〈사친가〉를 구심점으로 한 변이의 자장 역시 좀더 확대될 필요가 있는데, 간단치 않은 작업이므로 이러한 양상이 갖는 의의에 대해서는 다음 장의 해당 부분에서 다시한번 상론하게 될 것이다.

2.

딸의 출생에서부터 말년에 이르기까지 '귀녀'의 일생을 서술하는 방식의 〈귀녀가〉는 내용상 계녀사항의 서술이 포함되기는 하지만, 시집

---

46) 윤형덕, 「사친가에 관한 연구」, 『충주대학교 논문집』 34권1호(충주대학교, 1999), 11-39쪽.

47) 김정화, 「현대 규방가사의 문학적 특징과 시사적 의미」, 『고전문학연구』 제32집, 139-140면.

가는 딸을 청자로 서술되는 〈계녀가〉의 전형성과는 확실히 거리가 멀다. 권영철이 작품의 현상적 청자를 기준으로 계녀가류와 교훈가류를 구분하면서, 〈귀녀가〉가 일반 부녀자를 청자로 하고 있다는 점에서 교훈가류로 구분한 것도 이러한 특징 때문이다.[48]

〈귀녀가〉를 본격적으로 주목한 논의 또한 많지 않아서 '계녀' 관련 부분만 인용되어 표현방식을 살피거나[49] 변형 계녀가의 하나로 짧게 언급되었고,[50] 오히려 무아계(撫兒系) 가요의 대상자료 중 하나로 다루어지면서 작품의 일부 인용과 작가 추정 논의가 이루어졌다.[51]

본격적인 논의는 최강현이 〈귀녀가〉 3종을 각기 '이대본·전집본·고대본'으로 명명하여 소개한 서지 연구에서부터라 할 수 있는데, 이 역시 작품적 가치에 대한 주목이라기보다는 김원국이 행한 작가 추정 논의의 오류를 바로잡는 데 치중한 것이었다.[52]

연구자가 〈귀녀가〉를 흥미롭게 보는 이유는 크게 두 가지 때문이다. 그 하나는 규방가사에서 유형화의 틀을 어떻게 이해하는가의 문제로, 〈귀녀가〉는 어떤 유형에 귀속시켜 그 특징을 재단하기 전에 살피고 싶은 몇 가지 사항을 흥미롭게 보여주고 있기 때문이다. 다른 하나는 '귀녀'라는 인물이 주는 흥미로움을 통해 규방가사의 힘은 과연 무엇인가를 생각할 수 있게 되었기 때문이다.

이는 규방가사가 여성들의 향유공간에서 성장한 갈래라는 점에서, 생명력 있는 전승과 전파가 가능하려면 작품내부에 여성들의 공감을

---

48) 권영철, 『규방가사연구』(이우출판사, 1980), 274~275면.
49) 서영숙, 『한국여성가사연구』(국학자료원, 1996) 367~368면; 송재연, 「계녀가사의 구성양상과 서술특성」(석사학위논문, 서울대, 2000), 53~54면.
50) 양지혜, 「계녀가류 규방가사의 형성에 관한 연구」(석사학위논문, 이화여대, 1998), 10면.
51) 김원국, 「무아계 가요 연구」(석사학위논문, 홍익대, 1990), 6~20면.
52) 최강현, 「귀녀가(貴女歌)를 살핌」, 『어문연구』 26(어문연구회, 1995), 411~427면.

이끌어낼 수 있는 미적 요인들이 있었으리라는 지적과도 상통한다.[53] 규방가사의 향수층이 시대나 공간, 주체의 성격에 따라 매우 다양한 성향으로 존재하면서도 하나로 묶일 수 있는 것이 그러한 공감대 때문이라면, 〈귀녀가〉 독해를 통해서 역시 작은 울림 하나를 들을 수 있을 것이라 기대하는 것도 가능하리라 생각한다.

특히 〈사친가〉가 신행을 경험하는 딸의 입장에서 출가외인의 정체성을 각인하고 사친지정의 표출에 주력하는 것이라면, 〈귀녀가〉는 어머니의 입장에서 딸의 성장과 혼인과정을 지켜보며 출가외인으로 살아가는 여자의 삶조차도 미래지향적으로 낙관하는 어머니의 기쁨을 충분히 표현하고 있다는 점에서 흥미롭게 비교할 만하다고 생각하였다.

논의가 진행되면 다음에 제시된 바와 같이, 이본마다의 특징을 효율적으로 구분하기 위해 〈귀녀가(이대본)〉·〈귀녀가(전집본)〉·〈귀녀가(고대본)〉·〈귀녀가(33권본)〉등과 같이 별도의 제목으로 다시 표기하여 사용하게 될 것이다. 〈귀녀가〉는 이본의 수가 제한되어 있고 이본별 특징이 명확히 차이나기에, 8종의 〈귀녀가〉를 크게 네 부류로 나누어 살피는 것이 효율적이기 때문이다.

| | 이대본 | 전집본 | | 고대본 | | | | 33권본 |
|---|---|---|---|---|---|---|---|---|
| 제목 | 〈귀녀가〉 | 〈귀녀가〉 1 | 〈귀녀가〉2 | 〈귀녀가라; 귀흔쏠노릐라〉1 | 〈귀녀가〉2 | 〈귀녀가〉3 | 〈귀여가〉4 | 〈귀여가〉 |
| 소장처 | 이대 한국문화 연구원[54] | 〈녀계 약언〉[55] | 전집 7권 329번[56] | 영남내방 가사 [57] | 경상북도 교육 위원회[58] | 고려대 도서관[59] | 고려대 도서관[60] | 전집 33권 1531번[61] |
| 분량 | 99 | 364 | 371 | 320 | 373 | 371 | 392 | 약 693 |

---

53) 백순철, 「규방가사의 작품세계와 사회적 성격」(박사학위논문, 고려대, 2000), 74~75면.

54) 이종숙 외편, 「내방가사자료」, 『논총』 15집(이화여대 한국문화연구원, 1970).

### (3) 〈석별가〉·〈회혼가〉의 경우

1.

규방가사의 세계에서 욕망의 문제를 직접적이고 전면적으로 다루기는 쉽지 않은 일이다. 평면성과 일상성으로 대변되고 탄식의 정서가 주류를 이루는 특징 때문이다. 욕망의 문제뿐만 아니라 처녀의 존재를 주목하기 또한 쉽지는 않다. 규방가사가 여성들의 공간에서 여성들의 삶과 의식을 소재로 여성들이 주도적으로 창작하고 향수해온 장르임에도, 의외로 처녀들의 존재가 표면화된 작품을 구하기가 쉽지 않기 때문이다.[62]

이렇게 욕망의 표출과 처녀의 존재를 주목하는 것이 쉽지 않다는 점에서 신행 풍속을 소재로 그 현장을 읊고 있는 〈석별가〉의 존재는 충분히 흥미롭다. 양적으로 다대한 규방가사의 작품들을 계녀가·탄식가·화전가로 3분하는 관행을 따르자면 〈석별가〉는 신행 풍속을 소재로 한 탄식가의 하나로 볼 수 있는데, 기왕의 논의에서 주목받은 바가

---

55) 최태호 편, 『교주 내방가사』(형설출판사, 1980), 84~101면.

56) 임기중 편, 『역대가사문학전집』 7권 329번(동서문화원, 1987) : 최강현, 귀녀가를 살핌」, 『어문연구』 26(어문연구회, 1995), 411~427면.

57) 이정옥, 『영남내방가사 2』(국학자료원, 2003), 1~13면.

58) 경상북도, 『傳統文化의 脈』(경상북도 교육위원회, 1987), 710~717면.

59) 유지천, 「귀녀가」, 『어문논집』 4권(안암어문학회, 1960), 134~143면.

60) 최강현, 「귀녀가(貴女歌)를 살핌」, 『어문연구』 26(어문연구회, 1995), 411~427면.

61) 임기중 편, 『역대가사문학전집』 33권 1531번(여강출판사, 1992).

62) 규방가사에서 처녀라는 인물상을 주목한다고 할 때 더러 〈노처녀가〉를 떠올리기도 하는데, 이는 〈노처녀가〉의 작품적 특이성과 위상을 주목한 연구성과가 훨씬 방대하기 때문이다. 그러나 〈노처녀가〉에서의 처녀상은, 기왕에 이루어진 〈노처녀가〉 논의를 통해볼 때 규방가사에서 읽히는 그것과는 결이 다르다고 생각한다. 물론, 구체적인 논증은 별도의 논의과정이 필요할 것이기에 후고를 기약하며 이 글에서는 다루지 않는다.

적다. 〈석별가〉는 석별의 심정을 3단 구성에 담은 평이함이 우선한 탓인지 기왕의 논의에서 주목받은 바가 적으며, 오히려 신행 풍속을 읊은 〈신행가〉가 구성상의 특이성을 보인다는 점에서 주목받았다.63)

연구자가 〈석별가〉를 대상자료의 하나로 선택한 이유는 혼례를 치르는 처녀들의 '신행' 절차를 소재로 하였다는 점에서 결혼 60주년을 기념하는 〈회혼가〉와는 여러 모로 비교할 만하다고 생각하였기 때문이다. 또한, 기존 논의에서 주목하지 못했던 처녀들의 존재에 초점을 둠으로써 여성의 삶과 현실을 노래한 규방가사의 세계에서 이들의 위상을 새롭게 부여하는 것도 필요하기 때문이다.

이렇게 〈석별가〉는 서술의 주체가 처녀로 되어있어 여성의 성장과 각성에 대한 문제를 본격적으로 다룰 수 있을 것이며, 부분적으로는 신행 풍속의 광경을 소상하게 기록하려는 의지도 보이고 있어 결혼에 직면한 처녀들의 정서와 상황을 여러 각도에서 조명해볼 수 있을 것이다.

〈석별가〉와 동명인 작품들에는 남편과의 이별을 읊은 것도 있고 시집간 부녀자들의 친정 나들이 후 석별의 정을 읊은 것도 있지만, 이들

63) 〈신행가〉는 별도의 서술자가 작품을 이끌어가면서 어머니와 더불어 강촌노인으로 지칭되는 또 다른 여인의 교훈이 차례로 제시되는 방식으로 진행되어 주목을 받은 바 있다. 작품의 서두에서는 신행날을 당하여 분주한 분위기를 묘사해나가다 '백수모친'으로 지칭된 어머니의 훈계가 시작되는데 혼인의 경과와 시댁 칭찬을 앞세운 뒤 전형 계녀가의 축약 형태로 교훈들이 나열된다. 다시 신행 행차에 대한 번다한 묘사가 서술자의 목소리로 짧게 전개된 뒤 강촌노인의 언술이 시작되는데, 고금부녀의 착한 덕행과 문중에 대한 자부심이 나열되고 시댁의 내력과 신랑 칭찬이 제시된 후 축원으로 작품의 끝을 맺고 있다. 전반적으로 〈전형 계녀가〉의 주된 내용을 담고 있어 이야기 자체는 새로울 것이 없으나 이를 배치하는 방식이 새로운 면모를 보여주는 작품이라 할 것이다. 박경주, 「변형계녀가의 장르적 특성과 담화양상 고찰」, 『규방가사의 양성성』(월인, 2007), 231-232면; 송재연, 「계녀가사의 구성 양상과 서술특성」(석사학위논문, 서울대, 2000)

보다는 신행 풍속을 소재로 한 작품의 분포가 훨씬 넓다. 〈석별가〉라는 제목이 석별의 상황을 공유한 작품명으로 보다 포괄적인 적용을 받고 있으며, 신행 풍속을 소재로 한 작품의 분포가 훨씬 넓음은 대상자료의 일차적 검토를 통해 확인할 수 있다.

2.

돌로부터 60주년이 되는 해를 회갑(回甲), 혼례를 치른 해로부터 60주년이 되는 해를 회혼(回婚)이라 하는데, 회혼례는 단순히 두 부부가 모두 건강하고 혼인한 지 60년이 된다고 하여 모두 행할 수 있었던 것은 아니다. 부부가 모두 건강하고 자식들이 무고하며 자손들이 번창해야만 행할 수 있었기에 수연 가운데 가장 영광으로 여겼다고 한다. 따라서 회혼례는 단순한 의식 이상의 의미, 즉 그 자신의 가문이 장수뿐만 아니라 부와 귀를 누렸음을 상징하는 것이었고, 그런 까닭에 회혼례는 후대로 갈수록 더욱 성대해졌고 의미있게 여겨질 수밖에 없다.

〈회혼가〉는 최근에 연구결과를 보인 최지연과 정인숙의 작업을 제외하면 기왕의 논의에서 크게 주목받지 못한 작품군이라 할 수 있다. 다만, 초창기 규방가사의 자료를 개관하는 유형분류 작업에서는 〈회혼가〉는 아니더라도 송축가사의 범주에서 언급되어, 이 연구를 계기로 본격적으로 주목해볼 만하다고 생각한다.

이종숙은 규방가사의 창작동기를 생활적인 것과 감상적인 것으로 나누면서, 생활적인 모티프 항목에 '혼인/회혼례/회갑' 등과 관련한 송축가사를 포함시켰고,[64] 이후 논의에서는 송축가사를 찬양과 경축이라는 두 가지 유형으로 세분화하였다.[65] 이렇게 분류된 '경축 내방가사'

64) 이종숙, 「내방가사연구(1)」, 『논총』 15(이화여대 한국문화연구원, 1970), 12-18면.

65) 이종숙, 「내방가사연구(2)」, 『논총』 17(이화여대 한국문화연구원, 1971), 13-

에는 주로 회혼례를 중심으로 한 규방가사가 포함되는데, 연구자가 주목하는 〈회혼가〉가 바로 여기에 속한다.

권영철 역시 규방가사의 창작동기를 12개 항목으로 나누면서 송경적인 모티프를 설정하여 송축가사를 고찰하였고, 송경의 대상에 따라 세분화하였다.[66] 이재수는 규방가사를 '교훈류/송축류/탄식류/풍류류'로 유형화한 후, 송축류 가사를 축하 대상에 따라 세분화하였다.[67]

최근에는 최지연이 이러한 선행연구를 토대로 송축가사에 대한 전반적 연구를 행하였는데, 송축대상에 따라 송축가사를 세 가지로 분류하였다. 그 중 개인의 송축가사는 사적인 관계에 놓인 대상에 대한 축하로 가족내에서의 송축형태이며, 주로 아랫사람이 윗사람의 경사를 축하하는 유형이라 설명하고 있다. 개인의 송축가사는 주로 결혼, 과거급제, 수연, 회혼 등에 관한 내용이다. 가족간의 경사는 쉽게 접근할 수 있는 소재여서 국가나 왕실의 송축가사/기관과 단체의 송축가사에 비해 수적으로 높은 비율을 차지한다고 하였다.[68]

최근 정인숙은 이 방면의 논의를 시작하면서, 이들 작품이 부부가 인연을 맺은 지 60년이 되는 '회혼'을 소재로 하여 늙어서도 건강하고 자손들이 번창하고 물질적 여유가 뒷받침되는 노년을 형상화하고 있음을 조명하고자 하였다. 회혼은 여러 의미에서 큰 경사였고 기념할 만한 일이었기에 그 감회를 기록한 글들이 꽤 남아있는데, 회혼을 소재로 한 가사작품을 묶어 회혼가류 가사로 명명하고 이를 중심으로 논의하였다. 회혼가류 가사로 묶인 작품들간에는 시적 화자의 시점이나 목소리에 있어 다소 편차를 보이기도 하는데, 넓은 의미에서 볼 때 회

---

27면.

66) 권영철, 「규방가사연구(2)」, 『효대논문집』 (효성여대, 1972), 38-44면.

67) 이재수, 『내방가사연구』 (형설출판사, 1976), 24-26면.

68) 최지연, 「조선후기 송축가사 연구」(석사학위논문, 홍익대, 2000), 17-18면.

혼을 공통 소재로 하고 제목에도 이를 반영하고 있는 점을 중시하여 동일한 갈래로 논의하였다. 다만, 정인숙의 논의는 대상자료의 범위가 규방가사를 넘어서며 논의의 초점도 늙음의 문제를 다루는 주제학적 고찰에 있다.[69]

이 방면의 기초 작업을 행한 정인숙에 따르면, 〈회혼가〉류 가사에서 창작시기를 추정할 수 있는 작품은 〈정승상회혼가〉[70]와 〈근경가〉[71] 두 편이라고 한다. 〈정승상 회혼가〉는 경산 정원용(1783-1873)의 회혼을 맞아 그의 인품과 복록을 기리고 회혼례의 풍경을 자세히 담아 기록한 작품이다. 정원용은 회갑, 회혼, 회방을 모두 누린 사람이기에 더욱 주변의 부러움을 샀던 듯한데, 그가 회갑, 회혼, 회방 때 둘렀다고 하는 삼회대(三回帶)는 세상 사람들이 복대(福帶)라 불렀고 혼례가 있는 집에서는 앞 다투어 빌려갔다고 한다. 〈근경가〉는 농운 이진용(1837-1909)이 만형 이태용의 회혼을 맞이하여 자신의 아들 용구를 대신하여 지은 가사작품으로, 특히 이 작품은 잔치가 열릴 자리를 마련하고 각종 음식을 진열하는 모습이며 회혼례의 진행과정이 매우 자세하게 묘사된 점이 주목할 만하다고 하였다.

이렇게 〈정승상 회혼가〉와 〈근경가〉는 회혼을 축하함과 동시에 가문의 위엄을 만천하에 알리는 내용으로, 본래 회혼례는 회혼 자체를 축하하는 것뿐만 아니라 자기 집안의 음덕과 자손이 번창함을 함께 과시할 수 있는 좋은 기회가 된다고 하였다.[72] 특히 두 작품은 회혼을

69) 정인숙, 『문학치료연구』 제19집(한국문학치료학회, 2011), 115-120면.
70) 작자는 명확히 알려진 바 없다. 선행연구에서는 정원용이 회혼을 맞은 해를 1862년으로 보았으나(이대준 편저, 앞의 책, 78면/최지연, 「조선후기 송축가사 연구」(석사학위논문, 홍익대, 2000, 68면)) 조선왕조실록의 기록이나 정원용 관련기록에 따르면 157년(철종8)이 맞다고 한다.
71) 최강현, 앞의 논문, 125면.
72) 최지연, 앞의 논문, 71면.

맞은 부부(특히 남편)에 초점을 맞추면서도 회혼례의 과정을 상세히 묘사하는 점이 공통됨을 지적하고 있다.

이 두 편을 제외한 나머지 작품은 대개 시집간 여성이 부모 혹은 조부모, 외조부모 등의 회혼례에 참석하기 위해 오랜만에 친정나들이를 하여 지은 것이다. 이들 작품 가운데는 친정 가문의 회혼례가 주된 소재로 배치되어 있으면서도 회혼을 계기로 시적 화자 자신의 소회를 피력한 경우도 있어서 여타의 자탄가류 규방가사의 성격을 띠기도 하는데, 대외적인 가문의식과 더불어 자신의 내면 갈등도 드러내는 점이 주목할 만함을 강조하고 있다.[73)]

이렇게 〈회혼가〉는 〈수연가〉·〈경축가〉 등과 겹치는 부분이 있는 작품군이다. 다른 작품들과 다르게 필사자가 밝혀진 경우가 특이한데, 이는 '회혼/경축/수연'과 같은 창작 동기가 개인의 구체적인 상황과 밀접하게 관련되어 있기 때문일 것이다. 남성작가들이 여성을 축하하기 위해 쓴 것도 보인다. 작품간에 보이는 유형성은 여느 작품군과 다르게 대동소이하기보다는 개별성이 두드러지는 편이다. 이는 창작동기마다에서 확인되었던 개별성이 주는 특별한 지점과도 연결되는 것이라 생각한다.

---

73) 정인숙, 『문학치료연구』 제19집(한국문학치료학회, 2011).

# Ⅱ
# '글하기' 방법의 실현 양상

Ⅱ장에서는 규방가사에 실현된 '글하기' 전략의 구체적인 양상을 세 가지 차원으로 나누어 살피고자 한다. 작품 이해의 기본 토대를 다지기 위해서는 작품군마다 제시되고 있는 기본적인 관심사를 파악하는 작업이 우선될 필요가 있다. 이에 1항에서는 구성 전략의 차원에서 작품군마다 선조적 구성의 기본틀을 유지하고 있는 점과 시간적 구성을 기본 지지대로 삼고 있는 점을 주목하게 될 것이다.

의미전략의 차원에서는 대상자료들마다 '나-우리'의 관계망이 형성되어 개별 체험에서 공동의 체험으로 전이되는 양상을 주목하는 일이 중요해진다. 개별체험을 공유하려는 이러한 의지적 면모는 의사소통의 욕구를 발현하는 적극성으로 해석할 수 있다는 점에서, 2항에서는 두 가지 작업을 행하고자 한다. 그 하나는 독자와의 관계성을 유지하는 방식을 주목하는 것이고, 다른 하나는 청자지표의 활용이 갖는 의미를 주목하는 것이다.

표현적 차원에서의 전략을 살피기 위해 전제되어야 할 작업은 규방가사의 필사 작업이 어떤 의미를 갖고 진행되었는지를 검토하는 일이다. 규방가사권에서 필사를 통한 향유는 작품에 대한 적극적인 독서행위이자 입체적인 향유방법이 된다는 점에서, 3항에서는 이본별로 표현상의 가감변이가 이루어지는 양상과 변이의 자장으로 존재하는 이형태의 다양한 양상에 대한 윤곽을 주목하고자 한다.

# 1. 공통요소의 비중 조절과 구성 전략

'글하기' 방법의 실현 양상으로 주목할 첫 번째 작업은 작품구성적 차원에서 공통요소의 비중을 어떻게 조절하고 있는가를 살피는 일이다. 이 장에서는 다음과 같은 두 가지 작업을 수행하게 될 것이다.

그 하나는 동일한 작품명으로 존재하는 작품군마다 공통요소의 비중을 조절하는 방식을 주목하는 작업으로, 작품군의 유형을 세분화하는 작업을 통해 규방가사 텍스트의 외양이 비슷해보이지만 그럼에도 변별력을 갖게 하는 지점을 파악할 수 있으리라 기대한다.

다른 하나는 시간성의 두 축을 설정하고 있음을 주목하는 작업으로, 이와 더불어 작품단위별로 작품군마다 설정된 구체적인 상황마다를 포커스로 삼아 집중적으로 조명하는 방식을 특징화하여 주목하고자 한다.

## 1) 선조적 구성의 기본틀

규방가사의 작품세계에서 외관이 평이하여 대동소이하다거나 작품구성상 독립성이나 완결성이 부족하다는 식의 인상을 지적하는 경우가 많다. 규방가사의 구성 전략을 살피기 위한 첫 항목으로 선조적 구성을 주목하여 이를 규방가사 텍스트의 기본적 틀로 살피는 이유가 여기에 있다.

대상자료로 선택한 작품군들은 기왕의 유형 분류에 더하여 새롭게 추가된 네 작품군이 포함되어 있어 그 목적과 유형이 다양하다고 할 수 있다. 그럼에도 이들 작품군에서 역시 '서사-본사-결사'로 구성되는 기본구조를 보이고 있다는 점에서 대개의 작품들이 이러한 3단 구성을 취하는 이유를 주목한다는 것은 충분히 흥미롭다고 할 것이다.

이에 이 항에서 구체화할 작업은 3단 구성의 구체적인 양태를 살피는 일이다. 이러한 기본틀을 토대로 작품군별로 각기 어떠한 구성적 특징을 보이는지 살피게 될 것이다.

### (1) 일대기적 구성

1.

규방가사의 작품을 개관할 때 대체적인 경향은, 동일 제목으로 존재하는 여러 작품들을 주목하되 구성적 동일성이 인정되는 경우를 기준으로 하나의 유형으로 분류하고 있다. 이에 우선적으로 주목할 유형은 일대기적 구성을 보이는 작품군으로, '일대기적 구성'이란 여자의 일생을 전면화하여 다루고 있다는 점을 주목하여 명명(命名)한 것이다.

규방가사에서는 대개의 경우 출생에서부터 성장기와 성혼기 등의 시간적 전개에 따라 연령별 성장과정을 서술하는 경향성을 보인다는 점에서 가장 일반적인 구성방식이라 할 수 있다. 일대기적 구성의 대표항은 〈여자자탄가〉와 〈귀녀가〉로, 이들 작품군에서는 여자의 일평생을 따라 서술하는 일대기적 규모가 확인된다.

일찍이 이재수는 '여자자탄가 · 사친가 · 여자유행가'를 묶어 〈여자자탄가〉류라 통칭한 후 이들 유형의 공통된 특징으로 출가한 여성들이 겪는 여자신세의 슬픔을 강조하고 있음을 지적한 바 있다.[74] 이처럼

74) 이재수, 「女子 自歎歌 硏究」, 『동양문화연구』 2집(경북대 동양문화연구소, 1975), 18~19면.

일대기적 구성의 우선적인 특징은 “어와세상 부인드라/여자들아 이런 말삼 들어보소”와 같이 청자 설정을 분명히 한 후 출생에서부터 성장기를 거쳐 성혼과 신행, 중년 이후의 생활까지 시간의 흐름에 따라 이야기가 전개되는 데서 찾을 수 있다.

> - 가소롭다 여자들아 이ᄂᆡ말씀 드러보라 여자ᄃᆡᆫ 한탄이야 소회일반 아니온가 세상에 나온사람 일ᄉᆡᆼ사 잇거마ᄂᆞᆫ 이사람의 나온이런 드옥 한심하다 하날임개 명을밧고 부모허륙바다 십삭을 ᄎᆡ운후의 이ᄉᆡ상 나올적의 괏치안언 여자로다 아들되기 원한부모 오작섭섭 하올실ᄭᅡ …

서사에서는 이들을 대상으로 여자로 태어남이 재능 없고 한심한 일이며 아들을 원하는 부모에게조차 섭섭한 일이라는 식으로 신세를 한탄하고 있다. 이후 이어지는 본사에서는 출생에서부터 현재에 이르기까지 시간의 흐름을 좇아 서술하고 있는데, 제목에서 예상되는 바와 같이 여자의 일생에 맞춘 신세한탄의 내용을 담고 있다.

일대기적 구성을 보이는 또다른 작품군인 〈귀녀가〉의 경우에도 이러한 특징적 면모가 거듭 확인된다. 〈귀녀가〉 역시 내용상 ‘서사-출생-성장기-성혼-계녀-중년 이후 · 결사’의 흐름을 담는 구성방식을 공통적으로 보이고 있다.

〈귀녀가〉가 인물 중심의 일대기적 구성이라는 점에서 주인공의 일생이 보다 강조되는 ‘전기형’에 가깝게 보이지만, 그렇다고 변형 계녀가의 인물대비형 서술방식[75]을 그대로 가져오고 있지는 않다는 점에서, 〈귀녀가〉를 구성하는 큰 축이 일대기적 구성이라 할 때 그 항목구성의 기준은 오히려 〈여자자탄가〉의 구성요소와 가장 흡사하게 드러

---

75) 서영숙, 『한국여성가사연구』 (국학자료원, 1996), 253~283면.

나고 있다.

성장기의 서술방식에 있어서도 두 작품군은 모두 7세를 전후로 하여 이대분(二大分)하는 구성을 취함으로써 시간 서술의 구체항이 일치하고 있다. 이 때, 7세를 성장기의 전환점으로 삼는 것은 이 시기 이후부터가 '남녀유별'을 인지하고 여자교육을 받는 시절이기 때문이다. 다만, 〈귀녀가〉가 연령별 성장에 관한 사항을 소상히 밝히는 것과 달리 〈여자자탄가〉는 이 부분을 간략히 다루고 있는데,[76] 이 시기를 부모슬하에서 사랑받고 자란 행복한 시절로 서술하고 있음에 있어서는 유사하다.

성혼에 대한 서술 역시 두 작품군 모두 혼인 절차에 따른 서술이 다른 항목들에 비해 구체적이고, 신행 서술에서도 공통적으로 '계녀'항을 설정하고 있어 큰 차이를 보이지는 않는다.

물론, 세부적인 지점에서는 작품군마다 차별화된 특징이 드러난다. 예를 들어, 〈여자자탄가〉가 혼례절차에 따른 서술에 병행하여 신부가 느끼는 불안·부끄러움·낯설고 어려운 심정을 반복적으로 토로하고 있다면, 〈귀녀가〉는 절차에 따른 서술이 상당히 구체적임에도 당사자인 신부의 심정적 토로가 전혀 없고 어머니 스스로도 이를 주목하거나 언급하려 하지 않아서 오로지 혼례 풍경에 만족하여 외적 묘사에 치중하고 있다는 점에서 달라지고 있기 때문이다.

신행 부분의 서술에서도 〈여자자탄가〉는 석별지정의 토로 외에 신행도중 겪는 이별의 괴로움 토로에도 적잖은 비중을 두고 있는데 비해, 〈귀녀가〉는 '계녀'항의 서술에만 집중할 뿐 이별의 괴로움에 대해서는 언급을 회피하고 있다.

---

76) - 부모혈육 타고날제 사람마다 섭섭하다 업치고 기발할제 귀염은 일반이라 걸음걷고 발옮길제 앙증키 그지업다 사오세 오육세를 부모앞에 구실이라 (〈여자자탄가〉). 이재수, 앞의 글, 5면.

무엇보다 두 작품군의 가장 큰 차이는 중년 이후·결사 부분에서 확인된다. 두 작품군은 모두 결혼한 여자로서의 기대치나 성취감을 보여주고 있는데, 〈여자자탄가〉가 시가(媤家)의 지체를 자랑하고 시부모의 사랑에 치중한 서술로 시집살이를 미화하고 있다면, 〈귀녀가〉는 사위의 출세 소식을 자세히 서술하며 딸의 성공적인 결혼생활에 초점을 맞춰 미화하고 있기 때문이다.

여자신세를 돌아보는 내용에 있어서도 두 작품군이 상반된 내용을 담고 있다. 〈여자자탄가〉가 고된 시집살이의 괴로움을 토로하면서 사친지정의 표출에 애달아하며 타향에서 늙어가는 여자신세를 한탄하는 것에 치중한다면, 〈귀녀가〉는 자식이 잘 되어감을 보는 재미를 소상하고도 장황하게 언급하며 귀녀의 성공적인 인생을 칭송하는 것으로 마무리하고 있기 때문이다.

이상의 고찰을 종합해볼 때 대상자료에 나타난 여자의 일생은 다음과 같이 도식화가 가능해진다.

<table>
<tr><th></th><th colspan="2">구성단락</th><th>〈여자자탄가〉</th><th>〈귀녀가〉</th></tr>
<tr><td>서사</td><td colspan="2">서사</td><td>서사</td><td>서사</td></tr>
<tr><td rowspan="12">본사</td><td colspan="2">출생</td><td>여자됨을 한탄</td><td>출생</td></tr>
<tr><td colspan="2" rowspan="2">성장기</td><td>부모사랑</td><td rowspan="2">연령별 성장과정</td></tr>
<tr><td>여자교육(침선 · 여행)</td></tr>
<tr><td rowspan="6">성혼</td><td rowspan="2">신행이전</td><td>정혼</td><td rowspan="2">성혼</td></tr>
<tr><td>혼례준비</td></tr>
<tr><td rowspan="3">신행</td><td>석별</td><td rowspan="3">계녀</td></tr>
<tr><td>계녀</td></tr>
<tr><td>신행 도중</td></tr>
<tr><td>신행이후</td><td>해당없음</td><td>해당없음</td></tr>
<tr><td colspan="2" rowspan="3">중년 이후</td><td>시가 자랑</td><td rowspan="3">사위의 출세 소식과 기쁨 토로</td></tr>
<tr><td>시집살이의 괴로움</td></tr>
<tr><td>자식 키우는 재미</td></tr>
</table>

| | | 사친 · 사향 | 사군자 |
|---|---|---|---|
| | | 근친 | 딸 둔 여자의 기쁨 |
| 결사 | 결사 | 결사 | 결사 |

이제까지의 비교 작업을 통해볼 때 〈여자자탄가〉와 〈귀녀가〉는 태도의 차이만 있을 뿐, 구체적인 구성요소에 대해서는 동일한 편이었다. 일대기적 구성을 살피면서 〈여자자탄가〉를 기준점으로 설정한 것은 그 때문인데, 양적으로 다대한 규방가사의 작품들을 계녀가 · 탄식가 · 화전가로 3대분하는 관행을 따르자면 〈여자자탄가〉와 〈귀녀가〉는 자신의 신세 한탄을 털어놓는 자탄가식 구성에 맞추되 일대기적 서술방식을 취하면서 여자의 일생을 아우르는 스케일을 보여주는 작품군들이라 할 수 있다.

2.

다음으로 주목할 유형은 여자의 일대기를 다루기는 하되 출생에서부터 특화된 시점까지만을 다루고 있는 작품군으로, 〈사친가(자탄형)〉과 〈석별가〉의 경우가 이에 해당된다.

〈사친가(자탄형)〉의 경우를 살펴보면, 규방가사에서 흔히 보이는 '서사-본사-결사'의 틀을 그대로 가져오되, 서사와 결사 부분의 표현이 유사하게 반복되는 수미상관식 구성을 취하고 있는 점이 특징적이다. 서사와 결사 부분에서 여자신세를 한탄하는 내용이 반복적으로 제시되고 있기 때문이다.

서사 부분에서는 여느 규방가사에서처럼 여자신세를 한탄하는 '원부모 이형제'라는 기본전제를 그대로 가져오되, 이를 사친지정의 촉발 계기로 삼고 있다. '부모동기 다버리고 이별'해야 하는 자신의 처지를 돌아보고 부모된 입장에서 이렇게 딸을 출가시키는 일이 얼마나 슬프고 괴로울까를 역지사지하고 있기 때문이다.

결사 부분에서 역시 서사에서 제기한 여자유행의 가소로움을 그대로 가져오되, 초두의 표현만 같을 뿐 내용은 보다 풍부해져서 분량이 크게 늘어나고 있다. 특히 여자신세 한탄의 내용을 단순히 반복하지 않고, 이로 인해 야기된 '결핍'의 괴로움에 맞추어 신세한탄의 내용을 보다 풍부하게 구체화시키고 있다.

본사 부분을 살펴보면, 출생에서 성장 · 성혼에 이르기까지 출가외인으로 살아가야 하는 여자의 일생을 기준으로 구성되어 있다는 점에서 앞서 살핀 〈여자자탄가〉나 〈귀녀가〉의 구성방식과 크게 다르지 않다. 출가 전과 후의 시간으로 나누어, 출가 이전의 시간대는 연령별로 성혼에 이르기까지의 내용을 서술하고 출가 이후는 혼례 절차에 따라 시집살이에 적응하여 근친을 오게 되는 과정까지를 서술하고 있다.

다만, 본사를 구성하는 항목들이 '구혼'과 '택일', '현구례'에 이르기까지 세분화되어 있어 성혼 관련 부분의 비중이 커지게 되었고, 이것과는 대조적으로 시집살이와 관련한 중년 이후의 삶에 대한 서술은 오히려 생략되고 있다.

이러한 특징은 〈사친가(자탄형)〉에서 설정한 근친 시점이 본격적인 시집살이를 하기 이전으로 설정되어 있는 것과 연결되는 부분이다. 대개의 규방가사에서 '근친' 부분은 고된 시집살이의 괴로움을 토로하고 타향에서 늙어가는 여자신세를 한탄하는 맥락에서 다루어지며, 혼례 이후의 생활은 주로 시집살이의 고충과 연결시켜 자신의 신세한탄을 털어놓는 서술방식을 취하고 있기 때문이다.

〈사친가(자탄형)〉에서 이렇게 특화된 시점까지만을 주목하는 양상은 〈석별가〉의 경우에도 해당된다. 혼례를 치른 신부에게 신행은 친정에서 시가로 아주 살러 가는 것을 의미하기에, 신행에 이르러서야 비로소 집 떠나는 이별의 실감이 커지게 마련이다. 〈석별가〉에서 생이별의 고통을 언급하는 것으로 작품이 시작되는 것은 이 때문이며, 이러한 서사는 '석별(惜別)'의 노래라는 제목에 걸맞은 것이기도 하다.

〈석별가〉의 항목 구성을 정리하면, 서사에 이어 성장기를 서술하면서 성인된 여성의 노동고를 토로하고 있다. 성혼과 관련하여 신행 전 준비광경을 묘사하며 신행날 풍경과 석별의 슬픔, 모친 훈계와 당부의 인사 등이 본사를 구성하는 주요 내용이다. 제목에 부합되게 결사 부분은 석별의 아쉬움을 담은 이별 장면으로 꾸려지고 있는데, 〈석별가〉에서 가장 변이가 큰 부분으로 이본마다 마무리되는 양상이 달라지고 있다.

신행 풍속을 읊은 〈석별가〉는 파노라마처럼 신행까지의 과정을 보여주면서 있을 법한 처녀의 생각과 정서와 행위를 담아내고 있으며, 이러한 과정을 거쳐 결국은 '출가외인'이 되어 친정과 이별하며 석별의 정을 토로하는 처녀의 형상화가 완성되었다고 볼 수 있다.

특히 〈석별가〉는 제목이 함의한바 신행을 떠나는 장면까지만 다루고 있다는 점에서 중년 이후의 삶에 대해 서술하지 않으며, 이 글의 대상자료로 삼은 작품군들 중에서는 작품에서 다루고 있는 시간의 범위가 가장 짧다고 할 수 있기 때문이다.

3.

이상의 고찰을 종합해볼 때 대상자료에 나타난 여자의 일생은 다음과 같이 도식화가 가능해진다.

| | | 〈사친가(자탄형)〉 | 〈석별가〉 |
|---|---|---|---|
| 서사 | | 여자신세 한탄 | 여자신세 한탄(이별 중심) |
| 본사 | 출생 | 출생에서 6, 7세 | 성인된 여성의 노동고 |
| | 성장기 | 성장기 | |

| | 성혼 | 신행이전 | 의혼 | 의혼 과정 |
|---|---|---|---|---|
| | | | 혼례 준비 | 신행 준비광경 |
| | | | 신행 준비 | |
| | | 신행 | 석별 | 석별 |
| | | | | 모친훈계 |
| | | | 모친 훈계 | 당부의 인사 |
| | | 신행이후 | 현구례 | 해당없음 |
| | | | 시집살이 적응 | |
| | | | 근친 | |
| | 중년 이후 | | 해당없음 | 해당없음 |
| 결사 | | | 결사 | 결사 |

여자의 일생 전체를 다루고 있는 〈여자자탄가〉와 〈귀녀가〉에 비해서, 〈사친가(자탄형)〉과 〈석별가〉에서 다루는 시간의 범위가 훨씬 제한적임을 확인할 수 있었다. 특히 근친 시점까지만을 다루는 〈사친가(자탄형)〉에 비해, 〈석별가〉의 경우는 신행시 석별 장면까지만으로 제한되어 그 시간대가 훨씬 짧아지고 있다.

### (2) 탈-일대기적 구성

1.

앞서 살핀 일대기적 구성의 특징이 여자의 일생을 기준으로 삼은 데 있다면, 이번 항에서 살필 작품군은 여자의 일생이라는 일대기적 전개방식을 따르지 않는 대신 각기 별도의 시간적 전개방식을 기준으로 삼는다는 점에서 앞선 작품군과 차별화된 특징을 지닌다. 이들 작품군을 '탈(脫)-일대기적' 구성이라 명명한 이유가 여기에 있다.

'탈-일대기적' 구성의 첫 번째 사례로 주목할 작품은 〈사친가(월령형)〉의 경우이다. 앞서 행한 대상자료의 소개 작업에서 〈사친가〉 작품군의 두 유형을 언급한 바 있는데, 〈사친가(월령형)〉은 정월에서부터 12월까지 달마다의 절기 풍속을 소재로 하여 작품의 구성단락이 매월마다 이루어지는 월령의 주기가 된다는 점을 주목한 명명이었다.

〈사친가(월령형)〉의 경우, 다음에서 보다시피 매월마다 초두와 말미 부분이 정형화된 표현으로 반복되면서 한 달 단위로 자체 완결되는 시간적 구성을 갖게 된다.[77] 이때의 기준은 매월의 절기에서 연상되는 '사친지일(思親之日)'로, 하나의 작품 안에서 한 달이라는 균질한 단위의 시간성이 12회나 반복되는 구성을 취하고 있는 셈이어서, 앞서 살핀 〈사친가(자탄형)〉과는 제목만 같을 뿐 구성방식에서부터 확연한 차이를 보이고 있어 전혀 다른 작품군이라 할 수 있다.

| 월령 | 초 두 | 말 미 |
|---|---|---|
| 1 | 正月이라 十五日에… | … 슬프다 우리부모 上元인줄 모르시나 그달을 虛送하니 |
| 2 | 二月이라 寒食日에… | … 슬프도다 우리부모 淸明인줄 모르시나 그달그믐 다지나고 |
| 3 | 三月이라 삼진날에… | … 슬프도다 우리부모 踏靑節을 모르시나 그말을 虛送하고 |
| 4 | 四月이라 초파일에… | … 슬프도다 우리부모 觀燈節을 모르시나 그달을 虛送하고 |
| 5 | 五月이라 端午日에… | … 슬프다 우리부모 鞦韆節을 모르시나 그달을 허송하고 |
| 6 | 六月이라 유두일에… | … 슬프도다 우리부모 流頭節을 모르시나 그달그믐 다지내고 |
| 7 | 七月이라 七夕日… | … 슬프도다 우리부모 七夕인줄 모르시나 그달그믐 허송하고 |
| 8 | 八月이라 秋夕日에… | … 슬프도다 우리부모 秋夕인줄 모르시나 그달그믐 허송하니 |
| 9 | 九月이라 重九日에… | … 슬프도다 우리부모 重九日을 모르시나 그달그믐 다보내고 |

77) 편의상 『주해 가사문학전집』에 실린 〈思親歌〉를 기준으로 제시한다.

| 10 | 十月이라 天馬日에… | … 슬프도다 우리부모 冬至일을 모르시나 그달을 허송하고 |
|---|---|---|
| 11 | 十日月 冬至日에… | … 슬프도다 우리부모 冬至일을 모르시나 그달을 허송하고 |
| 12 | 十二月 除夕일에… | … 슬프도다 우리부모 除夕日을 모르시나 |
| 결사 | 一年一度 九十春光 덧업시 도라오니 無情歲月 若流波라<br>思親之日 不多하니 부모봉양 힘을쓰고 부대부대 명심하오<br>슬프도다 우리부모 한번가면 다시사나 생전에 극진봉양 힘쓰고 힘쓰소서 | |

무엇보다 〈사친가(월령형)〉의 특이점은 서사라고 할 수 있는 부분이 따로 설정되지 않은 채 곧바로 정월 부분이 시작된다는 데 있다. 그래서 앞서 살핀 여타의 작품군들과는 다르게 3단 구성의 기본틀을 지키지 않는다고 볼 수도 있다.

하지만, 다음에서 보다시피 작품을 시작하는 정월령 부분이 그대로 서사의 역할을 수행하고 있어서, 〈사친가(월령형)〉을 시작하는 첫 부분(A)에서부터 결사 부분(B)에 이르기까지 매우 잘 짜인 구성적 합치성을 보여주고 있음을 확인할 수 있다.

| A(서사) | B(결사) |
|---|---|
| 正月이라 十五日에 玩月하는 少年들아<br>凶豊도 보려니와 父母孝養 생각세라<br>身體髮膚 四大節은 부모님께 타낫스니<br>태산가치 노픈덕과 하해갈이 기픈정을<br>어이하야 이즈리오 천세만세 미덧더니<br>蓬萊方丈 瀛洲山에 불로초와 불사약을<br>人力으로 어들손가 슬프다 우리人生<br>樹欲靜而 風不止하고 子欲養而 親不在라<br>空山落木 一杯上에 영결종천 되겟구나<br>一年三百 六十日에 一日事親 十二時라 … | 一年一度 九十春光 덧업시 도라오니<br>無情歲月 若流波라 思親之日 不多하니<br>부모봉양 힘을쓰고 부대부대 명심하오<br>슬프도다 우리부모 한번가면 다시사나<br>생전에 극진봉양 힘쓰고 힘쓰소서 |

그래서 월마다의 사친지일 상기는 마무리 결사 부분(B)을 기준으로

짐작할 때 (여자여서 특히) 부모를 곁에서 모시지 못하는 처지뿐만 아니라 (남자라도) 언젠가는 부모의 부재로 효양 불가의 상황을 맞게 될 것이고, 그래서 효양의 현실적 불가능성을 전제로 한 사무친 '사친지정'을 비관적으로 토로하는 것으로 귀결된다.

그리고 화자는 작품을 시작하는 정월령 부분(A)에서 이런 의미를 분명히 밝히고 있다. '우리부모가 절기마다의 행사를 모르고' 즐기지 못함을 반복적으로 탄식하고 있는 이유를 여기에서 찾을 수 있을 것이다.

〈사친가(월령형)〉의 경우 사친지정의 감정적 표출을 직접적으로 전달하기에는 아무래도 겉돌 수밖에 없다는 단점을 지닌다. 초두와 말미 부분의 표현이 고정적인 이유도 있지만, 무엇보다 전고인용이 큰 비중을 차지하다 보니 중심부에 서술된 내용이 곧바로 사친지정의 표출로 연결되지는 않고 있기 때문이다. 따라서 정월에서 12월까지 지속되는 월령 구성의 기본틀이 단순하다거나 기계적으로 보인다는 인상적 평가가 나올 수밖에 없고, 이러한 구성은 규방가사에서는 생소한 편이다.

하지만 〈사친가(월령형)〉은 일대기적 구성을 벗어나되, 일 년 열두 달 규칙적으로 진행되는 월령을 기준으로 한다는 점에서, 이 경우에도 작품 구성에서 시간적 기준은 매우 공고한 것이라는 판단이 가능해진다.

다음으로 살필 작품군은 〈화전가〉의 경우이다. 일찍이 권영철은 전형적인 작품을 교합하여 〈권본 계녀가〉를 제시한 것과 마찬가지로 〈화전가〉의 전형적 모델을 제시하고 이를 〈권본 화전가〉라 명명한 바 있다. 기본적인 내용구성을 보면, 서사에서부터 '신변 탄식-봄의 찬미-놀이에 대한 공론-택일-통문-승낙-준비-치장-승지 찬미-화전 굽기-회식-유흥 소영-감회-이별과 재회의 기약-귀가'에 이르기까지 화전놀음과 관련된 시간적 구성을 취하며, 결사 부분에서 발문의 형식으로 마무리됨을 지적하였다.[78]

최태호의 경우에는 시간의 흐름과 서사 구조를 통합하여 '준비 과정-

출발 과정-화전 놀이-술회-귀가'와 같은 다섯 부분으로 나누었다.

이를 토대로 연구자가 이 논의에서 주목하는 싶은 바는 〈화전가〉에서 보이는 이러한 구성방식이 일대기적 구성에서 벗어나면서 탈-일대기적 구성을 취하고 있다는 점에 있다.

기왕의 논의에서는 '화전놀음 준비-놀음-화전놀음 후'의 과정을 그대로 작품에 담고 있다는 식의 구성적 특성에 대해서 대체적인 합의를 보이고 있는데, 이는 〈화전가〉에 속하는 대개의 작품들에 일차적으로 확인되는 공통되는 경향이기도 하며, 무엇보다 여자의 일생을 근간으로 전개된 앞선 작품군들과는 차별화되고 있기 때문이다.

이러한 탈-일대기적 구성방식은 〈회혼가〉의 경우에도 해당된다. 회혼 축하의 내용을 담은 〈회혼가〉의 경우에도 주인공의 일대기가 산발적으로 드러나기는 하지만, 작품 구성의 중점을 이루는 것은 회혼례를 치르게 된 전후 사정과 회혼례의 광경 서술에 있어 일대기적 구성을 취하는 여타의 작품군과는 전혀 다른 특징을 보이게 된다.

2.

이 항목에서 다룬 이들 세 유형은 공통적으로 탈-일대기적 구성을 보이고 있으며, 각기 '월령 행사 · 화전놀음 · 회혼례' 등과 같이 특화된 사건을 배경으로 설정하고 있다는 점에서 흥미롭다. 이를 정리하면 다음과 같다.

| | 〈사친가(월령형)〉 | | 〈화전가〉 | | 〈회혼가〉 | |
|---|---|---|---|---|---|---|
| 서사 | 정월령 | | 서사 | | 서사 | |
| 본사 | 2월에서<br>12월까지의 | 월령행사 | 화전놀음<br>준비과정 | 화전놀음 | 회혼례<br>축하인사 | 회혼행사 |

78) 권영철 · 주정원, 『화전가 연구』(형설출판사, 1981), 59면.

| | 월령행사 | 화전놀음 | 주인공의 일생 회고 |
|---|---|---|---|
| | | 귀가준비 | 덕담 교환 |
| 결사 | 결사 | 결사 | 결사 |

물론 일대기적 구성을 벗어나기는 하였으되, 시간적 구성방식이 바탕에 깔려있다고 할 수 있다. 본사 부분에서는 특정 행사를 기준에 놓고는 있지만 행사를 준비하고 진행하고 마무리하는 과정을 그대로 보여주고 따라간다는 점에서 시간적 배열의 흔적들이 역력하기 때문이다.

### (3) 논리적 구성

1.

선조적 구성의 기본틀로 다루게 될 세 번째 구성방식은 논리성을 기준으로 삼은 논리적 구성의 경우이다. 앞서 살핀 일대기적 구성과 탈-일대기적 구성은 기본적으로 시간적 흐름을 기준으로 삼고 있었는데, 이제 살필 논리적 구성의 경우에는 시간적 흐름이 전무하다는 점에서 앞서의 두 유형과는 차별화된다.

논리적 구성의 대표항으로 들 수 있는 작품이 바로 〈계녀가〉이다. 규방가사 연구의 선편을 잡은 권영철은 다양한 제목으로 현전하는 〈계녀가〉가 내용이나 구성 방식에서 대동소이한 유형성을 보여주고 있음을 지적하면서, 〈계녀가〉의 범주에 속하는 480여 본의 작품을 대상으로 구성적 전범을 마련하여 〈권본 계녀가〉라 칭하였는데,[79] 이 글에서는 이를 〈계녀가(전형)〉이라 칭하고자 한다.

〈계녀가(전형)〉의 경우. 서사와 결사 사이에 11개 정도의 항목을 서

79) 권영철, 『규방가사연구』 (이우출판사, 1980), 167면.

술하는 3단 구성을 취하고 있으며, 매 항목마다 "아히야 드러바라/또 흔말 이르리라"와 같은 표현이 반복되고 있음이 특징적이다.

〈계녀가〉의 본사 부분에서 나열되는 '사구고 · 사군자 · 목친척 · 봉제사' 등의 항목은 시집간 부녀자가 지켜야 할 유교사회의 기본적인 덕목을 중요도에 따라 배열한 것으로 보인다. 곧 시부모를 잘 섬겨야 하고 지아비를 하늘처럼 존중하여야 하며 친척과 화목하고 조상의 제사를 잘 받들어야 한다는 식으로 전통적인 유교 사회에서 가장 중시한 가정윤리의 핵심을 순서대로 나열하여 서술하고 있다.

이어지는 부분에서 제시되는 '손님 맞는 도리 · 동기와 지친간의 도리 · 자식 보양의 도리' 역시 그대로 당시 시집간 부녀자들이 유교사회에서 지켜야 할 덕목에 대한 중요성을 순차적으로 인식하고 있었음을 말해주는 중요한 징표라 할 수 있다.

이러한 3단 구성의 틀은 아버지가 지은 〈계녀가〉의 경우에도 그대로 유지된다. 다만, 본사 부분에서 항목구성상 변이가 이루어지고 있는데, 다음에서 보다시피 〈계여가(8번)〉의 경우에는 10개의 항목으로, 〈계여가(4번)〉의 경우에는 4개의 항목으로 본사를 구성하고 있다.

이러한 차이는 논리적 구성의 특징을 보여준다는 점에서 좀더 구체적으로 살펴볼 필요가 있다. 항목 구성상에 드러난 이런 변이를 구성 전략의 차원과 연결하여 고찰하면 다음과 같은 특이점이 발견되기 때문이다.

첫째, 대상 자료의 항목 나열 순서뿐만 아니라 항목 간 비중에 있어서도 〈계녀가(전형)〉과는 다르게 '효성 · 우애 · 경장 · 수신'의 방법 등에 할애되는 측면이 커져서 변형의 폭이 클 수밖에 없게 되었다는 점이다.

| | 〈계녀가(전형)〉 | 〈계여가(8번)〉 | 〈계여가(4번)〉 |
|---|---|---|---|
| 서사 | 서사 | 서사(8) | 서사(60) 회고가미 |
| 본사 | '事舅姑' 항목 | 효성 · 우애 · 사구고 | 총괄적 훈계(14) |
| | '事君子' 항목 | 경장 | |
| | '睦親戚' 항목 | 사군자(4) | |
| | '奉祭祀' 항목 | 봉제사(22) | 사구고 중심의 시집살이 규범(26) |
| | '接賓客' 항목 | 접빈객(30) | |
| | '胎敎' 항목 | 수신행지(36) | 사군자(10) |
| | '育兒' 항목 | 제가 · 치산(27) | |
| | '御奴婢' 항목 | 어노비(4) | |
| | '治産' 항목 | 언어신중(18) | 생활규범(13) |
| | '出入' 항목 | 남녀유별(13) | |
| | '恒心' 항목 | | |
| 결사 | 결사 | 결사(19) | 결사(13) |

특히 효행 중심의 서술 비중이 강화되면서 〈계녀가(전형)〉과 비교할 때 항목의 생략(태교 및 육아와 관련된 항목)과 축소(사군자 관련 항목), 혹은 추가(경장, 언어신중, 남녀유별, 날마다 행할 일 등의 항목) 작업이 이루어지고 있다.

이는 이들 작품이 아버지가 지은 것이라는 점을 유념할 때, 아버지의 입장에서 직접적인 조언을 하기 힘든 부분이라 할 태교 및 육아에 관한 사항들을 생략하는 대신, 구체적이고 실천적인 조언을 자신 있게 할 수 있는 항목들을 찾아 조정하는 작업을 하고 있음을 의미한다.

둘째, 대상 자료에서 공통적으로 큰 비중을 차지하는 것이 '사구고' 항목인데, 이 부분의 서술방식에서 특이점이 드러나고 있다는 점이다. 〈계녀가(전형)〉의 경우라면 서사에 이은 제1항목으로 사구고에 관한 서술을 하되 구체적인 실천방법에 중점을 두고 있는데, 대상 자료들에서는 〈계녀가(전형)〉의 내용을 포함하되 부모에 대한 효성의 차원에 실마리를 두어 서술하는 방식을 취하고 있기 때문이다.

예를 들어, 〈계여가(8번)〉의 경우 효성은 부모양지가 으뜸이며(①) 양지의 방법은 부모의 뜻을 따라 봉양하는 것으로(②) 순임금 증부자가 대효(大孝)의 사례로 꼽히며(③) 부모를 섬기는 도리와 마찬가지로 시부모를 제대로 섬기는 것이 중요함을 역설하고 있으며(④), 이런 서술이 끝난 이후에야 비로소 구체적인 실천 방법을 자세히 설명하고 있다(⑤).

- ① 효셩이라 ᄒᆞ는것시/ 부모양지 으뜸이요/ … 여러가지 힝ᄉᆞ즁ᄋᆡ/ 최션무가 효셩이라/ ② 양지라 ᄒᆞ는거슨/ 부모ᄋᆡ 뜻들맛좌/ 위령업시 봉양ᄒᆞᆷ이/ 이거시 양지이라/ … ③ 순임군 증부자는 양지하신 ᄃᆡ효시라/ … 다갓치 어렵운ᄃᆡ/ 선한일을 힝할지라/ ④ 하나자슥 너ᄋᆡᄂᆡ외/ 효셩을 안이ᄒᆞ면/ 외로오신 사돈개서/ 나난점점 만흐시고/ 뉘ᄀᆡ가서 효셩밧고/ 뉘개가서 자황보랴/ … ⑤ 계초명ᄋᆡ 이려나셔/ 관ᄉᆡ을 ᄒᆞ온후ᄋᆡ/ 부모침소 드려가서/ 쇠소응ᄃᆡ 할것시오/…

이 작품은 이런 식의 서술방식을 통해 상당한 분량을 효성 서술에 할애하고 있는데, 여기에 더하여 "효우만을 다할난니 장황하야 그만한다"라 하여 효성과 우애에 대한 서술에 역점을 두고 있음을 자인하고 있다.

이는 내용적 차원의 구성 문제에서 시간성보다 논리성을 강조하고 있음을 보여주는 단적인 단서가 된다. 앞서 살핀 여자의 일생을 좇아가는 일대기적 구성과 특정 행사를 중심에 놓은 탈-일대기적 구성이 시간적 기준이 구성의 축을 차지하고 있었다면, 〈계녀가〉의 구성방식은 딸자식의 '출가'에 초점을 맞춘 시집살이 규범의 나열이라는 점에서 논리적 전개를 우위에 둔 것이라 할 수 있다.

2.

이상의 논의를 통해 내용적 차원에서 본사를 구성하는 세 가지 양상을 확인할 수 있었다. 그 하나는 일대기적 구성이고(A), 다른 하나는 특화된 시점까지만을 주목하는 탈-일대기적 구성의 경우이고(B), 마지막 하나가 논리화의 경향을 보이며 논리적 전개를 보이는 구성방식이었다(C).

대상자료를 통괄하여 이 세 가지 양상의 비중을 따져볼 때 'A〉B〉C'의 순서가 됨을 알 수 있다. 다음에 정리된 표에서 보다시피 일대기적 구성을 보이는 작품군이 가장 많고, 논리적 구성을 보이는 작품군은 〈계녀가〉가 유일하기 때문이다.

이는 기왕의 논의에서 다양하고 다대한 규방가사의 자료적 실상을 주목하면서 〈계녀가〉류 규방가사의 영향력에 무게중심을 두었던 것과는 다소 상이한 결과라 할 수 있다.

<table>
<tr><th></th><th colspan="2">A : 일대기적 구성</th><th colspan="2">B : 탈-일대기적 구성</th><th colspan="2">C : 논리적 구성</th></tr>
<tr><td rowspan="3">작품 구성의 기본틀</td><td>서사</td><td rowspan="3">여자의 일생을 시간적 흐름에 따라 구분</td><td>서사</td><td rowspan="3">특정행사의 진행과정을 단위로 함</td><td>서사</td><td rowspan="3">시집살이 규범의 나열을 기준으로 함</td></tr>
<tr><td>본사</td><td>본사</td><td>본사</td></tr>
<tr><td>결사</td><td>결사</td><td>결사</td></tr>
<tr><td rowspan="4">해당 작품군</td><td colspan="2">〈여자자탄가〉</td><td colspan="2">〈사친가(월령형)〉</td><td colspan="2" rowspan="4">〈계녀가〉</td></tr>
<tr><td colspan="2">〈귀녀가〉</td><td colspan="2" rowspan="2">〈화전가〉</td></tr>
<tr><td colspan="2">〈사친가(자탄형)〉</td></tr>
<tr><td colspan="2">〈석별가〉</td><td colspan="2">〈회혼가〉</td></tr>
</table>

구성 전략에서 살펴본 세 가지 구성방식은 모두 '서사-본사-결사'라는 틀을 기본적으로 고수하고 있었다. 위에서 제시한 표에서 보다시피 서사와 결사를 두고 본사 부분에서만 각기 일대기적 시간구성을 담거나, 특정 행사의 내용을 담거나, 규범의 항목을 나열하는 논리적 전개

방식을 취하는 식의 차이가 드러나고 있기 때문이다.

그런 점에서 규방가사는 어떤 작품군이든 기본적으로 '서사-본사-결사'로 3대분되는 구성을 지지대로 삼고 있음을 일차적으로 확인할 수 있다. 크게는 '여자의 일생'을 시간적 구성의 기본축으로 삼고, 작게는 작품군마다 설정된 구체적인 상황, 예컨대 신행이나 화전, 회혼 등이 또다른 시간적 축이 되고 있다. '여자의 일생'을 큰 틀로 삼고 있다는 점은, 규방가사가 여자의 일생을 소재로 삼는 장르라는 점을 재삼 논증하는 부분이자 선조적 구성의 기본틀을 선호하고 있음을 알려주는 징표가 된다.

## 2) 시간적 전개의 기본요소

앞선 항의 작업을 통해 규방가사의 구성방식이 '서사-본사-결사'의 기본틀을 토대로 이루어지며, 이러한 3단 구성이 기본적으로 작품의 내용을 순차적으로 읽어나가며 단락마다의 내용 전개를 자유자재로 조절하기에 용이한 방식임을 짐작할 수 있었다.

이 항에서는 순차적으로 펼쳐지는 선조적 구성의 기본틀에서 시간성에 관한 특성이 어떻게 발휘되고 있는가를 살피고자 한다. 그 하나는 시간성의 두 축을 주목하는 것이고, 다른 하나는 장면화된 시간성을 살펴 여자의 일생을 서술하는 방식과 연결시키는 것이다.

### (1) 시간성의 두 축

1.

규방가사의 구성적 전략을 규명하기 위해 규방가사의 창작 및 향수상에 관한 문제를 아울러 집중하면 시간적 차원에서 흥미로운 구석을 발견할 수 있다. 예를 들어, 〈석별가〉의 다음 부분을 주목하면, 작품을 마무리하는 결사 부분에서 이른바 '돌아보기'를 하고 있음을 알 수 있다.

> - 집푼정담 이별석ᄋᆡ 글두어귀 지여 너을 준이 너ᄋᆡ시가 이슬씨ᄀᆡ 친정ᄉᆡᆼ각 간절하고 동유들 기려울ᄊᆡᆨ 가사 ᄂᆡ여노코 ᄌᆡ삼차 일너보면 동유서로 ᄃᆡ희안자 정담하난 긔상이라 평ᄉᆡᆼ이 다가도록 부ᄃᆡ부ᄃᆡ 잇지마오 이거 좀시러우나 마암의 잇서 지은거시라 너히 만일 ᄉᆡᆼ각거든 이글을 ᄉᆡ처 잇지마소 …

이렇듯 대개의 작품에서 작품을 마무리하는 결사(또는, 말미)부분에 이르면 작품에서 설정한(혹은, 제시한) '시간적 배경'이 아니라 규방가사 작품을 필사하는 '상황'이 되어 이러한 필사 시점으로 와서 다양한 소회를 밝히고 있다.

이런 특징적 국면은 대개의 규방가사에서 비교적 흔하게 등장하는 편으로, 연구자는 선행연구에서 이를 '지칭 혼효와 시차 적용의 구성적 효과'에 포커스를 맞추어 살핀 후, 기억의 공유와 동류의식이 갖는 의미와 연결시켜 천착한 바 있다.[80)]

이 장에서 행할 작업이 바로 시간성의 두 축을 따져 시간적 차원의

---

80) 최규수, 「석별가에 나타난 처녀들의 이중욕망과 '철들다'의 문제」, 『한국고전여성문학연구』 16집(한국고전여성문학연구회, 2008), 319~350면.

구성적 전략이 갖는 의미를 보다 깊이 있게 살피는 것이다. 이 때, 시간성의 한 축은 작품내 설정된 시간성을 말하며, 다른 한 축은 필사 및 향수상황에서 보여주는 시간성을 말한다.

우선적으로 살필 사례는 〈사친가(자탄형)〉의 경우로, 여느 규방가사에서처럼 여자신세를 한탄하는 '원부모 이형제'라는 기본전제를 그대로 가져와서 이를 사친지정의 촉발 계기로 삼고 있는데, 중요한 것은 여자신세를 탄식하는 시점을 어떻게 설정하고 있느냐의 문제이다.

> - 가소롭다 가소롭다 여자일신 가소롭다 못할내라 못할내라 부모생각 못할내라 전생에 무삼지로 여자몸 되어나서 부모형제 이별하고 팔년무지 <u>남의집에 이십전을 출가하여</u> 부모동기 다버리고 부모인정 생각하니 태산이 가득하고 항해가 여상터라 …

밑줄 친 부분에서 보다시피 '부모동기 다버리고 이별'해야 하는 자신의 처지를 돌아보고 부모된 입장에서 이렇게 딸을 출가시키는 일이 얼마나 슬프고 괴로울까를 역지사지하고 있다는 것은 지금부터 펼쳐질 이야기가 이미 자신이 겪은 사실을 돌아보는 과거의 경험임을 알려주는 것이 된다. 따라서 〈사친가(자탄형)〉의 서사 부분만 보더라도 과거와 현재 시점이라는 가장 전형적인 두 축을 설정하고 있음이 확실해진다.

이어지는 본사 부분은 출생에서부터 근친 시점까지 시간의 흐름에 따라 이야기가 전개되고 있다. 육칠 세, 십오 십육 세와 같이 성장과정을 이야기하는 구체적인 지표가 상세히 제시되어 항목마다 시간적 표지가 다양함을 알 수 있다. 성혼 과정을 서술하는 부분에서도 구혼과 택일 등으로 매단락마다 구체적인 진행과정이 소상히 드러나 있어서 마치 그때마다의 상황을 보고하고 기록하는 것과 같은 인상이 들기까지 한다.

이러한 시간적 구성 덕분인지 출가 후 첫나들이라 할 근친의 광경을 소상하게 밝힌 후 다음에서와 같이 곧바로 결사가 이어지고 있는데, 마치 현재진행형으로 상황을 보고하고 있는 것처럼 읽히게 된다.

> - 가소롭다 가소롭다 생각하니 새걱정이 절로난다 구고가진 신부여가 친정있기 오랩손가 오나가나 생각하니 여자유행 가소롭다

인용한 부분은 본사의 내용적 흐름을 이어받아 시간의 경과를 순차적으로 보여주고 있지만, 근친 온 화자가 이렇게 '새걱정(또는, 뒷걱정)'을 털어놓는 것은 어느덧 '출가외인'의 정체성에 적응하게 되었음을 보여준다는 점에서 흥미롭다. 근친의 기쁨도 잠시일 뿐 스스로를 '구고 가진 신부여(부녀자)'라 지칭하며 "친정 있기 오래"면 곤란하다는 식으로 걱정을 털어놓고 있기 때문이다.

작품에서 서술된 신행시 모친의 훈계에 따르면 "두석달이 잠간이라 근친오면 볼것이라"고 하였으니, 〈사친가(자탄형)〉에서 말하는 근친 시점은 아마도 석 달 정도 흐른 시점에서 이루어진 첫 근친을 말하는 것이리라 짐작된다.[81)]

그럼에도 '친정'에 오래 있을 수 없겠노라는 '새걱정'이 들었다는 것은 '남의집(시댁)'을 '내집/우리집'처럼 생각하게 되었음을 보여주는 지표라는 점에서 여자의 일생을 스토리텔링하는 질적 변화의 중요한 지점이 될 수 있기 때문이다.[82)]

---

81) 성춘식이 구술한 자료에서도 이와 비슷한 맥락에서 근친 심경을 서술하고 있다. "시집에 있다가 석 달 만에 친정에 가는데 그 달에 안가믄 석 달 만에 가. 처음 친정에 가는 근친이지. 그동안에 어마이가 눈물 흘렀다고 눈물 닦아준다고 떡해가지고 보내는 게 눈물정성이래." 성춘식 구술/신경란 편집, 『이부자리 피이놓고 암만 바래도 안 와』(뿌리깊은나무, 1990), 56면.

82) 이렇게 여자의 일생에서 혼인을 통한 질적 변화를 감지하고, 출가외인의 정체성을 각인하는 계기가 작품에 어떻게 형상화되고 있는지에 대한 고찰

경험상 혼례를 치르고 다시 찾아가본 친정집은 이미 '내 집'이 아니라는 느낌에 익숙하면서도 어딘가 낯설고, 반가우면서도 왠지 어색하게 느껴졌었다. 이렇게 물리적 시간의 양은 크지 않지만 〈사친가(자탄형)〉에서 보여주는 변화의 지점은 근친에 이르기까지 삶의 라이프 스토리를 시시각각으로 펼치면서 출가외인의 정체성에 적응하기까지를 보여주는 데 중요한 역할을 한다.

그런 의미에서 〈사친가(자탄형)〉의 결사 부분을 좀더 주목할 필요가 있다. 결사 부분을 보면 서사에서 제기한 여자유행의 가소로움을 그대로 가져오되, 초두의 표현만 같을 뿐 이어지는 내용은 보다 풍부해져서 분량 또한 크게 늘어나고 있기 때문이다. 곧 서사에서 결사에 이르기까지 시간적 경과에 따른 정서적 시간의 질적 변화가 드러나고 있으며, 이 부분에서 역시 중요한 것은 시간적 표지와 연결된 표현들을 주목하여 시간성의 축을 밝히는 일이 된다.

이에 다음과 같이 다섯 부분으로 나누어 살피기로 한다.

| | |
|---|---|
| (1) | 가소롭다 가소롭다 생각하니 새걱정이 절로난다<br>구고가진 신부여가 친정있기 오랠손가<br>오나가나 생각하니 여자유행 가소롭다 |
| (2) | 불버워라 불버워라 남자일신 불버워라<br>젊고늙고 일평생을 부모슬하 모시다가<br>우리도 남자되어 남과같이 하여볼고<br>일평생을 부모슬하 불위라 것을<br>로래자의 효성같이 … 부모영화 하여보세 … |

---

은 다음의 논의들에서 흥미롭게 살펴본 바 있다. 최규수, 「석별가에 나타난 처녀들의 이중욕망과 '철들다'의 문제」, 『한국고전여성문학연구』 16집(한국고전여성문학연구회, 2008), 319~350면; 최규수, 「아버지 작 계녀가의 변이양상과 시가교육적 함의」, 『어문연구』 36권4호(한국어문연구회, 2008); 최규수, 「홍씨부인 계녀사에 나타난 자전적 술회의 글쓰기 방식과 의미」, 『규방가사의 작품세계와 미학』 (역락, 2002), 221~238면.

| | |
|---|---|
| | 가난튼지 유천튼지 양친밖에 또있는가<br>원이로다 원이로다 지금죽어 환생하여<br>남자몸 되어나서 부모봉양 원이로다<br>가소롭다 가소롭다 지금죽기 원이로다 한이로다 한이로다 |
| (3) | 허사로다 허사로다 부모공덕 허사로다<br>우리같흔 불초여식 백리밖에 보내두고<br>자정을 생각하여 비가오나 눈이오나 잊을날이 있을소냐<br>동지섣달 치운날은 밤이면 치울시라<br>오륙월 더운날은 땀이나 흘리는가<br>질삼방적 시집살이 낮이든가 밤이든가<br>천대 방가의 행신범백 빠지는가<br>칭칭시하 가집집에 호성없다 끄짖는가<br>시매시숙 가진집이 우애나빠 지는가<br>남존여비 들인집에 인사나 빠지는가<br>선관같은 우리사위 아내나 생각는가 |
| (4) | 졀통하다 부녀일신 만가지로 생각하니<br>졀통하기 측양없다 부모은공 다뜬지고<br>인정허비 뿐이로다 같이크든 종잠들과 동기골육 …<br>동서남북 출가하여 타향살이 되었으니<br>남자같이 갈수 없고 상객같이 갈수 없고<br>저올제 내가오고 내올제 지가가니<br>이전같이 모여앉아 즐기볼수 전여없다<br>제죽은들 내가알면 내죽은들 지가알가 |
| | 전편의 부친편지 히답이나 진작올가 |
| (5) | 축수하내 축수하내 백발쌍친 우리부모<br>일편가사 지여내여 명산에 기록하여<br>보고보고 다시본들 부모생각 위로할가<br>무심한 여자들아 부모생각 없나그선 사람이라 하오리 |

우선, (1)의 부분이 근친 시점에서 이루어지는 발화인 데 비해, (2)의 부분부터는 시간적으로나 공간적으로나 적지 않은 이동이 일어나서 시간성의 축은 시간의 순차적 흐름에서 벗어나 어느덧 결혼생활이 어느 정도 진행된 시점으로 이동되고 있다. 따라서 이 시점에서 본다면 이전까지의 내용은 과거를 회상하는 것이 되고 현재 설정된 시간성에 따라 이전과는 다른 새로운 탄식과 소회가 이루어지게 되는 셈이다.

이는 (2)의 부분에서 보이는 "지금죽어 환생하여", "지금죽기 원이로다"와 같은 표현에서 제시되는 감정의 강도나, (4)의 부분에서 그려내고 있는 '원부모 이형제'해야 하는 처지에 대한 답답하고 고단한 심경 표출을 볼 때, 이러한 표현의 바탕에는 시간의 경과에 따른 경험의 축적이 깔려있을 것이기 때문이다.

(3)의 부분에서는 친정모친의 걱정하는 바를 되짚어 토로하고 있는데, 사시사철 출가한 딸 걱정에 노심초사하는 친정모친의 형상은 갓 시집온 새댁의 입장에서 쉽게 상상하기 어려운 것일 수 있다.

노련하게 털어놓는 이러한 신세한탄의 분위기는 (4)의 부분에서도 적나라하게 드러난다. "같이크든 종잠들과 동기골육"이 "동서남북 출가하여 타향살이 되"어버린 상황에서 "저올제 내가오고 내올제 지가가니 이전같이 모여앉아 즐기볼수 전여없"으며 "전편의 부친편지 히답이나 진작올가"라며 털어놓는 원망과 탄식은 그 표현 자체도 절절하지만, 겪어본 사람만이 알 수 있는 심정적 토로이기도 하여 이러한 표현을 하기까지 어느 정도는 세월의 연륜이 쌓였음을 짐작케 한다.

이 부분에서 제시된 이러한 시간의 경과는, 결혼생활의 적응이 단기간에 이루어지는 것이 아님을 돌아볼 때 작품에 표현된 글의 분량은 여타의 것과 대동소이해 보이지만 실제 체험되는 경과성은 몇 해를 산 것과 같은 노련함이 느껴진다. 앞서 근친시점을 추리한 것과 연결할 때, 이 부분의 시간성이 앞선 본사 부분에서보다 훨씬 길게 느껴지는 이유가 바로 여기에 있다.

특히 축원을 담은 (5)의 부분은 필사의 시점에서 털어놓는 표현인 것이 너무도 분명하게 드러나고 있다. 결사의 마지막 항목이 되는 이 부분은 이본별로 다양한 후미부가 존재하여 개별적인 변이상의 폭이 커짐에 대해서는 앞서 살핀 바가 있는데, 중요한 것은 이렇게 가사를 지어내고 기록하는 이유가 다름 아닌 사친지정을 달래어 위로삼는 데 있다는 점이다. 이 부분에서부터 시간성의 축은 또다른 '현재' 시점으로 이동하면서 시간적 표지가 달라져, 어느덧 〈사친가(자탄형)〉을 필사하는 현재적 상황에서 스스로에 대한 다짐과 위로로 작품을 마무리하게 되기 때문이다.

이상의 고찰을 통해 규방가사에서는 시차의 활용이 다양하게 활성화되어 있음을 알 수 있다. 본사와 결사 부분이 표면상으로는 시간의 흐름상 연결성을 보인다 하더라도 해당 작품단락에서도 여러 시간대로 세분화될 수 있었기 때문이다.

이는 작품 전체가 자신의 라이프 스토리를 돌아보는 과거의 회상처럼 보이지만, 단순히 현재에서 과거로 일회적이고 일방적인 통행을 하는 것이 아니라 시간적 표지의 활용을 통해 과거에서 현재로, 다시 현재에서 과거로와 같은 식으로 다양한 시간여행을 하는 구조임을 보여주는 것이라 생각한다.

그런 의미에서 대부분의 규방가사 텍스트들은 회상의 큰 범주에서 이해될 수밖에 없다. 시간적 표지를 '과거에서 현재'로, 또는 '현재-과거-현재' 등으로 자유롭게 이동함으로써, 결국 텍스트가 길어진 만큼 회상에 쏟은 시간의 양도 많아지게 되는 셈이다.

그리고 규방가사의 작품구성에서 서사(또는, 서두) 부분의 존재와 결사(또는, 말미) 부분의 양상은 '글쓰기' 차원을 넘는 '글하기'의 중요한 전략적 장치가 된다는 점을 주목하여 '글하기' 방법을 실천하는 장치로 이해할 필요가 있다.

2.

시간성의 두 축에 대한 단서는 〈석별가〉에 나타난 시간적 표지의 중첩적 설정을 통해서도 재확인이 가능하다. 〈석별가〉는 '생이별'의 고통을 언급하면서 작품이 시작되는데, "신행갈 동무들아 석별가 드러보소"라고 하여 신행의 경험이 없지만 조만간 신행을 겪게 될 처녀들에게 신행이야말로 "이별중에 서른것이 생이별이 제일일세"라며 작품을 시작하고 있다. 이는 화자가 이미 신행을 치른 바 있는 유경험자이기 때문에 가능한 발언이기도 하다.

이어지는 본사에서는 신행의 과정을 따라 석별을 맞이하게 되기까지를 시간의 순서로 서술하고 있는데, 혼인과 관련한 단계적인 절차가 시간의 순서를 따라 그대로 배열되고 있다. 이러한 본사의 구성방식은 자신의 라이프 스토리를 돌아보고 신행에 이르기까지의 과정적 소회를 출생에서부터 더듬어 토로하는 과거 시간대의 회상에 의존하고 있음을 보여주는 지점이다.

이는 화자 자신이 청자가 되어 자신의 과거 기억이나 경험을 회상하며 메시지를 구성함을 보여주는 것으로, 이때 동원되는 것이 바로 기억의 재생이라는 방식이다. 기억의 재생은 자신의 삶 가운데 특징적인 사건을 떠올려 그 체험에 일정한 의미를 부여하고 화자의 감정을 객관화하여 요약적으로 서술하는 것을 말한다.[83]

따라서 〈석별가〉는 시간적 구성을 취하고 있지만, 서사와의 연결성을 따져보자면 시간을 거슬러 올라가 신행의 시점을 기준점으로 하여 과거 회상의 단계로 넘어가기 때문에 서사와 본사 부분의 연결성은 순차적이지 않게 된다.

그런 점에서 이러한 시간적 단절성은 본사 부분에서도 순차적인 시간의 흐름에서 벗어나 과거와 현재의 시점이 착종되는 시차의 양상들을 통해 거듭 확인된다.

본사의 구성방식은 표면적으로는 시간의 흐름을 좇아 석별의 현장을 보고하는 것으로 보이지만, "나갓흔니도 형이라고 알뜰니도 거른회

---

83) 박춘우, 「규방가사의 글쓰기 방법 연구」(박사학위논문, 영남대학교, 2007), 60면.

포 숨결의 ᄉᆡᆼ각ᄒᆡ도 닛잘적 업지만도"에서처럼 동생의 모습을 아직도 잊지 못하고 있다거나, "ᄉᆡᆼ시ᄋᆡ 잇든마암 잘걸ᄋᆡ 현몽한다"에서처럼 어린 동생을 보살펴야 한다는 책임감에 꿈결에서도 자책하는 것도 모두 신행의 기억을 더듬으면서 자연스레 삽입되는 '현재적' 소회가 되어 부분적으로 삽입되는 시차의 존재를 알려주는 지점이게 된다.

이러한 시차의 양상은 결사 부분에서 더욱 확실하게 드러나서, 작품의 마무리를 장식하는 결사 부분은 〈석별가〉의 이본마다 마무리되는 양상이 조금씩 달라지고 있다.

우선 살필 것은 다음에서 보다시피 신행 풍속의 순서대로 서술해온 본사 부분의 특성을 그대로 이어받아 가마가 떠나거나, 다시한번 이별 인사를 한다거나, 그때를 회상하며 석별을 아쉬워하는 딸과 이를 위로하는 어머니의 훈계로 마무리되는 양상이다.

- 듯고나니 轎子든다 어화우리 동무들아 이이별 어찌할고 …[84]

- 슬프다 여ᄌᆞ유ᄒᆞᆼ이 ᄂᆡ일이면 써ᄂᆞ가리 이밤ᄋᆡ 사힌회포 셕별가로 불너보ᄂᆡ …[85]

- 가마안에 드러안져 옛이을 생각한이 구곡간장 갈바업내 우리어매 날키울재 밤이면 한비개요 나지면 한자리라 수족갓치 여기시고 주옥갓치 사랑하여 잠시라도 안잇든이 백이타향 면면길래 날보내고 어이할고 허무하고 가소롭다 우리어마 그동보소 가마문을 둘느시고 머리엿코 하난말삼 요강도 만져보고 머리단장 만져보며 경개하여 하는말삼 우지말고 잘가거라 너가무션 한이잇나 아벼임 배행셔고 칭칭시하 조흔집에 죠흔낭군 마자간이 무션근심 또잇셔리 친정을낭 생각말고 구고임을 효양하여 구고임에 언득

84) 〈석별가〉(김성배 외, 『가사문학전집』, 집문당, 1972)
85) 〈79번) 석별가라〉(권영철, 『규방가사-신변탄식류』)

으로 사랑시리 보이여라 죠심업시 하지말고 가장은 하늘이라 하늘이 하신이을 그여말고 시러마라 두석달이 잠간이라 근친오면 볼거시라 시댁이 너집인이 친정생각 아주마라 …[86]

이런 경우에는 본사에서 이루어지는 신행까지의 순차적인 시간 흐름을 이어받고 있다는 점에서 본사와 결사의 시간 지표는 연속성을 갖게 되며, 그래서 가장 자연스럽게 작품을 마무리하면서 그 현장을 보고하는 성격 또한 강화된다.

하지만, 다음과 같은 경우에는 신행 풍속의 순서대로 서술해온 본사 부분의 특성을 그대로 이어받기는 하되, 신행 당시의 것이 아닌 서사에서 제시한 상황으로 돌아가 신행과 석별에 대한 자신의 과거 경험을 더듬고 있다.

- 별안간 너의마암 심금의력 우난마암 쳔셩니 귀즉하야 ᄎᆞ근쳐리 어진ᄉᆡᆼ졍 염히 진실한니 지공부ᄉᆞᆫ 너히초학 명염한 마음으로 당부할말 업거마은 닐닐ᄃᆡ 죠심하라 경진져월초구일을 묘ᄉᆡᆼ근셔[87]

- ᄉᆡᆼ시ᄋᆡ 잇든마암 잘걸ᄋᆡ 현몽한다 너ᄂᆡ셔로 ᄶᅥ날적ᄋᆡ 몬이저 하난거동 아참ᄋᆡ 이러난이 안전ᄋᆡ 버려잇고 나도ᄯᅩ한 ᄋᆡ석하다 장ᄂᆡ도록 안이잇ᄌᆞ 집푼정담 이별석ᄋᆡ 글두어귀 지여 너을준이 너ᄋᆡ시가 이슬ᄶᅵᄀᆡ 친졍ᄉᆡᆼ각 간절하고 동유들 기려울ᄶᅥᆨ 가사 ᄂᆡ여노코 ᄌᆡ삼차 일너보면 동유서로 ᄃᆡ히안자 정담하난 긔상이라 평ᄉᆡᆼ이 다가도록 부ᄃᆡ부ᄃᆡ 잇지마오 이거 좀시러우나 마암의 잇서 지은거시라 너히만일 ᄉᆡᆼ각거든 이글을 ᄶᅥᆨ처잇지마소[88]

---

86) 〈1219번) 석별가라〉(임기중 편, 『역대가사문학전집 25권』), 〈석별가〉(정렬모 편, 『가사선집』, 조선문학예술동맹출판사, 1964)
87) 〈1220번) 석별가라〉(임기중 편, 『역대가사문학전집 25권』)
88) 〈1221번) 석별가라〉(임기중 편, 『역대가사문학전집 25권』), 〈석별가라〉(이정옥 편, 『영남내방가사 1권』)

- 너히갈동(이하 필사불량) … 장규히 무고 … 슈즁의 오래도록 두 고보라[89]

대부분의 이본들에서 석별의 아쉬움을 위로하는 끝맺음을 하면서 필사기록을 덧붙이고 있는데, 그때를 생생히 회상하는 이별 한탄이 주조를 이루는 식이거나, 잠결에 현몽하여 그날의 상황을 돌아보며 〈석별가〉를 짓게 되었음을 알리거나, 수중에 오래 두고 보기 바라는 짧은 기록으로 작품이 마무리되고 있다는 점에서 시간적 표지는 앞선 유형들과 다르게 나타나면서 시차가 적용되고 있음이 확연하게 드러나고 있다.

중요한 것은 이러한 경우들에도 '너'라는 지칭이 자연스럽고도 빈번하게 등장하고 있다는 점이다. 과거 회상의 지표를 이렇게 직접적으로 드러내는 것은 아직까지도 '그 때 그 곳'에서의 느낌을 생생하게 기억하고 있음을 알려주는 단서가 된다. 본사에서 제시되는 〈석별가〉의 애달픈 현장 보고가 '과거적' 사실이기는 하지만, 이 작품을 읽고 쓰고 듣고 하는 여성들에게는 여전히 '현재 진행형'으로 각인되고 있는 경험임을 알려주는 지점이기도 하다.

그리고 이렇게 지속적이고 산발적인 과거회상이 일어나는 것은 어쩔 수 없이 기억의 편차를 낳게 되며, 경우에 따라서는 필자의 의지에서 비롯된 자기인식 등이 가미되면서 이본마다 소소한 변이상을 낳을 수밖에 없게 된다.

결국, 작품에서는 순차적인 시간구성에 따르는 이야기의 전개를 통하여 일면 선형적인 서술구조를 꾀하려 하였고 과거 사건들의 서술에 있어서 시간에 따른 순차적 전개를 꾀하고 있지만, 작품 전체 구조 안에서 계속적이고 산발적인 과거 회상이 일어나 순차적 시간 구성을 통

89) 〈1866번) 석별가라〉(임기중 편, 『역대가사문학전집 40권』)

한 선형적 구조는 지켜지지 않게 되었다. 그래서 석별의 현장에서 신행 풍속의 시간적 흐름에 맞춰 작품이 이어지고는 있지만, 결사 부분에 이르면 시간의 축이 달라지면서 필사자 개인마다의 현재적 상황이 반영될 수 있는 것이다.

이는 작품 구성내 비유기적 면모를 보여주는 것으로, '창작-향수-필사'와 연관된 다양한 시점의 혼효로 빚어지는 규방가사만의 특질적 면모라 할 수 있는데, 이에 대해서는 해당 부분에 초점을 맞춘 다른 항에서 다시 논급하게 될 것이다.

3.

앞선 논의를 토대로 규방가사의 작품세계에서 주목하는 구성전략 중 하나로 시간성의 두 축을 설정하고 있다는 흥미로운 지점을 발견할 수 있었다. 이 때, 시간성의 한 축은 작품내 설정된 시간성을 말하며, 다른 한 축은 필사 및 향수상황에서 유지되는 시간성을 말한다.

전자가 주로 창작을 시작하기 위한 서사 부분의 시간 설정을 말한다면 후자는 작품을 필사하면서 개입되는 시간 설정을 가리키는 것으로, 작품을 마무리하는 결사 부분에 이르면 작품에서 설정한(혹은, 제시한) '시간적 배경'이 아니라 규방가사 작품을 필사하는 '상황'이 되어 이러한 필사 시점으로 와서 다양한 소회를 밝히는 식이 되었다.

이는 앞서 살핀 사례 고찰에서도 드러나듯이 창작과 필사의 시점이 각기 다른 데서 빚어진 것이다. 예를 들어 작품에서 '소시적' 혹은 '중년 이후'와 같이 구체적인 시기를 지정하여 마치 실체험을 직접적으로 묘사하는 것처럼 보이지만, 실제적으로는 회상의 시점에서 각색되어 표현된 것이 되기 때문이다.

중요한 것은 필사기의 시점을 볼 때 선조적 구성의 기본틀을 고수함으로써 규방가사의 내용들은 '여자의 일생'이라는 순차적 흐름에 따라 항상 현재적 시점으로 읽히는 현재성을 갖는다는 점이다. 선조적 구성의 기본틀은 문자성의 역할을 가능케 하는 가장 간단한 방법으로, '여자의 일생'이라는 시간적 서술은 누구에게나 다가가기 쉬운 인지도가 높은 설정 방식이 된다. 그런 의미에서 규방가사는 전자와 후자 사이에 시간의 착종이 발생되면서 작품단위별로 '현재화'되는 양상을 보이게 된다.

과거 회상을 하는 이유는 나의 이야기를 내면화하거나 체화시킨 결과이기도 하여, 이것이 한 작품마다 고유한 의미를 갖게 하는 이유가 되기도 한다. 작품은 텍스트를 완료함과 동시에 필사자와 직면하여 새롭게 시작되는 '필사의 시점'을 온전히 갖게 되며, 전자와 후자 사이에 놓인 여러 이야기들은 작품단위별로 다시한번 '현재화'되게 되는 것이다.

그러므로 회상의 방식이라 해도 단순한 과거 회상에 그치지만은 않게 된다. 늘상 현재화시켜 나의 이야기로 체감하고 내면화되는 내용이 규방가사의 작품들이라 할 수 있을 것이다.

### (2) 장면화된 시간성

1.

앞선 장의 작업을 통해 규방가사의 기본적인 특징이 시간적 글쓰기를 기본구성으로 삼는 데 있으며 회상의 글쓰기를 바탕에 깔고 있음을 확인할 수 있었다. 특히 '여자의 일생'에서 장면화할 수 있는 사건을 주목하여 이들 사건을 중심으로 작품단락을 만들면서 어느 작품에서나 삽입이 용이한 기본단위로 삼고 있었다. 작품 구성을 다루며 확인한 것처럼, 선조적 구성의 기본틀에서 작품군별 공통화소로 '신행-석별-계녀' 등의 항목이 거의 자동화되어 있었기 때문이다.

이 항에서 행할 작업은 이렇게 장면화되는 국면을 살펴 시간적 구성이 규방가사의 글하기 차원에서 어떤 역할을 하는가를 규명하는 일이다. 어떤 작품군이든 기본적으로 시간적 구성을 지지대로 삼아 크게는 여자의 일생을 담는 시간적 스케일에서 시작하고 있지만, 작품단위별로는 작품군마다 설정된 구체적인 상황마다를 포커스로 삼아 집중적으로 조명하는 방식을 취하고 있기 때문이다.

이에 두 가지 사항을 주목하고자 한다. 그 하나는 '장면화된 시간성'을 분석하여 그 세부적인 특징을 찾는 것이고, 다른 하나는 심정적 차원에서 몰입의 강도를 조절하는 방식을 주목하는 것이다.

예를 들어, 〈사친가(자탄형)〉의 경우 장면화의 방식이 잘 활용된 부분들을 작품단위마다 한 가지 이상씩 살필 수 있게 되는데, 이를 통해 '장면화된 시간성'에 대해 살피기로 하자.

> - 우리부모 혼인안목 빈번하리 골몰골몰 안생각고 … 넉넉잖은 우리살림 부모간장 오죽하리… 음식강금 골몰이라 … 혼인안목 색색하기 남보기야 좋거니와 필필리 도침자질과 가지가지 침자질은 부모간장 오직하리 … 소주약주 가진술과 생신근물 안주등을 가초가초 보내자니 그건심이 오작하리 …

인용 부분은 화자가 혼례 준비 과정을 지켜보며 "자식사랑 우리부모"·"자정있는 우리부모"임을 재삼 확인하며 "넉넉잖은 우리살림 부모간장 오죽하리"라는 안타까움을 표시하는 장면이다.

무엇보다 남보란 듯 잘해주려는 부모다운 걱정에 골몰하는 양상을 구체적으로 그려내고 있는데, '혼인안목'을 주목하여 이것저것 준비하는 광경을 표현하고 있음은 심정적 차원에서 부모의 사랑을 실감하고 있음을 보여주는 국면이라 할 수 있다.

이어지는 다음 부분에서는 대화를 직접 인용하여 서술하는 방식을 동원함으로써 어머니가 여공 습득과 가사노동 등과 관련하여서는 잔소리를 하기보다 상냥하게 가르치며(①의 부분) 걱정하고 챙겨주는(②의 부분), 그래서 여자유행에 수반되는 노동고를 면제하고 오히려 배움과 놀음의 기회를 허락하는 존재로 기억되고 있다. 특히, ②의 부분에서처럼 친정부모의 당부인사를 그대로 옮겨 적어놓고 있음은 적어도 이 작품단락에서만큼은 장면화되고 있는 시간성에 집중하고 있음을 보여주는 단서가 된다.

- 육칠세 자라내여 명주비단 침자질과 마포무명 풍계질과 모럼있게 가르치고 책씨기면 편지씨기 살뜰이 가라칠제 티미한 나의제주 선망후실 하건만은 ① <u>귀면한번 아니치고 해롭같이 가르치고</u> ② <u>잠을조금 늦게자면 이러시면 하신말씀 어데가 아프느냐 일이뒤어 그러한양 잠을들자 그리하나 얼굴도 파리하고 음식도 아니먹노</u> …

이러한 기억은 다음 부분에서처럼 출가 직전 친정모친과 헤어지는 장면에만 더욱 집중하여, 이러한 시간대에 이루어지는 정서적 교류를 진하게 그려냄으로써 친정부모와의 밀착된 거리를 자연스레 보여주고 있다.[90)]

- 가매안에 들어낮아 옛일을 생각하니 구곡간장 갈발없다 우리엄마 날길을제 밤이면 한비개요 들어시고 낮이면 한자리의 주옥같이 여기시고 잠시라도 아니잊더니 백리타향 먼먼길에 날보내고 어

---

90) 성춘식이 구술한 자료에서도 이러한 측면이 언급되어 있어 간접적으로 이해하는 것이 가능하다. “여자는 길쌈하고 반질도 하잖애요. 침선방적이라꼬, 길쌈은 우리 어매가 하도 몸서리를 내갖고 안 갈쳤어, 몸서리 나는 애쌈 길쌈이라꼬. 배와놓으만 해이된다고, 고생한다꼬.” 성춘식 구술/신경란 편집, 『이부자리 피이놓고 암만 바래도 안 와』 (뿌리깊은나무, 1990), 34면.

> 이할고 내만치든 이개그럭 날날이 세로내고 방안은 빈방이요 내당의있던 화초밭은 졸지로 없어지네 주야로 앞에보던 그간장 그회포를 누라서 알아주리 방안에 있던듯고 정지간에 오는듯고 눈에삼삼 그려있고 꿈에종종 보이시라 이십년 키운공이 협무고도 가소롭다 …

다음에 인용한 부분은 폐백의 절차를 마친 화자가 시어머니와 대면하는 장면을 그린 것이다.

> - 구고님의 은덕보소 미거한 위인을 사랑시리 귀히하고 못드가기 유아같이 애휼하대 ③ 정기간의 들지마라 불때맡기 오직하리 방앗간의 들지마라 딩기때가 오를시라 침자질 과히말아 목구개가 땡길시라 큰낭자 하지마라 머리밑이 땡길시라 저녁사관 일찍하고 네방의가 자그라 새벽사관 하지말아 든잠을 어이깨리 ④ 음식이나 달기먹고 무병한 것 제일이라 사촌시매 청해다가 쌍륙이나 처어보아라 어린이해 불문장의 첫줄이나 써서주라 창호지에 대장지에 책글씨나 써보아라 놀다가 심심커든 책이나 들고보라 … ⑤ 이렇듯이 귀히하고 저렇듯이 사랑할때 어리고 어린소견 부모생각 뿐이로다 …

'자정하신 시모님'은 '시수물로 손수들고 내방에 들어와서 손목잡고' 여자유행의 슬픔을 위로한 뒤, 시집살이에 수반되는 노동고를 면제할 뿐만 아니라(③의 부분) 배움과 놀음을 다양하게 권유하는 존재로 그려지고 있다(④의 부분).

하지만, 시부모가 이렇듯 '미거한 위인을 사랑시리 귀히하고 못드가기 유아같이 애휼하'는데도 불구하고 ⑤의 부분에서 보는 것처럼 친정부모에 대한 화자의 심정적 몰입은 출가 이후에도 여전하고 단호하기까지 하다.

비록 단편적 언급이기는 하나, 〈사친가(자탄형)〉에 그려지는 부모상은 한결같이 '아들딸 구별 없이' 남자와 동등하게 자정과 은덕을 베푸는 존재이자 그러한 덕목을 구체적으로 실천하는 인물로 일관되게 제시되고 있다.

이러한 제시가 가능한 것은 장면화된 시간성에 집중하여 친정부모의 사랑을 매우 충족적이고 이상적으로 미화하여 기억하는 화자의 태도가 큰 몫을 하고 있기 때문이다.

이렇듯 규방가사에서는 시간적 표지가 다양해지면서 작품단위별로 단락화가 이루어지고 있다. 특히 여자의 일생 중 기억의 재생이 용이하거나 강렬하게 각인된 경험은 장면화의 방식을 동원하여 그때 그 상황을 소상히 묘사하려는 경향을 보이고 있다.

2.

다음으로 주목할 만한 사항은 심정적으로 몰입이 큰 장면일수록 '나'와 '너'의 관계성이 강화되고 있다는 점이다. 다음에 제시한 인용 부분에서 보다시피 추상화된 문자로 서술하기보다는 일상적인 대화체로 '그때 그곳'의 현장에 그대로 있는 듯 복기해내는 식으로 작품이 형상화되고 있기 때문이다.

> (1) 육칠세 자라내여 명주비단 침자질과 마포무명 풍계질과 모럼있게 가르치고 책씨기면 편지씨기 살뜰이 가라칠제 티미한 나의 제주 선망후실 하건만은 귀면한번 아니치고 해롭같이 가르치고 잠을조금 늦게자면 이러시면 하신말씀 어데가 아프느냐 일이뒤어 그러한양 잠을들자 그리하나 얼굴도 파리하고 음식도 ① 아니먹노 …[91]

---

91) 〈(경북대본) 사친가〉(이정옥의『내방가사의 향유자 연구』에 수록된 작품이다.)

(2) 우리어마 그동보소 가마문을 열고 앉을자리도 편키하고 요강도 만쳐보면 머리함도 만치면서 구곡간장 녹는 듯이 할말이야 수도없건마는 경계하야 하는말씀 울지마라 울지마라 울지말고 잘가거라 니야무슨 한이있나 아분님 배행서고 칭칭시하 좋은집에 백양아지 맞아가니 무삼하여 한또있으리 친정은 생각말고 ② 구고시을 잘신기라 구고님 은덕으로 사랑시리 할것이니 방심말라 가장은 하날이라 하날이 하신일을 거역말고 잘신기라 친정생각 자주하면 시가눈치 보이나니 생각말고 어른이 도라올 때 소리하여 울지마라 흉을보고 웃난이라 한님을 하직할 때 잔사담을 하지말라 남의눈에 뜨이나니 두석달이 잠간이라 시월이 잔간가면 근청오면 볼것이라 시댁이 내집이라 친정은 아주잊고 시댁만 생각하라…[92]

(3) 어찌할고 어찌하리 부모이별 어찌할고 수십년 기른은덕 무엇으로 갚사오리 嚴父本來 大凡하사 한말슴도 아니시고 慈母는 性弱하야 나를위로 하는말이 슬하마라 서러마라 女子有行 예사로다 조히가서 잘잇거라 내수이 다려오마 너를훌처 보낸후에 앞이비어 어찌할고 이말슴 드를적에 내마음 어쩔손고 五內가 分崩하야 촌촌이 끈허진다 心神을 진징하야 눈물로 하는말이 어마어마 생각마소 저가튼것 자식인가 골몰만 끼쳐주고 효양한번 못하다가 일년이나 반면이나 ③ 모녀각각 흐터지니 잘게시오 잘게시오 어매부대 잘게시오 명년봄 꽃피거든 부대수이 다려오소 …[93]

(4) 상하촌 동류들아 이내말씀 들어보소 칭칭시하 몸이되어 부모허락 받으려고 부모침실 들어가서 두무릎을 꿇고앉아 백배사례 비난말이 ④모월모일 아무날에 화전가자 통문오니 명령을 나리시와 부디허락 하옵소서 부모님 하는말씀 효녀로다 너의말이

---

92) 〈사친가라〉(이정옥, 『영남 내방가사』 3권)
93) 〈석별가〉(김성배 외, 『가사문학전집』, 집문당, 1972)

> 백사순종 모든행실 허락않고 어찌하리 부모허락 받은후에 기쁜마음 둘곳없어 하마하마 그날인가 손을꼽아 기다린다 아래가고 어제가니 나날이 잘도간다 오늘이 며칠이며 내일이 며칠인고 기다리는 청명절은 화전날이 분명하다 황홀한 나의심회 일일이 삼추로다…[94]

대상자료의 작품군마다 분석을 요하는 지점을 추려보기로 하자. (1)의 경우, 친정부모의 자식 사랑을 좀더 생생하게 표현하기 위해 "어데가 아프느냐 일이뒤어 그러한양 잠을들자 그리하나 얼굴도 파리하고 음식도 아니먹노"와 같이 직접적인 대화를 인용하고 있다.

(2)의 경우 '우리엄마'가 '날' 어떻게 길렀는지를 회상하는 화자의 심경은 이미 장면화된 시간성에 초점을 맞추고 있다. "울지마라 울지마라 울지말고 잘가거라 … 시월이 잔간가면 근청오면 볼것이라 시댁이 내집이라 친정은 아주잊고 시댁만 생각하라"에서처럼 어머니가 경계하는 교훈의 내용이 상당한 분량임에도 직접적으로 옮겨 적고 있는 것도 이러한 이유 때문이다. 자연히 어머니의 심경에 감정이입을 할 수 있게 되고, 밑줄친 부분에서 보다시피 어머니의 심정이 결코 편치만은 않을 것임을 충분히 짐작하고 이해하고 있다.

(3)의 경우 화자는 석별의 광경을 묘사하며 슬픔을 토로하고 친정모친과의 이별에 더욱 서러워하는데, 자연히 어머니의 심경에 감정이입을 하면서 '자모'에서 '어마/어매'로 지칭 변이가 이루어지고 있다. 이에 따라 석별의 장면에서 모녀간에 이루어지는 대화가 자연스레 삽입되고 있는데, 친정모친은 '너'라는 지칭을 빈번하게 사용하고 화자는 '저가튼 것'이라고까지 호응하게 되어 장면화된 시간성에 그대로 심정적 몰입이 이루어지게 되었다.

94) 〈화전가(전형)〉(권영철, 『규방가사 1』)

글을 읽고 쓰는 독서와 작문 행위는 곧 문식(文識) 행위이며, 이는 문자언어를 통해 의미를 구성하는 지적(知的) 작용이라 할 수 있다. 문자언어를 통해 이루어지는 '글쓰기'의 의사소통 행위에서는 '말하기'에서와 같은 '화자-청자'의 명확한 설정을 도모하기가 어려울 수밖에 없다.

그런 의미에서 규방가사에서 직접적으로 주고받는 대화의 내용을 그대로 옮겨 적어 인용하는 양상은 음성언어를 토대로 이루어지는 말하기의 의사소통방식을 그대로 활용한 양상이게 된다. 청자 설정을 해야 작품단락에서 설정한 화자와 청자의 관계도 분명해지며, 청자 설정의 세분화에 따라 보다 직접적인 의사소통의 효과를 체감할 수 있기 때문이다.

이렇게 장면화된 시간성이 포착된 해당 장면에서는 심정적 차원의 몰입이 용이해져서 감정의 이입이나 유출이 보다 자유롭게 드러나게 된다. 구체적인 양상으로는 '나/너'라는 지칭의 빈도수가 높아진다는 것, 감정표현이 개입되는 소소한 변이상이 나타난다는 것 등을 주목할 수 있다. 이렇게 이본별로 심정적 차원의 몰입이 가능해지면서 이본별 편차가 커지게 되고, 이 과정에서 구술성의 특징이라 할 개별성이 발휘될 여지도 커지게 된다.

그런데, 구체적인 표현양상을 주목하면 ①의 경우 방언의 요소를 그대로 옮겨주어 생동감이 살아난다면, ②나 ③의 경우에는 일상적인 대화의 양상을 그대로 옮겼다고 보기에는 문어체적인 느낌이 농후한 편이다.

더욱이 ④나 ⑤의 경우에는 아무리 장면화된 시간성에 몰입하여 현장을 그대로 기억하여 대화를 생생하게 옮겨놓은 것처럼 보이지만, 딱딱한 문어체적 성향때문에라도 일상적인 대화에서 이루어졌다고 보기에는 무리가 있어 보인다.

이러한 논급은 근세작으로 변이된 양상을 보여주는 〈사친가〉[95]와 비교하면 더욱 명확해진다.

| | |
|---|---|
| A | 노상부모 ᄒᆞ신말슴 구고오게 효힝ᄒᆞ고 동기간의 우ᄋᆡᄒᆞ고 일가오게 화목ᄒᆞ면 여ᄌᆞ직분 싹굴리라 아희야 옛ᄉᆞ기을 들어바라 옛적의 왕상이ᄂᆞᆫ 계모를 섬길 적ᄋᆡ 효성이 지극한니 어름궁게 잉어엇고 ᄇᆡᆨ셜중의 ᄉᆡᆨ를어더 계모공경 지극ᄒᆞ고 ᄌᆞ로라 하신이는 빅이박게 살을어더 보무공경 하싯기로 천추의 유전하야 ᄉᆞ기의 잇난이라 |
| B | 친부모나 싀부모나 부모난 일반니라 부ᄃᆡ부ᄃᆡ 효양으로 섬기다ᄀᆞ <u>너오나라 기별커든</u> 춘풍솜월 호시절의 도리힝화 웃는다시 <u>우슴으로 도라옷나</u> … |

전반부(A)에서는 『사기』의 내용을 인용하여 사구고의 교훈을 강조하고 있고 후반부(B)에서는 근친 허락이 있을 때까지 효양하며 기다리라는 당부를 하고 있다.

전반부의 표현이 다분히 문어체적이어서 딱딱하기 그지없다면, 후반부의 밑줄친 부분을 보면 그래도 친정모친의 육성이 느껴질 정도로 체화된 구어체를 동원하고 있다. 따라서 장면화된 시간성에 초점을 두어 부모의 훈계를 듣는 현장에 집중하면서 심정적 차원의 몰입이 어느 정도는 이루어지고 있음을 알 수 있다.

3.

문자언어를 통한 의사소통의 행위에서는 시간과 공간을 공유하지 않는 사람들 간에 이루어지는 발화 행위라는 점에서 필자와 독자 사이의 배경지식이나 관심사, 혹은 문화의 차이 등이 있을 수 있다. 문자언어에 의한 의사소통의 어려움은 부분적으로 이런 차이에 기인하는데, 규방가사에서는 이상의 두 측면이 혼효되면서 대상자료의 텍스트를 분할적으로 구성하는 특징적 국면이 나타나게 되는 것이다.

그런 점에서 장면화된 시간성이라는 특징적 양상은 제목의 구심적

---

95) 〈(4) 사친가〉. 권영철, 『규방가사 1』(한국정신문화연구원, 1979). 권영철이 수집한 자료로, 작자는 미상이며, 필사자는 우포댁으로 밝혀져 있다. 출처는 경북 문경군 산양면 과리곡이다.

역할과도 연결된다는 점에서 이 항에서는 다대한 규방가사 작품마다 필수적으로 부수되는 '제목'의 역할을 주목하고자 한다.

우선 주목할 것은, 대상자료로 선택한 작품군들은 모두 '여자의 일생'과 관련하여 어느 일정 시기를 다루거나 인생사의 중요한 한 국면들을 다루고 있다는 점이다. 곧, 시간적 구성의 출발점에 여자의 출생이라는 기준점이 주어지고, 설정된 시간적 단위마다 '여자의 일생'과 관련한 다양한 내용들이 제시되고 있기 때문이다.

이는 규방가사가 여성들의 삶과 문학에서 특별한 의미를 지닌다는 종래의 인식과 크게 다르지 않은 결과로, 작품군마다에서 출생에서부터 중년 이후의 삶까지를 선조적으로 따라가는 시간적 구성이 공통되었다는 사실은 '여자의 일생'에 대한 친숙한 관심을 보여주는 지점이기도 하다.

중요한 것은, 규방가사에서 여자의 일생은 출생에서 현재에 이르기까지 시간적 순서에 따라 재구성되며, 그러한 과정마다를 작품화하면서 '여자의 일생'에 대한 주목과 관심을 매우 열정적으로 보여주고 있다는 점이다. 그리고 그러한 열정을 집중적으로 지원하는 지점에 규방가사에서 필수적으로 부수되는 '제목'이 자리하고 있다는 사실이다.

따라서 제목의 역할은 작품군마다 이본별 차이는 (사소하게라도) 존재하지만 구성적 차원에서 볼 때 공통적으로 포함되고 있는 요소를 항목화한 것으로, 동일한 제목으로 묶어 전해지는 구심점이 된다고 할 수 있다. 앞서 행한 대상자료의 검토 작업에서도 언급한 바와 같이 규방가사의 자료적 실상에서 동일한 제목으로 존재하는 작품들이 매우 많으며 대동소이한 작품들도 산적해있음을 볼 때, 사소해보이는 제목의 역할은 규방가사의 '글하기' 전략을 살피는 소중한 단서가 될 수 있다.

이렇게 제목에 포커스를 맞추다보니 '장면화된 시간성'이라는 것도 그 비중이 제목을 설정하는 방식으로 연결되게 된다. 예를 들어, 〈사친가(자탄형)〉은 여자신세 한탄, 여자의 일생 서술, 신행 및 석별의 광경 묘사 등 여러 작품들에서 보아온 모티프들을 가져와 모티프를 공유하되, 이를 사친지정의 표출이라는 주제를 기준으로 새롭게 재조합해 놓고 있으며, 그 구심점에 바로 '사친가'라는 제목이 한몫을 하고 있다.

무엇보다 사친지정의 표출은 여자의 일생을 이야기하는 작품들마다에서 반복적으로 제시되는 단골항목일 수 있는데, 〈사친가(자탄형)〉에서처럼 기억과 회상 속에 이상적으로 미화된 부모사랑을 집중적으로 형상화한 경우는 드물기 때문이다. 그런 의미에서 〈사친가(자탄형)〉은 제목에서 예상되다시피 '사친' 주제를 본격화하여 일상화된 인간관계의 단면을 다시금 그려내 보여주는 소중한 작품이 된다.

이러한 특징은 〈석별가〉의 경우에도 마찬가지라는 점에서 규방가사에서 제목은 이렇게 작품에서 어디까지 다루어주느냐를 정해주는, 그래서 작품군마다 담보해야 할 유형적 특성을 지정해주는 역할을 수행한다고 볼 수 있다.

따라서 이렇게 중첩되는 양상들이 개별 텍스트마다에서 하나의 독립된 작품군으로 유형화가 가능한 이유는 바로 제목의 역할에 있음을 재삼 확인할 수 있다. 외관상으로는 여타 유형군에서 보이는 모티프들과 공유되지만, 실상에 있어서는 그러한 모티프를 주제에 맞게 변주함으로써 기왕의 것들과는 차별화되는 새로운 작품이 될 수 있기 때문이다.

특히 〈사친가(자탄형)〉이나 〈석별가〉의 경우에서처럼 비교적 길지 않은 시간대를 다루느라 작품간 소재가 중첩될 소지가 큰 경우에는 이런 측면에서의 배려가 훨씬 커지게 된다.

이들 작품군에서는 선조적 구성의 기본틀을 공유하되 해당작품에서 다루는 시간적 거리가 신행 혹은 근친 시점까지만으로 제한되면서 '석별' 혹은 '사친'의 주제가 부각되고 있다는 점에서 제목 설정은 시간성을 조절하는 중요한 요소가 된다.

그렇다면, 규방가사에서는 정서적 측면에서 제목에 대한 이야기를 충분히 전달하여 해결하는 지점까지가 바로 작품 종료 시점이 되는 셈으로, 정서적 측면에서 갈등의 해결이 작품 종료 시점이 되게 된다. 과거에서 현재로, 혹은 미래에 이르기까지로 이른바 '시간 여행'이라는 것이 보다 자유롭게 이루어질 수 있는 토대가 형성되는 것이다. '서두-중간-말미'로 나눠보면 변이상이 보이고 규방가사의 구성적 차원에서 비유기적이고 파편화된 특징적 양상이 '글쓰기'라는 차원에서는 불리함으로 작용할 수도 있었는데, '글하기'라는 차원에서는 오히려 유리한 덕목으로 활용되고 있음을 알 수 있다.

규방가사에서는 '한 편의 글'이라 할 때 작품마다 제시되는 단위 규모가 달라짐에 따라 '창작자/필사자'의 '심정적 차원'에서 획득되는 완결성이 더욱 강조될 수 있기 때문이다.

이는 대개의 글쓰기가 한 편의 글(텍스트)에 대한 완결성을 강조하면서 텍스트 내적 차원에서 주제 중심으로 유기적 완결성을 지향하는 것과는 분명히 대조되는 특성이다. 곧, 규방가사에서는 유사한 내용을 담은 작품임에도 어느 부분에 방점을 찍어 강조하느냐에 따라 작품명이 달라지게 되는데, 이러한 단서를 확장하여 구체화시키는 방법을 찾는 작업에 대해서는 항을 달리하여 심정적 완결성의 지향성을 다룬 다음 장에서 다시 살피게 될 것이다.

## 2. 의사소통의 욕구 발현과 의미 전략

이 장에서 살필 작업은 의미전략의 차원에서 의사소통의 욕구 발현이 이루어지는 양상을 주목하는 일이다. 곧, 한 작품에서 청자(또는, 독자)의 세분화에 따라 달라지는 작품내 단위규모를 분석함으로써 의사소통의 맥락화가 내용의 생성과 조직이라는 양 측면에서 어떻게 이루어지는지를 고찰하는 데 목적이 있다.

이를 통해 이 장에서는 규방가사의 창작 및 향수 상황에서 의사소통의 욕구가 어떻게 발현되며, 이것이 독자(또는, 청자)와의 관계성 표출과 어떻게 연결되는지를 구체적으로 주목하게 될 것이다.

### 1) 독자와의 관계성 유지

1.

독자와의 관계성을 유지하는 첫 번째 방식으로 주목할 사항은 돈호법의 활용과 관련되어 있다. 규방가사에서는 대개 "세상사람들아/부녀들아/동류들아"와 같이 돈호법을 사용하여 누군가를 부르는 것으로 작품을 시작하고 있는데, 이는 그 사람(들)과 '대화'를 나누고 싶어한다는 지향적 의미를 갖는다는 점에서 청자와 일정 주제로 대화하려는 의지가 큰 것을 보여주는 단면이 된다.

구체적인 지칭(또는, 호칭)의 설정 양상을 주목하면 〈계녀가〉와 〈사친가(월령형)〉, 〈화전가〉 등에서처럼 대상층의 범주가 고정적인 경우가 우선적으로 부각된다.

이들 작품군은 서사에서부터 돈호의 대상을 설정하여 이들에게 말을 건네는 방식으로 일관하고 있다. 이렇게 돈호 대상의 일관된 적용범위가 있고 이를 청자로 설정하여 발언하고 있다는 점은 규방가사에 기본적으로 대외적인 성향이 깔려있음을 보여주는 국면이다.

〈계녀가(전형)〉의 경우, 청자(혹은, 독자)의 관심을 환기시킬 수 있는 "아희야 드러바라" 식의 표현이 반복적으로 삽입되면서 '아희'에게 일러주는 교훈경계의 조언이 이어진다. 서사에 이어 '사구고·사군자·목친척·봉제사' 등에 관련한 내용이 차례대로 나열되는데, "아히야 드러바라 또 한 말 이르리라"를 거의 매 항목마다 첫 구절에 반복적으로 제시하고 있다.

이때의 '아희'는 〈계녀가(전형)〉의 텍스트에 설정된 구체적 청자로, 대개는 시집가는 '딸'이게 된다. 물론, '아희야'로 통칭되는 이들의 범주는 '여자됨'의 교훈을 배우고 익혀야 할 대상으로 보다 확대되기도 하여, 딸뿐만 아니라 출가를 앞둔 처녀이거나 동기 혹은 후배 등 부녀자로 일반화될 수 있다.

이러한 교훈경계는 시집간 부녀자가 지켜야 할 유교사회의 기본적인 덕목을 중요도에 따라 나열한 것으로, 시부모를 잘 섬기고 지아비를 하늘처럼 존중하며 친척과 화목하고 조상의 제사를 잘 받들어야 한다는 교훈경계야말로 전통적인 유교 사회에서 가장 중시한 가정윤리의 핵심들이다.

이어지는 손님 맞는 도리, 동기와 지친 간의 도리, 자식 보양의 도리 역시 당시 시집간 부녀자들이 유교사회에서 지켜야 할 중요한 덕목들이다.

〈계녀가(전형)〉에서 단락의 초두마다 반복적으로 제시되는 "아희야 드러바라" 식의 표현은 교훈을 전해주는 현장감과 말투의 생동감을 가

미함으로써 자칫 번다해 보일 수 있는 여러 사항을 효율적으로 나열하게 해주는 효과가 있다. 교훈경계의 내용이 항목식으로 배열되면서 그 내용이 지루해질 수 있는데, 돈호형의 활용이 이러한 지루함을 물리치는 데 일조하고 있기 때문이다.

그런데, 다음의 부분을 보면 '어린아이'를 다루고 키우는 맥락에서 또다른 아희가 나오고 있다.

> - 아ᄒᆡ야 드러바라 ᄯᅩᄒᆞᆫ말 이르리라 봉제ᄉᆞ 졉빈ᄀᆡᆨ은 부녀의 큰이리라 제ᄉᆞ를 당ᄒᆞ거든 의목을 갈아입고 방당을 쇄소ᄒᆞ고 헌화를 절금ᄒᆞ고 제미를 씨슬적에 틔업시 조키씻고 우습을 과이ᄒᆞ면 입츔이 쒸ᄂᆞ니라 비질을 밧비마라 틔ᄭᅳᆯ이 나ᄂᆞ니라 검불나무 ᄶᅵ지마라 불틔가 나ᄂᆞ니라 아ᄒᆡ들이 봇ᄎᆡ나마 먼저쎄여 쥬지말고 죵들이 죄이셔도 ᄃᆡ바람 ᄂᆡ지말라 제쥬을 정케쓰고 제편을 정케괴와 정신을 ᄎᆞ려가며 ᄎᆞ례를 잇지마라 등촉을 ᄡᅳ지말고 옷ᄭᅳᆫ을 푸지말고 달울기를 고ᄃᆡᄒᆞ야 고즉히 안ᄌᆞ싸가 힝ᄉᆞ를 일즉ᄒᆞ고 음복을 논흘적에 음복을 고로논와 원망업시 ᄒᆞ여셔라 ('봉제사'항목)

인용한 봉제사 항목에 나오는 '아ᄒᆡ들'처럼 '아ᄒᆡ'는 아직 철모르는 존재이기도 하다. 이런 맥락에서 '아희'의 중의적 의미를 주목한다면, 〈계녀가〉에서 '아희야'로 칭하는 것은 아이들의 순진무구함과 배움없음을 떠올릴 때 이 작품의 청자(혹은, 독자)가 그만큼 교화의 대상이 됨을 의미하는 것임을 알 수 있다. 이어지는 항목에서는 집안의 종들을 무리 없이 잘 다스리라는 조언을 구체화하고 있다.[96]

또한 "집안을 ᄌᆞ로 쓰러/ 문지를 안게 말라"라며 가정의 소소한 살

96) - 노비ᄂᆞᆫ 슈족이라 슈족업시 어이사랴 … ᄭᅮ지져도 악언말고 ᄆᆡ치나마 과장마라 명분을 엄케ᄒᆞ야 ᄀᆡ슈를 일치마라 졔ᄯᆡ에 옷입히고 ᄇᆡ고푸게 ᄒᆞ지마라 나만흔 종이거든 언어를 ᄉᆞᆷ가ᄒᆞ고 나어린 종이거든 ᄌᆞ식갓치 길러ᄂᆡ여 ᄉᆞᄉᆞ히 귀이ᄒᆞ면 심복이 되ᄂᆞ니라 …

림살이 법도를 일러주며, 치산의 의무에 대해서도 "곡식이 만흐나마/ 입치레 하지말고/ 헌 의복 기워 입고/ 잡 음식 먹어서라"라는 식으로 상당히 구체적으로 제시한다.

나들이를 할 때조차도 보다 세부적인 사항을 예시하여 규범을 익히게 하는데,[97] 이러한 부덕의 강조는 '남자는 내 가문의 명예를 드높이기 위해 배워야 하고 여자는 시집살이를 잘 하기 위해 배워야 한다'는 식으로 설정된 당대 여성 교육의 목표와도 부합하는 것이다.

특히, '~하라' 혹은 '~하지 마라' 식으로 반복되는 종결어미의 사용은 가르치고 훈계하려는 의도에서 창작된 〈계녀가〉의 원래 목적을 분명히 상기시킨다. 돈호법의 활용과 연결하여 부덕의 함양이라는 여성교육의 실천을 실현하려는 교육적 의도를 매우 분명하게 보여주는 지점이 되기 때문이다.

〈화전가〉의 경우에도 "어와 우리 동류들아" 식의 돈호형 화법이 서두에서부터 반복적으로 나온다. 화전놀음이라는 공동의 활동을 도모하는 배경을 전제로 한다는 점에서 돈호의 대상이 보다 다양하게 드러나고 있다. 이를 도식화하여 정리하면 다음과 같다.

| | 작품 인용 | 부류 | 돈호의 목적 |
|---|---|---|---|
| A | 어와 우리동유들아 규중심처 우리동류<br>상하촌 동류들아 … 들어보소 | 동류 | 공감대 형성 |
| B | 무심하신 남자들아 … 우리말씀 들어보소 | 남자 | 비교의식의 표출 |

97) - 이웃제 왕ᄂᆡᄒᆞᆯ제 무름업시 가지말고 급ᄒᆞᆫ일 아니거든 밤으로 왕ᄂᆡ말라 남의집에 가거들랑 더욱조심 ᄒᆞ여서라 우슴을 과이ᄒᆞ여 잇ᄲᅮ리가 나게말며 옷깃을 벌게ᄒᆞ며 속옷슬 나게말며 남의말 젼치말고 남무임ᄂᆡ ᄂᆡ지말라 부귀를 흠션말고 음식을 층ᄒᆞ말고 양반을 고ᄒᆞ말고 인물공논 ᄒᆞ지마라 …

| C | 슬피우는 저두견아 너는무슨 소회인가<br>네아무리 … 들어보자 | 자연물 | 감정이입의 대상 |
|---|---|---|---|
| | 꽃아꽃아 붉은꽃아 낙화분분 하지마라 … | | |
| | 손에낀 옥지환아 너와같이 변치말자 … | 사물 | |
| | 머리꽂인 금봉채야 너와같이 늙지말자 … | | |

A유형에서는 동류들을 부르기는 하되, '우리동유'들의 범주가 '규중심처'의 '상하촌'으로 설정되면서 공감대를 형성하려는 의지가 강조되고 있다. B유형에서는 남자들을 대상으로 신세한탄을 하기도 한다.

경우에 따라서는 C유형에서처럼 감정이입의 대상으로 두견을 부른다거나, 꽃이나 옥지환, 금봉채와 같이 사물이나 자연물을 돈호하는 양상도 매우 빈번하게 나타나고 있다.

그런 의미에서 〈화전가〉의 경우에는 돈호의 대상이 단지 시적 장치로만 그치는 게 아니라는 점을 주목하는 것이 중요하다. 〈화전가〉는 창작 향수 관련 자료가 비교적 풍부하게 수집되어 있는데, 이들 연구성과를 참고하면 〈화전가〉라는 텍스트가 〈화전가〉의 향수 상황과 맞물려 여타의 작품군에서와는 다르게 보다 입체적이며 다양한 특성을 보이고 있는 만큼 문면에 제시된 돈호의 대상들은 경우에 따라서는 실제적 청자(혹은, 독자)와 연맥되는 지점이 발생하고 있음을 살필 수 있다.

다음으로 살필 작품은 〈사친가(월령형)〉의 경우로, 전고인용이 큰 비중을 차지하다 보니 중심부에 서술된 내용이 곧바로 사친지정의 표출로 연결되지는 않는다는 점에서 사친지정의 감정적 표출을 직접적으로 전달하기에는 아무래도 겉돌 수밖에 없다는 단점을 지닌다.

이를 극복하기 위한 대안으로 제시되는 것이 바로 호소형의 표현방식을 지향하고 있다는 점이다. 〈사친가(월령형)〉은 서사에서부터 "正月이라 十五日에 玩月하는 少年들아 凶豊도 보려니와 父母孝養 생각세라"라며 '청춘소년들'을 직접 호명함으로써 돈호형 서두를 활용하여 청자 설정을 분명히 하는 양상이 확인된다. 돈호법을 사용한 호소형의 표현방식이 앞서 지적한 단점을 극복하는 훌륭한 장치가 될 수 있기 때문이다.

서사에서 제시되는 돈호형의 어법은 매월마다 반복되는, 부모의 부재로 이 좋은 절기를 부모와 공유하지 못하는 안타까움을 누군가에게라도 호소할 수밖에 없는 정황을 적절히 살려낸 것이라 할 수 있다. 그리고 이러한 '누군가'가 바로 〈사친가(월령형)〉의 청자(혹은, 독자) 범위가 된다.

특히 여느 월령보다 길어지는 경우에는 전고를 인용하는 비중 역시 커지고 있지만, 그것에 역시 비례하여 '백구야'[98]나 '벗님네야'[99]와 같은 식의 돈호법이 사용되면서 감정의 호소력을 한층 강화하고 있다.

여기에 '슬프다 우리인생 · 슬프도다 우리부모 · 슬프도다 세월이여' 등과 같이 호소력이 짙은 표현까지도 변주되어, 작품 전체적으로 정서적 고양이 강하게 이루어지고 있다. 이 부분에서 역시 '누군가'를 대상으로 한 호소의 심정이 더욱 강화되고 있기 때문이다.

이러한 호소형의 어법을 결사에서는 "부모봉양 힘을쓰고 부대부대 명심하오…"라는 청유형의 표현으로 이어받음으로써 구성상으로도 안정감을 더하고 있으며, 이를 통해 근원적으로 해결되지 않을 그리운 마음을 적절히 토로하는 것이 가능해지고 있다. 곧, 서사와 결사 부분

---

98) - 五月이라 端午日에 … 백구야 나지마라 너자블 내아니라 일신이 한가키로 너와노자 차잣노라 나물먹고 물마시고 팔을베고 누엇스니 대장부 살림살이 이아니 넉넉한가 일촌간장 매친서름 부모생각 뿐이로다 … 슬프다 우리부모 鞦韆節을 모르시나 그달을 허송하고 …

99) - 六月이라 유두일에 … 江山風景 매양보니 風月이나 하야보자 吟風緩步 夕陽天에 村閭로 도라오니 淸風은 徐來하고 明月은 滿庭이라 江山風景 이러하니 금지할이 뉘잇스리 어화 벗님네야 빈천을 한치마라 이러틋 노닐적에 슬프도다 우리부모 流頭節을 모르시나 그달그믐 다지내고 …

의 구성적 합치성이 주는 애상적 분위기가 '사친' 주제의 형상화에 한몫하고 있다는 점을 〈사친가(월령형)〉의 특징적 면모로 주목할 필요가 있다.

이렇게 〈사친가(월령형)〉은 출가외인으로서의 사친지정 표출에 집중한다기보다는 직접적으로 와닿는 "思親之日 不多하니"에서 촉발되는 상황의 절박함을 기본 전제로 한다. 곧, 매월마다 표출되는 이야기들이 그저 달마다 기념해야 할 절기별 행사여서가 아니라 이를 계기로 촉발된 '사친지정'과 '부모(생전) 극진봉양'이라는 주제의식을 강화하는 쪽으로 부각되고 있다.

그런 점에서 이러한 사친지정의 사무침은 '여자유행'의 처지를 넘어 자식된 입장이라면 '누구에게나' '남녀를 불문하고' 공통적인 사항이 된다. 서두에서부터 말미에 이르기까지 여자신세의 한탄은 상대적으로 줄어들고 전체적으로 애상조가 되어버린 것은 이러한 정황을 반영하는 것이며,[100] 결과적으로 〈사친가(자탄형)〉과는 동일제목임에도 전혀 다른 작품이라 볼 수 있을 것이다.

2.

다음으로 살필 작업은 지칭(또는, 호칭)의 세분화 양상에 대한 것이다. 앞선 장에서 살핀 바와 같이 작품이 선조화되면 '청자' 지표 역시 발달하게 되며, 이를 통해 독자와의 관계성을 유지하는 구체적인 방식을 살필 수 있을 것이라 기대한다.

---

100) 류종목은 〈달거리〉는 임이나 부모에 대한 그리움을 독창, 음영조로 읊은 것이기 때문에 듣는 이로 하여금 애틋함을 느끼게 하는 묘미를 지니고 있으며, 이러한 노래들 가운데 세시풍속을 잘 묘사하고 있는 요사들도 있어 민속적 이해의 자료가 되는 것도 있다고 지적한 바 있다. 류종목, 『한국민요의 현상과 재조명』(민속원, 2006), 251-254면.

예를 들어, 〈석별가〉의 경우 여자의 일생 중 가장 짧은 시간대를 다루고 있음에도 지칭의 변이상이 여느 작품에서보다 다양하게 이루어지고 있는데, 이를 통해 '여자됨'의 현실을 인식하는 양상이 보다 분명히 제시하고 있기 때문이다. 그래서 작품에서 다루는 시간의 범주는 짧아도 지칭(또는, 호칭)의 변이를 통해 여자의 일생 전체를 아우르는 힘을 발휘하게 된다.

먼저, 서사 부분에서 '신행갈 동무들아/아희들아'와 같은 지칭을 통해 '신행'이라는 경험이 개인의 특별한 단독 체험이라기보다는 일반화될 수 있는 것임을 알려주어, 신행의 경험을 처녀들과 공유하는 효과를 가져오고 있다.

이러한 공감의 여지는 청자에게 청유하거나 훈계하기 쉬운 구조를 취할 수 있게 하여, 경험하지 못한 세계에 대한 선지식의 습득 혹은 교훈의 주입에 일조할 수 있게 된다.

〈석별가〉의 향수상황이 '나'의 이야기를 털어놓는 것에서 '너'에게 이야기하는 식으로 바뀌는 과정 또한 흥미롭게 읽히는 부분이다.

- 신ᄒᆡᆼ날 바다오면 너이마암 엇젤손야 … 동유친척 다모여서 작별들 ᄒᆞ로른이 그지야 ᄃᆡ경하여 ᄂᆡ어ᄃᆡ로 가ᄌᆞᆫ말고 … 이말삼 드른후ᄋᆡ ᄂᆡ마음 엇덜손고 … 가련ᄒᆞ고 불ᄉᆞᆼᄒᆞᄃᆞ 우리마음 이럴진ᄃᆡ 너ᄒᆡ소견 엇젤소냐 … 어ᄆᆡ난 셩약ᄒᆞ여 나를위로 하난마리 슬허말고 서러마ᄅᆞ … 이말ᄉᆞᆷ 드른후의 ᄂᆡ마음 엇덜손고 나의심신 분분ᄒᆞ여 촌보를 엇지띠리 ᄂᆡ심신을 정치못히 눈물로 ᄒᆞ는마리 …101)

- 너이워ᄃᆡ 가ᄌᆞᆫ말고 … 너의어ᄃᆡ 갈련난요 … 소문이ᄂᆞ 드려반나 평ᄉᆞᆼ의 못보든집 ᄇᆡᆨ연이ᄂᆞ 잇ᄌᆞᆫ말가 여ᄌᆞ유ᄒᆡᆼ 가련ᄒᆞ고 불ᄉᆞᆼᄒᆞ

---

101) 〈석별가라〉(이정옥 편, 『영남내방가사 1권』)

다 우리마음 이를진ᄃᆡ 너의마음 엇들는고 …[102]

부분적으로 삽입되는 위와 같은 부분들은 '나' 자신의 이야기를 털어놓는 작품의 서술방식에서 이탈하여, 신행시 석별의 아픔을 겪었던 과거의 '나'와 분리되어 이미 성인이 된 기혼여성의 입장에서 신행을 맞는 어린 처녀들인 '너'를 상대하는 어법의 노출이라 할 수 있다. 그래서 서사에서 제시된 '동무들아'의 표현에서 예상되었던 청자의 범위는 변경되게 된다.

이는 청자의 범위를 조정하여 지칭을 세분화하면서 신행갈 처녀들인 '동무들'에게 하는 이야기가 아니라 이미 신행을 마친 선배여성의 입장에서 청자로 설정된 후배처녀들에게 이야기를 전하는 입장으로 바뀌고 있기 때문이다.

그리고 지칭 변이를 통해 작품의 내용에 대해 공감할 여지는 훨씬 커지고 다양하게 되었다. 무엇보다 이러한 공감의 여지는 청자에게 청유하거나 훈계하기 쉬운 구조를 취할 수 있게 하여 경험하지 못한 세계에 대한 선지식의 습득 혹은 교훈의 주입에 일조할 수 있게 된다.

특히 자신의 신행 경험을 서사하는 과정을 통해 어머니가 딸에게 했던 것과 마찬가지로 어린 처녀들을 철들게 하는 모델링의 역할을 아우르게 된다.[103] 이는 〈석별가〉의 처녀들이 성인 여성에게 요구되는 규

---

102) 〈1220번) 석별가라〉(임기중 편, 『역대가사문학전집 25권』)

103) - ᄉᆡᆼ시ᄋᆡ 잇든마암 잘걸ᄋᆡ 현몽한다 너ᄂᆡ셔로 써날적ᄋᆡ 몬이저 하난거동 아참ᄋᆡ 이러난이 안전ᄋᆡ 버려잇고 나도쏘한 ᄋᆡ석하다 장ᄂᆡ도록 안이잇ᄌᆞ 집푼정담 이별석ᄋᆡ 글두어귀 지여 너을 준이 너ᄋᆡ시가 이슬씨ᄀᆡ 친정ᄉᆡᆼ각 간절하고 동유들 기려울ᄊᆡᆨ 가사 ᄂᆡ여노코 ᄌᆡ삼차 일너보면 동유서로 ᄃᆡ히안자 정담하난 긔상이라 평ᄉᆡᆼ이 다가도록 부ᄃᆡ부ᄃᆡ 잇지마오 이거 좀시러우나 마암의 잇서 지은거시라 너히만일 ᄉᆡᆼ각거든 이글을 ᄉᆡᆨ처 잇지마소 … (〈1221번) 석별가라〉(임기중 편, 『역대가사문학전집 25권』), 〈석별가라〉(이정옥 편, 『영남내방가사 1권』)

범을 스스로 수용하고 자책하며 적응해가는 과정을 보여줌과 동시에 화자가 주어진 현실의 규범에 맞추어 자신을 다스리며 철들어가고 있음을 보여주는 것이라 할 수 있다.

흥미로운 지칭 변이의 양상은 〈석별가〉에 등장하는 남성들의 경우를 통해서도 드러난다.

> - 남ᄌᆞ 비록 무심ᄒᆞᄂᆞ 이말ᄉᆞᆷ 듯ᄌᆞ온후 ᄌᆞᆷ시ᄂᆞ 이즐손야 져언니[104] ᄒᆞ난마리 ᄌᆞᆯ가거라 ᄌᆞᆯ가거라 부디가셔 ᄌᆞᆯ잇거라 어렵고 어려우리 싀ᄃᆡᆨ살이 어려우리 죠ᄉᆞᆶᄒᆞ고 됴심ᄒᆞ게 종ᄂᆡ도록 조심ᄒᆞ게 말도만코 흉도만ᄂᆡ ᄉᆞ판을 늣게ᄒᆞ면 싀부모 말할긔요 반감을 안니보면 노복이 말할긔요 졉빈을 ᄌᆞᆯ못ᄒᆞ면 손님이 말할긔요 제ᄉᆞ동결 부령ᄒᆞ면 지친이 말할긔요 언어조롱 업시ᄒᆞ면 가ᄌᆞᆼ이 썽ᄂᆡ나니 부ᄃᆡ부ᄃᆡ 조심ᄒᆞ고 너의식힝 고약ᄒᆞ면 친가부모 욕보이고 부모욕ᄲᅮᆫ 아니로다 지친싀령 욕먹나니 구고가ᄌᆞᆼ 셤기로되 ᄂᆞᆫ효슌효 극ᄌᆞᆼ이요 봉제ᄉᆞ 젹변힐젹 졍졀ᄒᆞ기 극ᄌᆞᆼ이요 반감을 보기로되 칠칠ᄒᆞ기 졔일이요 힝동거지 할지ᄅᆞ도 진즁ᄒᆞ기 졔일리ᄅᆞ…[105]

여성이 아닌 남성의 입장에서 발화되는 이야기인 만큼 〈석별가〉의 전체 흐름과는 다소 거리가 있고 생뚱맞아 보이기까지 한데, 중요한 것은 이 부분을 통해 남성 일반의 의견이 깔끔하게 전달되고 있다는 점이다. "남ᄌᆞ 비록 무심ᄒᆞᄂᆞ"라는 표현에서부터 비교적 객관적이고 중립적인 입장에서 남성 일반의 의견을 전달하려는 의지가 보이고 있으나, 이러한 남성의 의견을 경청하는 청자는 바로 '너'이고, 신행을 떠

---

104) 이 작품에서 '언니'라는 표현이 나오는데, 이는 경상도 지방에서 형제를 가리키는 호칭이므로 다른 작품에서와 마찬가지로 일가남성의 발언으로 보는 것이 적절하다.

105) 〈79번) 석별가라〉(권영철, 『규방가사-신변탄식류』)

나는 '처녀'라는 점에서 청자 설정의 범위가 달라지고 있음이 확인된다.

무엇보다 인용한 부분에서 드러나는 남성들의 목소리는 이제껏 처녀 입장에서 석별의 정을 나누는 사람들과 확연히 다르게 나타난다. 이별의 장면에서 가족들은 심지어 노복조차도 처녀의 감정에 동조하고 인사를 주고받고 있었다. 이에 비해 남성들의 발언 내용은 운율적 표현으로 경쾌하게 읽히기는 하지만 그 내용에 있어서는 의무와 경계의 나열로 일관하는 태도를 취하고 있다는 점에서 대조적이다.[106]

조선시대 여성교육의 목적은 여성의 자기실현과 사회참여로의 길을 찾아주기 이전에 가부장제 가족의 유지와 확장에 있다고 할 수 있다. 딸을 시집보내고 며느리를 맞이하는 행위는 가문과 가문의 교환이라 할 수 있다는 점에서 딸이나 며느리는 가부장제 가족이라는 전체구조에서는 동일한 역할수행자로 존재하게 된다.

특히 지칭의 변이를 보다 크게 함에 따라 '너'와 '우리'의 관계 양상은 좀더 분명한 경계선을 긋게 된다. '너'가 교훈경계의 내용을 잘 실천하여 노골적으로 시집살이에 충실할 것을 당부하고 있으며, '너'의 행실이 좋지 못하면 기왕의 친정가족들과도 인연이 끊어지게 될 것임을 경고하며 협박하기까지 하고 있기 때문이다.

---

106) 〈계녀가〉 논의에서뿐만 아니라 〈노처녀가〉 논의에서도 이런 측면을 주목한 바 있다. 공개적 음영 또는 가창적 전달의 효율성을 꾀하기 위해 개념적인 한자어구를 사용하여 내용을 압축적으로 표현하는 한편, 4음보적 율조를 충실하게 유지하는 특징과 일맥상통한다. 내면적 독백의 형식을 취하기에 필사나 독서 과정을 통해 감정적 동화상태를 유지하면서 감상하기 적절한 문체적 특징을 유지하는데, 주정적 정서를 자유로이 표출하는 데 유리한 구어체적인 서술적 문체를 유지한다고 하였다. 박일용, 앞의 글, 91면; 최규수, 「〈홍씨부인계녀사〉에 나타난 자전적 술회의 글쓰기 방식과 의미」, 『규방가사의 작품세계와 미학』 (역락, 2002), 221-238면.

- 너의심ᄒᆡᆼ 고약ᄒᆞ면 친가부모 욕머기고 부모욕분 안이로다 지친그진 욕먹ᄂᆞ니 … 아무ᄃᆡᆨ 아무ᄃᆡᆨ이 현쳘ᄒᆞ고 슌직ᄒᆞ다 친가견문넉넉드러 ᄇᆡᆨ사가 소문나셔 우의귀의 들이기을 평ᄉᆡᆼ의 지원일다 너히소문 고약ᄒᆞ면 지친도 안이착고 부모도 ᄇᆡᆨ면한ᄃᆞ 안찬넌다 슬려말고 마무려나 조현소문 우의귀의 들이오면 지친도 차자가고 부모도□ □려라 징기ᄒᆞ고 조심하라 …[107]

이러한 양상을 통해볼 때 남성들이 처녀의 재교육에 책임감이 크며, 이때의 책임감은 오로지 가문의 영광에 포커스가 있을 뿐임을 충분히 알 수 있다. 현실성을 강화하여 출가외인으로서의 책임감을 강조한다는 점에서 남성들의 목소리가 커질 수밖에 없는데, 〈석별가〉에서 "엄부본래 대범하사 한 말씀도 아니시고"와 같이 아버지의 목소리가 실종되고 마는 것도 이 때문이다.

그리고 이러한 태도는 가족 속에서 묵묵히 봉사하고 그러면서도 자기를 주장하지 않는 전통적인 여성상을 환기시키는데, 조선시대 여성의 교육이 가족을 운영하고 질서를 유지하는 화합과 관리를 위한 유지의 측면에서 행해졌음과도 맥을 같이하는 부분이다. 여성으로 갖추어야 할 덕성은 여훈서 등에서 가장 중요하게 취급하는 여성교육의 핵심으로 특히 순종과 화목 등을 강조하였는데, 이는 그 어떤 것도 거역하지 않는 온순하고 겸손한 자세야말로 남편과 시부모를 섬기는 역할에 잘 부합하는 것이기 때문이다.[108]

이는 여성을 '딸 · 아내 · 며느리 · 어머니'라는 가족의 일원으로서만 보아온 전통적 여성관을 보여준다는 점[109]에서 〈석별가〉는 자연스럽

107) 〈1866번) 석별가라〉(임기중 편, 『역대가사문학전집 40권』)

108) 이숙인, 「규방여성의 교육문화」, 국제문화재단 편, 『한국의 규방문화』(박이정, 2005), 100-101면.

109) 조성숙, 『어머니라는 이데올로기-어머니의 경험세계와 자아 찾기』(한울아카데미, 2002)의 논의를 참조.

게 '석별'의 주제가 아니라 '계녀'의 주제로 전이될 수밖에 없게 된다.

〈석별가〉의 특징적인 양상은 이렇게 화자의 단독 체험을 동류처녀들과 공유하되 신행 현장의 기억과 필사 시점 사이에 시차를 적용함으로써 기억의 재생이라는 효과를 기도하고 있다는 점에 있다.

이는 규방가사가 여성들만의 향유공간 속에서 성장한 갈래로 규방가사의 생명력 있는 전승에는 작품 내부에 여성들의 공감을 이끌어낼 수 있는 미적 요인들이 있었기에 가능할 것이라는 기왕의 지적을 상기할 때, 상투적인 지칭으로 보았던 청자 설정의 방식도 〈석별가〉의 작품 구성상 특징을 만드는 하나의 지표가 될 수 있음을 보여준다.

3.

다음으로 살필 작품은 〈사친가(자탄형)〉의 경우로, 구체적인 돈호의 양상이 여타의 작품군에서와 비교할 때 현저하게 줄었다는 점을 주목할 필요가 있다. 대개의 작품군에서는 돈호법을 사용하여 구체적인 청자를 지정한 후 그들을 향해 발화하는 식으로 서사를 꾸리고 있는데 반해, 〈사친가(자탄형)〉의 경우에는 돈호의 대상 없이 자신의 신세한탄을 곧바로 털어놓고 있기 때문이다.

> - 가소롭다 가소롭다 여자일신 가소롭다 못할내라 못할내라 부모생각 못할내라 전생에 무삼지로 여자몸 되어나서 부모형제 이별하고 팔년무지 남의집에 이십전을 출가하여 부모동기 다버리고 부모인정 생각하니 태산이 가득하고 항해가 여상터라 …

인용부분에서 보다시피 여느 규방가사에서처럼 여자신세를 한탄하는 '원부모 이형제'라는 기본전제를 가져오고는 있지만, '부모동기 다버리고 이별'해야 하는 자신의 처지를 돌아보고 부모된 입장에서 이렇게 딸을 출가시키는 일이 얼마나 슬프고 괴로울까를 역지사지하는 쪽으로 서사를 열고 있다는 점에서, 여타의 작품군에서 청자를 설정하여 하소연하는 방향을 취하였던 것과는 차별화되고 있다.

그런 점에서 〈사친가(자탄형)〉에서는 돈호형이 없이 '나'의 탄식에 집중하고 있어 표면화된 청자 그룹을 찾기는 어려운데, 단락별로 잠재적 청자의 설정은 가능해진다. 해당부분마다 상황 묘사가 자세하게 이루어지면서 작품단위별 감정 몰입의 정도가 훨씬 심화되고 있기 때문이다.

예를 들어, 성혼 관련 비중을 높이면서 현구례의 절차를 자세히 서술하고 있는 부분을 살펴보자.

| | |
|---|---|
| 져무도록 우든눈물 분손으로 정히하고 … 새정신이 절로난다 정반청의 들어가서 … 찹쌀감주 냉면수를 먹으라고 근구하나 조심많에 못먹을세 | 조심 |
| 선구리든 인물평풍 태평풍을 첩첩이도 둘러치고 늙은이면 젊은이가 이간청의 둘러셔서 내행실만 살펴보니 빠꿈빠꿈 보는눈은 골일받고 얄무하다 공중의 뜨인몸을 하인전의 위지하여 사배례단 드린후의 … 록의홍상 새댁들은 첩첩이 앉았다가 서는모양 눈빠지기 자시보고 젓태까지 돌아보고 눈을깜빡 거리면서 임도뱃삭 근는구나 일모한 할문이나 옆에 불끈 들어낮아 고개을 매툴치고 이목구비 뜯어보면 미나리도 잘보았네 거리도 좋거니와 얼골도 바복하다 … | 인물품평 |
| 의복구경 하려하고 … 가지가지 다들추어 홑옷의 까끔질과 졉옷에 상침질과 핫옷에 발림솔을 길이도 땡기보고 가로도 빌시보면 도련도 곱게하고 깃달이도 이상하다 집에까지 눈을주면 입소리을 오모리면 쌍긋쌍긋 웃는구나 … | 의복구경 |

인용부분에서 보다시피 이 과정에서 구체적으로 거명되지는 않았지만, 누구라도 자세히 묘사된 '나'의 입장에 심정적으로 몰입하게 될 수밖에 없다. 화자의 의사와 상관없이 품평을 하는 이러한 폐백 현장에서는 호명된 청자가 없음에도 몰입의 효과가 크게 마련이며, 이는 해당

장면에 대한 경험이 있는 사람이라면[110] 누구라도 잠재적 청자의 역할을 기꺼이 수행하며 화자의 탄식을 들어주게 되는 효과를 갖게 된다.

사친지정의 표출 역시 여자의 일생을 이야기하는 작품들마다에서 반복적으로 제시되는 단골항목일 수 있는데, 다음에서 보다시피 이를 통해 '출가외인'으로 살아야 하는 딸로서의 정체성을 곡진하게 표현하고 있다.

| | |
|---|---|
| ① | 가진단장 고이하고 가메안에 들어가니 어린동생 큰동생은 구석구석 눈물이요 늙은종 젊은종은 목을놓고 설허운다 … 가매안에 들어낮아 옛일을 생각하니 구곡간장 갈발없다 |
| ② | 우리엄마 날길을제 밤이면 한비개요 들어시고 낮이면 한자리의 주옥같이 여기시고 잠시라도 아니잊더니 백리타향 먼먼길에 날보내고 어이할고 … 눈에 삼삼 그려있고 꿈에종종 보이시라 이십년 키운공이 협무고도 가소롭다 |
| ③ | 우리어마 그동보소 가마문을 열고 앉을자리도 편키하고 요강도 만쳐보면 머리함도 만치면서 구곡간장 녹는듯이 할말이야 수도없건마는 경계하야 하는말씀 울지마라 울지마라 울지말고 잘가거라 니야무슨 한이있나 아분님 배행서고 칭칭시하 좋은집에 백양아지 맞아가니 무삼하여 한또있으리 친정은 생각말고 구고시을 잘신기라 구고님 은덕으로 사랑시리 할것이니 방심말라 가장은 하날이라 하날이 하신일을 거역말고 잘신기라 친정생각 자주하면 시가눈치 보이나니 생각말고 어른이 도라올 때 소리하여 울지마라 흉을보고 웃난이라 한님을 하직할 때 잔사담을 하지말라 남의눈에 뜨이나니 두석달이 잠간이라 시월이 잔간가면 근청오면 볼것이라 시댁이 내집이라 친정은 아주잊고 시댁만 생각하라 |
| ④ | 가매하인 재촉하니 발바둥에 가매신고 탄탄대로 나서가니 생각하는 우리집을 일조에 이별하고 생면부지 남의집을 내집같이 가는구나 … 산천도 눈의설고 사람도 낯이설다 … |

110) "근친 전에는 처음 신행 간 날은 큰절하고 그 이튿날꺼짐 큰절하고 사흘만엔 집절, 저녁에 나가앉아 실컷 이야기하다 나올 때 뒤우로 걸어나옴서 문앞에 와서 그래, 평안히 지무시라꼬 절해. 아침엔 드갈 적에 평안히 지무셨느냐꼬 절하고. 근친 전에는 그랬어. 석달 동안 절하고 갔다와서 또 절하고. 근친을 계유년 섣달 열여드렛날 갔어." 성춘식 구술/신경란 편집, 『이부자리 피이놓고 암만 바래도 안 와』(뿌리깊은나무, 1990), 62면.

화자는 석별의 광경을 묘사하며 슬픔을 토로하고(①의 부분), 친정 모친과의 이별에 더욱 서러워하며 모친과의 추억을 회상하고 있다(②의 부분). 이러한 흐름에서 특이한 지점 중 하나는 ③의 부분에서 드러나는 친정모친의 발언에 있다. ①과 ②의 부분에서 보인 '나'의 감정 몰입 상태에서 벗어나 '너'라는 지칭을 내세우면서, 이러한 지칭 변이를 통해 모녀지간의 대화 장면을 그대로 옮겨놓고 있기 때문이다.

인용부분은 〈사친가(자탄형)〉의 이본마다 빠짐없이 나타나는데, 표현의 가감은 있을지언정 '너'를 호명하며 교훈경계를 직설적으로 전하는 어머니의 발언에서 '출가외인'의 이념 전달은 보다 분명해지고 있다. 곧, "아버지가 배행 서고 층층시하 좋은 가문의 낭군을 맞아가는 여자에게 무슨 근심이 있을까" 하는 이야기는 어머니이기 이전에 현실의 논리를 체화한 성인여성으로서의 논리이며, 어머니와 한 몸처럼 지내던 시절을 회상하는 처녀에게 (그 속내가 어떻건 간에) "이제부터는 시댁이 네 집이니 이제 친정 생각을 아주 말라"라고 말하는 어머니의 이야기는 이제야말로 처녀가 성인으로 거듭나 출가외인이 되어 확실히 살아가야 할 것임을 보여주는 것이기 때문이다.

하지만, 이어지는 ④의 부분을 보면 '우리집'이 아닌 '남의집'을 '내집같이' 가야 하는 화자의 신행길에서 작품의 중심은 여전히 '나'의 감정에 충실한 것에 있음이 드러난다. "산천도 눈의설고 사람도 낯이설다"라는 말에서처럼 '출가외인'으로 살아가야 하는 '딸자식'의 정체성을 재확인하는 과정에서는 '사친지정'을 표출하려는 의지 역시 더욱 사무치게 커질 수밖에 없을 것이다.

이렇게 감정 몰입의 정도에 따라 돈호법을 쓰지 않고도 청자를 세분화하는 양상은 〈사친가(자탄형)〉의 결사 부분에서 더욱 도드라진다. 앞서 지적한 대로 〈사친가(자탄형)〉은 결사 부분이 다소 장황해진 편이었는데, 다음의 인용부분에서 보다시피 '불버워라, 원이로다, 가소롭다, 한이로다, 허사로다, 절통하다'와 같은 다양한 감정적 표현들이 율조를 맞춘 듯 반복적으로 서술되고 있는데, 이를 통해 여자신세의 애환과 사친지정의 표출이 보다 장황해지고 있다.

> - 가소롭다 가소롭다 생각하니 새걱정이 절로난다 구고가진 신부여가 친정있기 오랠손가 오나가나 생각하니 여자유행 가소롭다
> 불버워라 불버워라 남자일신 불버워라 젊고늙고 일평생을 부모슬하 모시다가 우리도 남자되어 남과같이 하여볼고 일평생을 부모슬하 불워라 것을 로래자의 효성같이 … 부모영화 하여보세 … 가난튼지 유천튼지 양친밖에 또있는가 원이로다 원이로다 지금죽어 환생하여 남자몸 되어나서 부모봉양 원이로다 가소롭다 가소롭다 지금죽기 원이로다 한이로다 한이로다
> 허사로다 허사로다 부모공덕 허사로다 우리같흔 불초여식 백리밖에 보내두고 자정을 생각하여 비가오나 눈이오나 잊을날이 있을소냐 동지섣달 치운날은 밤이면 치울시라 오륙월 더운날은 땀이나 흘리는가 질삼방적 시집살이 낮이든가 밤이든가 천대 방가의 행신범백 빠지는가 칭칭시하 가집집에 호성없다 끄짖는가 시매시숙 가진집이 우애 나빠지는가 남존여비 들인집에 인사나 빠지는가 선관같은 우리사위 아내나 생각는가
> 절통하다 부녀일신 만가지로 생각하니 절통하기 측양없다 부모은공 다뜬지고 인정허비 뿐이로다 같이크든 종잠들과 동기골육 … 동서남북 출가하여 타향살이 되었으니 남자같이 갈 수 없고 상객같이 갈 수 없고 저올제 내가오고 내올제 지가가니 이전같이 모여앉아 즐기볼수 전여없다 제측은들 내가알면 내죽은들 지가알가 전편의 부친편지 히답이나 진작올가
> 축수하내 축수하내 백발쌍친 우리부모 일편가사 지여내여 명산에 기록하여 보고보고 다시본들 부모생각 위로할가 무심한 여자들아 부모생각 없나그선 사람이라 하오리

중요한 것은 과도한 감정 노출이 일어나면서 다양한 지칭 변이 역시 아울러 이루어지고 있으며, 이 과정에서 지칭의 변이를 수반한 청자 설정의 범위가 다양해지고 있다는 점이다. 앞선 부분들에서 감정이입이 충분히 이루어진 상태라 지칭(또는, 호칭)의 양상이 다양해지면서 여러 청자를 상대로 한 화자의 감정 노출이 거의 폭발적으로 이루어지고 있기 때문이다.

〈사친가(자탄형)〉에 드러난 이러한 양상은 〈여자자탄가〉와 비교하여 정리하는 것이 보다 효율적이다.

> - 가소롭다 여자들아 이ᄂᆡ말씀 드러보라 여자된 한탄이야 소회일반 아니온가 세상에 나온사람 일ᄉᆡᆼ사 잇거마ᄂᆞᆫ 이사람의 나온이런 드옥 한심하다 하날임개 명을밧고 부모허륙바다 십삭을 ᄎᆡ운후의 이ᄉᆡ상 나올적의 괏치안언 여자로다 아들되기 원한부모 오작섭섭 하올실싸 …

"(어와세상) 부인드라/여자들"에게 '여자로 태어남이 재능 없고 한심하며 아들을 원하는 부모에게조차 섭섭한 일'이라 말하는 식으로 서술되고 있어, 구체적인 청자로 '세상여자들/부인들'을 설정하고 있음을 알 수 있다. 따라서 이때의 여자신세 한탄은 오히려 남녀차별적 현실을 원망하는 분위기로 연결되는 경향이 커질 수밖에 없다.

〈여자자탄가〉에서는 "어와세상 부인드라/여자들아"와 같이 청자 설정을 분명히 하여, '여자로 태어남이 재능 없고 한심하며 아들을 원하는 부모에게조차 섭섭한 일'이라는 식으로 구체적인 탄식을 적극적으로 토로하고 있다. 곧, 돈호형 서두를 사용하여 청자(혹은, 독자층)의 설정을 분명하게 나타내면서 여자신세의 애환을 '자탄'하고 있는 셈이다.

남녀차별에 대한 한탄이 커져 벼슬 · 유람 · 놀이에 참여 못함을 원망하고 침선 등의 여공을 익히는 삶에 고달파지는 것도 이런 여자유행의 전제를 수용하면서부터인데, 여자의 일생을 좇아가며 이루어지는 신세한탄의 내용은 주로 '나'의 독백을 통해 전달된다.

> - 연지분을 던져두고 삼일만에 정지들어 … 동지섣달 설한풍에 빨래씻고 물길으면 손시리며 발시리며 오뉴월 더운날에 방아찧고 베짤때면 팔아프고 다리아파 포시라이 자라던 몸이 오늘당해 후회로다 하루삼시 짓는밥을 먹고나면 걱정이라 한해삼철 짓는옷은 떨어지면 근심이라 근심걱정 다제하면 잠시인들 편할손가 …

또한 작품의 목적에 충실하다보니 남자들을 질시하거나 남자들과 비교되는 처지를 불행하게 생각하는 자탄의 심정을 쏟아놓게 되는데, 이는 〈여자자탄가〉에서 성장기를 부모 슬하에서 사랑받고 자란 성장기를 지나 6, 7세가 되면 남녀유별을 인지하고 여공습득에 힘쓰는 성장기의 전환점이 된다.

> - 부모혈육 타고날제 사람마다 섭섭하다 업치고 기발할제 귀염은 일반이다 걸음걷고 말옮길제 앙중키 그지없다 사오세 요육세를 부모앞에 구실이라 …

이렇게 성장기에 이르러서는 여공을 강요하고 훈계를 강조하는 쪽으로 서술방향이 달라져 여자신세의 고단함을 체감하게 되는데, 이러한 과정에서 신세 한탄의 내용은 보다 풍부해지고 자기 혼자 내뱉는 탄식의 정도도 강화되게 마련이다. 〈여자자탄가〉에서는 시집살이의 고난을 서술하며 시부모와 시누이 등을 흉보거나 노동고의 압박과 고통을 토로하고 있는 셈이다.

### 2) 청자지표의 활용이 갖는 의미

앞서 살핀 구성적 차원의 구체적인 전략들은 청자(또는, 독자) 설정의 범위와도 관련 있는 것이다. 예를 들어, 대개의 규방가사에서는 작품의 서두를 '세상여자/동류여성' 등을 부르는 것으로 시작하고 있지만, 이러한 지칭은 작품이 종결될 때까지 일관되게 유지되지는 않는다. 청자(또는, 독자)의 범주가 한 편의 작품 안에서도 달라지고 있음을 쉽게 찾아볼 수 있기 때문이다.

종래의 규방가사 논의에서는 이러한 지칭(혹은, 호칭)의 변이상을 지적하면서 문학성 혹은 창작의식의 결여 정도로 폄하하여 보는 경향이 있어 왔다. 규방가사의 작자들이 특별한 문학적 수련을 받지 않고 규방가사의 창작기법 등이 따로이 존재하지 않는 상황과 연결하여, 규방가사 텍스트를 미숙하거나 즉흥적인 아마추어의 작품이라는 식으로 인식하는 선입견을 양산할 수도 있었다.

하지만 해당 부분의 내용이 어떤 맥락에서 무엇을 목적으로 발화되고 있는가에 따라 청자 설정의 방식과 그에 따른 표현방식 등이 달라지게 된다는 점에서, 하나의 작품에 청자(또는, 독자)를 세분화하는 양상은 의미전략의 차원에서 '의사소통의 욕구 발현', '독자와의 관계성' 등에 관한 분석을 가능케 하는 지점이 될 수 있다.

이에 이 항에서는 이러한 청자 지표의 활용이 갖는 의미를 두 가지로 나누어 살피고자 한다. 그 하나는 개별체험을 공유하려는 의지의 표명에 대한 것이고, 다른 하나는 면대면(面對面)의 관계성을 지향하는 의지의 면모에 대한 것이다.

### (1) 개별체험의 공유 의지

1.

앞선 항에서 지칭 변이를 통해 청자 설정의 세분화가 이루어지는 양상을 살펴보았다. 특히 돈호법의 활용은 독자의 범위를 다단계로 다양하게 부분적으로 넓혀가는 장치로 작용한다. 규방가사는 혼잣말처럼 보이지만 항상 대타적인 면모를 기반으로 하는 의사소통의 범주를 설정한다는 점에서 의사소통의 욕구를 발현하는 적극성으로 해석할 수 있다.

이런 측면에서 관심을 갖게 되는 지점은 개별 체험을 공유하려는 의지가 발산되는 국면에 대한 것이다.

**첫째**, 세대를 아우르는 동류의식의 발현을 확인할 수 있다는 점이다. 〈석별가〉의 경우, 여성들의 공통된 경험으로 신행과 석별이 등장하고 있다는 점에서 호명된 '동무들'은 그 범위를 넘어 세대를 아우르는 동류의식으로 확대되게 된다.

〈석별가〉에서 생이별의 고통을 언급하는 것으로 작품이 시작되는 것은 여자라면 누구에게나 필수적인 신행과 석별의 경험을 환기시키는데, 생이별의 고통에 대한 직면은 그 요인이 남녀소처(男女所處)의 판이함에 있음을 자각하는 실마리가 되기도 한다. 신행을 맞아서야 이제껏 느끼지 못했던 남녀차별적 지점을 비로소 자각하게 되는 것은 석별의 정서를 남녀 차별에 대한 불만의 토로로 옮겨가게 되며, 이러한 상황에서 여성 일반의 유대감이 형성될 수 있기 때문이다.

세대를 아우르는 동류의식이 발현되는 양상은 〈사친가(자탄형)〉의 경우에서도 확인된다. 〈사친가(자탄형)〉에서는 특히 여자신세 한탄의 내용을 단순히 반복하지 않고 이로 인해 야기된 '결핍'의 괴로움에 맞추어 신세한탄의 내용을 보다 풍부하게 구체화시키고 있었다.

특히 '구고가진 신부녀'라 하여 자기 객관화를 시도하는 부분은 그 단서가 '여자유행'이라는 말에 있음을 주목할 때 '나(혼자)'가 아니라 여성 일반으로 자신의 문제를 볼 수 있게 되었음을 알려주는 지표라 할 수 있다.

〈사친가(자탄형)〉에서는 이렇게 '원부모 이형제'의 애환을 보다 세분화하여 부모봉양이 가능한 남자들의 입장에 대한 선망을 나타내고 있는데, '나'라는 지칭 대신 "우리도 남자되어 남과같이 하여볼고"라 하여 여성 공동체로서의 '우리'라 지칭하고 있다. "우리같흔 불초여식"이라 하여 나 혼자만의 개인적 문제가 아니라 '딸자식'으로 살아야 하는 출가여성 일반으로 범위를 확장시켜 부모공덕 허사에 대한 안타까움을 나타내고 있다.

그리고 '원부모 이형제'를 해야 하는 처지에 대한 답답함과 고단함을 그려내되 이를 '부녀일신'의 처지로 확대하여 심정적 차원에서 동류의식의 애잔함을 호소하고 있다. "저올제 내가오고 내올제 지가가니"라거나 "제즉은들 내가알면 내죽은들 지가알가"라는 식으로 일상적 표현을 그대로 가져와 지칭의 변이를 도모함으로써 동류들의 입장을 대변하고 있기 때문이다.

**둘째**, '딸 둔 사람 일반'으로 범위를 확대하려는 의지를 읽을 수 있다는 점이다. 이러한 양상을 집중적으로 보여주는 부분이 바로 〈귀녀가〉의 경우이다.

〈귀녀가〉에서 귀녀는 비교의 축이 없이 귀녀 자체만을 오롯이 주목받는 '자식(곧, 아들이나 다름없는 귀한 딸)'으로도 존재하지만, 남녀유별의 이치를 깨우쳐 여자의 도리를 인지하고 실행하는 '딸(곧, 어머니와 마찬가지로 출가외인으로 살아가야 하는 딸)'로도 존재한다.[111]

111) 여성을 딸 · 아내 · 며느리 · 어머니라는 가족의 일원으로서만 보아온 전통적 여성관에 내재한 모성 이데올로기에 대한 분석은 조성숙의 논의를 참

〈귀녀가〉는 딸의 탄생에서부터 기쁨을 토로하고 성장기에 보여준 딸의 모습은 더할 나위 없이 완벽해서 충족된 상황을 전해준다. 예컨대, 돌잡이 풍경에서는 '여중문장(女中文章) · 여공 · 장수(長壽)'에 대한 기대를 서슴없이 털어놓고,[112] 성장기에 이르러서는 재질이 비상하여 '문한(文翰)과 침선'을 두루 잘하는데다 '문화 향수'도 여유로움에 만족해한다.[113]

성혼의 과정에서도 어느 것 하나 빠질 것 없이 다 갖춘 준수한 사위를 맞아들여 호화롭게 혼례를 치르면서 딸 둔 여자만이 느낄 수 있는 기쁨을 자랑하는데, 이런 자족적인 자랑과 재미는 귀녀의 중년 이후에 이르기까지 한결같이 지속된다.

하지만, 중요한 것은 이렇게 완벽할 정도로 자족적인 상황을 그려낸다 해도 여전히 비교의 축은 남자들의 삶에 있다는 점이다. 작품에서는 딸의 일생이 여자의 영귀함을 보여주는 것이고, 팔자좋은 귀녀의 삶이 곧 '수부귀다남자'를 지향하는 '우리의 팔자'가 되는 것이라는 식으로 작품이 전개되고 있기 때문이다.

---

고. 조성숙, 『어머니라는 이데올로기-어머니의 경험세계와 자아 찾기』(한울아카데미, 2002).

112) - 돌잡히자 돌잡히자 … 무엇을 먼저집나 우리아기 어서집소 한손으로 책을잡고 필묵을 또잡으니 여중문장도 자고로 있느니라 인두가위 차차집고 실태를 만져보니 여공도 하려니와 장수할 징조로다 …(〈귀녀가(전집본)〉)

113) - … 백행이 구비한중 문화를 좋이여겨 옛사람의 명백자를 석역하여 아단말가 굴삼려의 이소경과 도처사의 귀거래에서 소동파의 전후적벽 백낙천의 비파행에 춘삼월 호실절과 추구월 삼오야에 쇄옥같은 세성으로 절조있게 외울적에 사중성이 어려있고 봉황이 여의한들 화순하고 청아키야 이에서 더할손가 스스로 동류만나 쌍륙판 내어놓고 사아를 던질적에 소삼준육 비는소리 주옥이 짖치는듯 백옥성 바둑승부 아무리 선경인들 환하고 맑은거동 이에서 더할손가 문화도 하려니와 방적인들 바히말랴 … (〈귀녀가(고대본)〉)

그러므로 〈귀녀가〉의 어머니는 귀녀가 '딸'이어서 좋은 측면을 부각함으로써 이를 통해 '여자'로서의 자긍심을 보다 적극적으로 토로하고 있음을 알 수 있다.

**셋째**, 자식으로서의 효양 의무에 대한 자각을 설파하고 있다는 점이다. 〈사친가(자탄형)〉의 경우에는 출가외인의 정체성을 부각시키되, 자식이라면 남녀 모두에게 공통된 효양의 의무 강조로 일반화시키고 있다. 곧, 자신의 경험을 소상히 밝히면서 서술하는 방식은 개별 체험의 보고에 비중을 두고 있음을 보여주는 셈인데, 후반부에 이르면 이러한 체험을 우리 인간 모두의 것으로 일반화시켜 공감대를 확산하려는 의도가 읽히기 때문이다.

여기에서 연결될 수 있는 부분이 바로 〈사친가〉의 또다른 유형인 월령형의 존재이다. 〈사친가(월령형)〉에서 화자가 '우리부모가 절기마다의 행사를 모르고' 즐기지 못함을 반복적으로 탄식하고 있는 이유는 여자여서 부모를 곁에서 모시지 못하는 처지에서 비롯되는 것으로, 작품에서 화자는 친정부모를 생각하며 '우리부모가 절기마다의 행사를 모르고' 즐기지 못함을 반복적으로 탄식하고 있었다.

하지만, 결사 부분에 이르면 〈사친가(자탄형)〉에서와 마찬가지로 남자라도 언젠가는 부모의 부재로 효양 불가의 상황을 맞게 될 것이기에 부모 생전에 효양을 다할 것을 당부하고 있다. 사친지정의 사무침은 '여자유행'의 처지를 넘어 자식된 입장이라면 남녀를 불문하고 공통적인 사항이 되고 있음을 강조한다.

그런 점에서 여자신세 한탄에서 시작된 '사친지정'의 토로가 이렇게 '사친효양(事親孝養)' 규범을 내면화하는 또다른 계기로 작용한다는 점에서 두 유형의 〈사친가〉는 모두 신변탄식류의 차원을 넘어서는 흥미로운 지점을 갖는 것이 아닐까 생각한다.

### (2) 면대면의 관계성 지향

1.

이번 항에서 살필 작업은 규방가사의 '글하기' 전략에서 텍스트들이 면대면의 관계성을 지향하는 면모를 보인다는 점이다.

대상자료들은 서사 부분에서 돈호형으로 청자층을 호명하는 방식이 일반적이며, 서사에서 돈호되는 청자층은 대개 일반화되는 경향이 있었다. 곧 '아희들아/동류들아' 식으로 일정 부류의 집단을 돈호함으로써 공감 내지 공유가 가능한 그룹으로 설정되기 때문이다.

또한 서사 부분에서 결사 부분까지의 경과성을 볼 때 청자층의 성격 변이가 이루어짐을 알 수 있다. 〈석별가〉에서처럼 감정몰입의 경향이 커짐에 따라 지칭 변이의 양상이 다양해지는 경우도 있었다. 〈사친가(자탄형)〉의 경우에도 독백체로 탄식하는 작품처럼 보이지만, 작품의 문면을 상세히 검토하면 그렇지 않음을 알 수 있었다. 작품단위별로 잠재적 청자가 세분화되면서 감정 교류가 이루어지는 청자층이 다양하게 설정되고 있었기 때문이다.

대상자료들에서는 결사 부분에 이르면 청자층의 성격이 확실히 변모함을 확인할 수 있었다. 서사 부분에 설정된 청자층이 일반화된 집단을 지칭하는 것이었다면, 결사 부분에 이르면 보다 구체화된 청자층으로 조정되고 있기 때문이다.

경우에 따라서는 규방가사 텍스트를 읽는 대상을 지칭하는 것으로 변이되어 독자 개념과 착종되는 양상이 드러나기도 하며, 이를 통해 청자층과 독자층의 접점이 마련되기도 하였다. 돈호형 서두에서 설정한 청자층이 일반화되었던 것과 비교하면 좀더 구체적인 청자층으로 축소되고 조정된 것이라 할 수 있다.

이는 감정교류의 의도 내지 의욕으로 읽히는바 작품단위별로 심정적 몰입이 진행될수록 청자층도 세분화되며 지칭의 변이 역시 다양하게 수반되고 있기 때문이다.

그런데, 글을 읽고 쓰는 독서와 작문 행위는 곧 '문식' 행위이며, 이는 문자언어를 통해 의미를 구성하는 지적(知的) 작용이라 할 수 있다.[114] 문자언어를 통해 이루어지는 '글쓰기'의 의사소통 행위에서는 '말하기'에서와 같은 '화자-청자'의 명확한 설정을 도모하기가 어려울 수밖에 없다. 더욱이 문자언어를 통한 의사소통의 행위에서는 필자와 독자 사이에 배경지식이나 관심사의 차이, 또는 다소간의 문화적 차이 등이 생기게 마련이다. 문자언어에 의한 의사소통의 어려움은 읽기와 쓰기가 이루어지는 이러한 과정적 차이에서 비롯된다.

따라서 규방가사에서 돈호법을 활용하여 청자(혹은, 독자)의 범위를 지정하는 양상은 음성언어를 토대로 이루어지는 말하기의 의사소통 방식을 그대로 활용한 양상이게 된다. 청자 설정을 해야 작품단락에서 설정한 화자와 청자의 관계도 분명해지며, 청자 설정의 세분화에 따라 보다 직접적인 의사소통의 효과를 체감할 수 있게 된다.

이는 시·공간을 공유하며 이루어지는 음성언어의 발화방식이 '잘 아는 사이'의 사람들이 사용하는 의사소통수단으로 전이될 가능성이 보다 농후하기 때문이다. 규방가사에서는 이상의 두 측면이 혼효되면서 대상자료의 텍스트를 분할적으로 구성하는 특징적 국면이 나타나고 있음을 알 수 있다.

앞선 장에서 살핀 바와 같이 작품단락별로 '나-너'의 지칭 변이가 쉽게 이루어지고, 나아가 '우리'라는 표현도 자연스러워지면서 개별체험을 공유하려는 의지의 발산이 가능해지는 것과 같은 맥락이다.

그런 의미에서 청자지표의 다양한 활용은 독자와의 관계성을 효율

114) 노명완, 『문식성 연구』 (박이정, 2002), 35면.

적으로 유지하는 방식이 된다는 점에서 중요하다. 청자 설정의 다양화와 돈호법의 활용 등을 통해 청자(혹은, 독자) 설정의 통일성이나 일관성을 유지하기 어렵게 되었지만, 이것이 오히려 규방가사에서는 작품에 대한 감정이입 내지 몰입이 용이해지는 효과와 맞물리게 되는 것이다. 이를 통해 면대면으로 밀착된 관계를 유지하면서, 관계의 직접성을 표방하며 경험과 정서를 공유하는 효과를 갖게 된다.

2.

다음은 〈석별가〉의 한 대목인데, 앞서 장면화된 시간성에서 심정적 차원의 몰입이 이루어지는 양상의 하나로 거론한 바 있다. 앞선 항에서 지적한바 시간성의 두 축은 시차의 활용을 도모하기 위한 장치가 되는데, 이를 토대로 작품단위별 장면화된 시간성이 형성되면서 이러한 시간대에 집중하여 심정적 차원의 몰입이 이루어지고 있었다.

> - ① 너의셩황 앙ᄎᆞᆨ하면 친가친척 말만하니 두가지로 ᄉᆡᆼ각하야 우리ᄉᆡᆼᄉᆡᆨ 나게하라  요절하나 치하나 닙은 부모욕분 아니라 지친까지 욕며기고  시ᄃᆡᆨ소리 말리만쳐 ᄉᆞ랑을 눗게하며 … 죠심ᄒᆞ고 슌신하라 … 다정다ᄋᆡ 너의마암 명염하야 닛지마라 너의시ᄃᆡᆨ게 도라가셔 구고분 셤길젹의 효순하기 쥬ᄌᆞᆼ이요 … 일후의 바ᄅᆡ기난 우리의 소망은 너의셩ᄒᆡ 유슌하고 현슉하다 쇼문듯기 지월일다 각별유심 ᄎᆞᆷ경한 공경 ᄎᆞᄅᆡ로 ᄉᆡᆼ각하야 여공의 직분을 닐닐니 청염하야 친뵈업시 ᄉᆡᆼ각하라
> ② 별안간 너의마암 심금의력 우난마암 천셩니 귀즉하야 ᄎᆞ근쳐리 어진ᄉᆡᆼ졍 염히 진실한니
> ③ 지공부ᄉᆞᆫ 너ᄒᆡ초학 명염한 마음으로 당부할말 업거마은 닐닐ᄃᆡ 죠심하라 …[115]

115) 〈1220번) 석별가〉. 임기중의 『역대가사문학전집 25권』에 수록된 작품이다.

이 부분을 다시 인용하는 이유는, 텍스트에 표면화된 '너'라는 지칭을 주목할 때 앞서 나온 ①의 부분과 뒤에 나오는 ②와 ③의 부분은 모두 동일하게 '너'라고 지칭되고 있지만 그 실제적인 대상이 엄연히 다른 것으로 파악되기 때문이다. 자기감정에 몰입하면서 텍스트 필사 행위에 감정을 이입한 결과로 드러나게 된 양상이라 할 것이다.

①의 부분에서 지칭되는 '너'는 석별의 현장에서 이루어지는 남매숙질 사이의 대화에 나오는 주인공이 되므로, 신행을 떠나는 작품 속 화자라고 할 수 있다. 그런데 이 부분이 장면화된 시간성을 보여주는 석별의 현장이라는 점에서 '너'라고 지칭되는 사람은 바로 작품을 이끌어 가는 '나'가 되고, 나의 경험을 마치 직접적으로 인용하는 것이게 된다.

반면, ②의 부분에서 지칭되는 '너'는 다소 애매해지면서 필사자인 '나'와 분명히 거리를 두는 존재로 해석되는 게 자연스럽다. 이는 서사에서 설정한 '신행갈 처녀/동무들아'와 같이 신행의 경험을 직면하게 될 초년생에게 위로하듯 전해주는 말처럼 들리기 때문이다. ③의 부분에 이르면, 유경험자의 입장에서 교훈을 내려주고 경계를 당부하는 세대간 수직적 교화의 입장이 보다 분명하게 드러나게 된다.

구성주의 쓰기이론에서는 '필자'가 개별적으로 쓰기를 하는 것이 아니라 의미를 구성하는 과정에 제약을 가하는 언어공동체의 일원으로서 쓰기를 하는 것이라는 입장을 취한다.[116] 그러므로 언어공동체를 분석대상으로 삼게 되는데, 텍스트의 개념을 언어공동체의 담화관습 및 규칙의 집합으로 규정하고 있기 때문이다.

이에 따르면, '필자'라는 존재는 담화공동체의 사회화된 구성원이 되며, '독자'라는 존재는 해석공동체의 사회화된 구성원이 된다. 텍스트를 통한 의미구성능력은 건전한 상식의 계발을 통해 신장되는 것으로

116) 이수진, 『쓰기수업 현상의 이해』 (박이정, 2007), 19면.

설명된다. 건전한 상식의 계발은 언어사용집단으로서의 담화공동체 혹은 학문공동체에 참여함으로써 가능한 것으로 본다.

작문연구의 시야를 개인의 인지과정에서 사회문화적 맥락으로 넓혀서 작문이 사회적으로 지니는 복잡한 의미의 과정을 살펴보기 시작하게 된 것이다. 곧, 쓰기의 방법을 선택하고 쓰기를 해야 하는 이유를 쓰기 행위가 갖고 있는 사회성과 상황성의 맥락에서 찾고 있다. 규방가사에서 독자와의 관계성을 유지하며 의사소통을 이루려는 욕구를 발현하는 것도 이러한 맥락에서 이해할 수 있을 것이다.

## 3. 이형태의 양상과 표현 전략

앞서 살핀 바대로 작품내 단위규모가 달라지고 청자의 범위가 다양해지는 양상을 주목할 때, 표현적 차원에서도 다양한 화자들의 어조가 동원되고 표현방식 또한 다양하게 드러날 수 있다. 규방가사의 작품세계에서 담론 공유를 토대로 어떻게 표현하는가를 주목하기 위함으로, 표현적 차원에서 이형태의 양상을 분석하는 작업은 규방가사의 표현 전략을 추적하는 것으로 연결될 것이다.

이에 다음과 같은 세 가지 양상을 주목하고자 한다. 그 하나는 표현상의 가감변이를 허용하는 양상을 주목하는 것이고, 다른 하나는 오류 혹은 혼용에 대하여 무감각한 양상을 살피는 것이다. 여기에 더하여 율조 조성의 기대치에 대한 양상을 분석하게 될 것이다. 이러한 분석을 통하여 읽고 쓰고 말하고 듣는 상황의 복합성이 작품 창작에 관여하는 국면들을 분석하여, 규방가사의 구성 방식이 기본적으로 폐쇄적이기보다는 개방적인 토대에서 이루어지고 있음을 확인하게 될 것이다.

### 1) 표현상의 가감 변이 허용

1.

앞선 항에서 규방가사는 작품군별로 차이가 있기는 하지만 선조적 구성을 기본틀로 하여 독자와의 관계성이 개방적으로 이루어지고 있음을 지적하였다. 이는 다양하고도 다대한 규방가사의 작품들이 일견 비슷해보이는 인상적 소견과 맞아떨어진다는 점에서 유의미한 고찰이었다. 이에 다음으로 살필 사항은 작품마다의 개별성을 확보하는 장치에 대한 것이다.

동일한 제목의 작품임에도 필사자나 이본에 따라 고유의 존재의의를 갖게 되는 것은 이들 작품이 각자 자기의 체험을 가공하여 가미하고 있음을 의미하는 것이 된다. 이는 규방가사에서 '실체험'을 그대로 표출하는 것이 아니라 어느 정도는 '암기된 지식'을 통해 체험을 가공하는 방식을 보여주고 있다고 판단되기 때문이다. 이 과정에서 작품군마다의 공통요소들이 다양하게 조절되면서 보다 다양한 전형과 변형의 작품 양상을 보여주게 될 것이라 기대한다.

무엇보다 표현 전략에서 이형태의 양상에 대한 고찰은 규방가사의 필사 작업이라는 것이 규방가사의 향수 관례상 주어진 기존의 작품을 단순히 보고 베끼는 데 그치지는 않음을 보여주는 흥미로운 지점과 연결되기에 중요하다.

이런 측면은 기존 논의에서 행한 '전형적/변형적' 작품을 구분하는 작업과 연결되는 것이다. 예를 들어, 권영철은 〈계녀가〉류 규방가사를 검토하면서 700편 중 480편이 13개 항목을 지닌 전형적 작품이라고 밝히면서 〈권본 계녀가〉를 교합해냈고, 변형 계녀가의 경우 제1변형은 13개 항목 중 한두 개 항목이 생략된 경우이며, 제2변형은 체험이 가미된 경우라고 정리한 바 있다.

여성 교훈적인 가사의 주류라 할 〈계녀가〉는 대개 유교적 규범서의 내용을 전형화된 구성 방식에 의거해 전달하는 유형이 대부분이지만, 규범서의 내용을 바탕으로 자신의 구체적인 체험을 통해 훈계하는 유형도 적지 않으며 이렇게 변형의 〈계녀가〉에서는 특정 작가가 딸이나 며느리에게 주는 교훈이기에 구성이 일정하지 않고 내용도 체험에 따라 다양한 것[117]이 특징이기 때문이다. 따라서 작가마다 작품마다 다양하게 드러나는 변형 계녀가의 경우 한 작품마다 개성적인 특징을 분석한 연후에야 변형 계녀가 내에서의 하위 유형 설정이 가능할 것이다.

이러한 상황은 화전놀음이라는 창작상황이 전제로 규정되는 〈화전가〉의 경우에도 마찬가지여서, 공통적인 요소를 뽑아 전형적인 작품을 기준으로 내세워 '전형적인' 작품과 '변형적인' 작품을 구분하고 있는 상황이다.

이상의 고찰을 통해볼 때, 이본마다 자기식으로 필사하여 표현상의 가감변이가 이루어지고 있지만 그렇다고 해서 전형적인 표본작품이라 할 이른바 '정본(定本)'을 그대로 베껴써야 한다는 식의 압박을 느끼지는 않은 것으로 보인다.

이렇게 정본 준수의 압박 없이 표현상의 가감변이를 이루는 양상은 규방가사에서 또다른 표현 전략이 된다. 공동의 텍스트를 기준으로 삼되, 작품 하나마다에서는 필사자 개인의 개별적 특성이 가미되는, 이른바 구술성에 입각한 독창성(originality)을 보여주는 작품들이라 할 수 있다.[118] 곧, 새로운 이야기의 줄거리를 생각해내기보다는 그때그때 창작과 향수의 상황에서 이루어지는 어떤 특별한 교류를 통해 작품 하나마다의 개별적인 고유성이 만들어지는 것이리라 짐작되기 때문이다.

작품군마다 이본의 차원에서 표현의 가감변이가 이루어지고 이것이 바로 규방가사 작품에서 '개별성'이 발휘되는 지점이 되기도 한다. 그래서 규방가사 텍스트는 필사자마다 조금씩 변이의 지점을 보이는 유동적인 텍스트로 존재하게 된다.

규방가사는 작자명이 존재하지 않거나 전해지지 않는 상황이 보편적이지만 필사자가 전해지는 경우는 의외로 적지 않으며, 이렇게 필사

---

117) 성기옥 외, 『한국문학개론』(새문사, 1992), 146-151면.
118) 월터 옹, 『구술문화와 문자문화』(문예출판사, 2009), 152면.

자가 전해진다는 것은 그 자체로 한 작품마다의 고유한 존재가치가 있다는 의미가 될 수 있으리라 생각한다. 이에 대해서는 Ⅲ장에서 '글하기 전략의 근간'을 논하면서 상론하게 될 것이다.

2.

표현 전략의 차원에서 첫 번째로 주목할 양상은 표현상의 가감변이를 자유롭게 허용하는 국면이다. 규방가사 텍스트에서 필사 작업은 필사자의 차원에서 사소하고도 개별적인 변이가 허용되고 있기 때문이다.

따라서 규방가사에서는 정해진 텍스트의 저본에 맞춰 정확한 표기를 목표로 단지 옮겨 적는 소극적 차원이 아니라 필사자 개인의 소장본으로 필사자의 개성과 의도 등이 자유롭게 발휘되는 적극적 차원의 의미를 부여할 수 있게 된다.

예를 들어 〈사친가(자탄형)〉의 경우를 살피면, 다음에서 보는 바와 같이 동일한 작품단락임에도 필사자의 가감첨삭이 보다 자유롭게 이루어지고 있음이 쉽게 드러난다.

| | (1) 〈사친가(경북대본)〉[119] | (2) 〈사친가라(3-2번〉[120] |
|---|---|---|
| ① | 우리어매 나을키워 백리밖에 치와놓고<br>할말도 많거니와 소회도 있건만은 … | 우리어마 나을키워 백리밖에 츌가ᄒᆞ니<br>할말도 ᄒᆞ고 소회도 있건만은 … |
| ② | 분주하여 말씀한번 못하옵고<br>음비듣비 지내가니 신행날이 닥쳤구나 … | 분주하여 즘시라도 여가업셔<br>말씀한번 못하옵고<br>엄병덤병 지내가니 신행날이 닥쳤구나 … |
| ③ | 가진단장 고이하고 가메안에 들어가니<br>어린동생 큰동생은 구석구석 눈물이요<br>늙은종 젊은종은 목을놓고 설허운다 … | 가진단장 고이하고 가메안에 들어가니<br>어린동생 큰동생은 어걱 눈물이요<br>ᄒᆞᄂᆡ비 졀문여비ᄂᆞᆫ 목을놓고 설허운다 … |
| ④ | 우리엄마 날길을제 밤이면 한비개요<br>들어시고 낮이면 한자리의 | 우리부모 날키울적의 밤이면 한비개요<br>들어시고 낮이면 한자리의 |
| ⑤ | 주옥같이 여기시고 잠시라도 아니잊더니<br>백리타향 먼먼길에 날보내고 어이할고 | 슈족갓치 녑기시고 쥬옥갓치 ᄉᆞ랑하여<br>잠시라도 아잇든이 리타향 먼먼길에 날보내고 어이할고 |

| ⑥ | 내만치든 이개그럭 낱낱이 세로내고<br>방안은 빈방이요 내당의있던 화초밭은<br>졸지로 없어지네 … | 내만치든 이개그럭 다설거져 짐실으니<br>방안은 빈방이요 ᄂᆡ단니든 ᄒᆞ초밧틔<br><u>ᄋᆡ지셕지 ᄒᆞ시드니 오족ᄒᆞ라 간즁솟날</u><br>ᄌᆞᆺ최도 없어지네 … |
|---|---|---|

장면마다의 내용들은 이미 화자에게도 매우 익숙한 것일 수밖에 없는 것이, 실제 경험한 바이기도 하고 규방가사의 여러 유형마다에서 반복적으로 나왔던 모티프들이기도 하기 때문이다.

이러한 익숙함 때문인지 밑줄친 부분들에서 보다시피 표현의 사소한 첨삭이 이루어져 길거나 짧아지는 변이의 양상은 〈사친가(자탄형)〉의 거의 모든 이본에 해당된다고 볼 정도로 매우 빈번하게 드러난다.

이러한 양상을 통해 미루어 짐작할 수 있는 바는, 기억과 회상의 방식에 의존하여 작품을 구성하게 되면서 보다 사적인 감정 개입이 가능해지고 있다는 점이다. 특히 ①의 부분에서 "치와놓고"를 "츌가ᄒᆞ니"로 바꾸고, ③의 부분에서 "늙은종 젊은종"을 "ᄒᆞᄂᆡ비 절문여비"로 바꾸는 과정에서는 비록 단어 하나 정도씩에 불과하지만 우리말식 표현이 한자어 표현으로 바뀐 것을 알 수 있다.

경우에 따라서는 필사자가 어느 지역 출신인가에 따라 사소한 방언의 차이가 존재하여 다양한 변이상이 속출하게 되는데, 다음과 같은 식이다. 이는 규방가사 창작시 여성들이 일상생활 속에서 사용하는 온갖 표현양식들을 자연스레 동원하고 있음을 의미한다.[121]

---

119) 작품인용은 경북대본 〈사친가〉로, 이정옥의『내방가사의 향유자 연구』에 실린 7번 작품이다.

120) 작품인용은 〈사친가라〉로, 이정옥의 『영남내방가사자료』 3권에 실린 2번 작품이다.

121) 이런 양상과 연결하여 기왕의 논의에서는 엄격하고 비장한 언어와 발랄하고 해학적인 언어가 동시에 구사되고 있기도 하며, 이를 다시 세부적으로 구분하면 한시구 및 전고의 활용, 민요적 표현의 활용, 서간체 표현의 활

| A | | B | |
|---|---|---|---|
| "구고님 은덕으로 사랑시리" | 은덕 | "구고임에 언득으로 사랑시리" | 언득 |
| "아분님 배행서고" | 아분님 | "아벼임 배행셔고" | 아벼임 |
| "가장은 하날이라<br>하날이 하신일을 거역말고" | 하날<br>거역말고 | "가장은 하늘이라<br>하늘이 하신이을 그여말고" | 하늘<br>그여말고 |

〈석별가〉의 경우에도 이본마다 표현의 가감변이가 이루어지는 양상을 쉽게 찾아볼 수 있다. 특히 노동고의 양상을 그려낸 부분을 보면, 다음에서처럼 보다 다양한 표현을 동원하여 여공을 익히는 과정에서 가해지는 육체적 고통과 심정적 압박을 드러내고 있다.

> - 동지섣달 긴긴밤에 밤새도록 잠못자고 삼사월 긴긴해에 해지도록 일을하나 일도일도 만흘시고 新行前일 하도만타 하느라 하여내도 어대서 소사나고 마음쉬기 어렵도다 발모르고 보선깁고 품모르고 큰옷할제 이리하면 마즈실가 저리하면 마즈실가 저리하면 실수될가 남의성품 내모르고 盛門高眼 恥笑될가 허다한 바느질을 근근히 거진하고 농문을 열고보니 할일도 새로잇네 명주비단 고운가음 누비질을 언제하며 白토黃토 장찬가음 푸새다듬 누가할고 春秋服 누비할제 열손가락 다파이고 冬夏服 다듬할제 두팔이 휘절린다/ 귀찬하고 괴로워라 …

처녀에서 성인으로의 변화 과정에 필연적으로 맞딱뜨리게 되는 숨가쁜 '여공'의 일정은 '마음 쉬기 어렵고, 귀찮고 괴로우며, 쉴 여가가 없어, 언제 실컷 놀 수 있을 것인가'라는 탄식으로 바뀐다. 여성의 경제활동이 허용되지 않은 가부장제 사회에서 여성이 결혼을 하지 않는다는 것은 생존조건 자체를 박탈당하는 것을 의미한다고 할 수 있기에

---

용, 체험적 서사의 삽입 등이 있다.고 지적하기도 하였다. 백순철, 「규방가사의 작품세계와 사회적 성격」(박사학위논문, 고려대, 2001), 30면.

전통사회에서 성인이 된다는 것은 결혼을 전제로 성립하는 것이며,[122] 여성에게 결혼은 가사노동의 주역으로 여공에 대한 압박이 처녀시절에 비할 바 없이 가중화됨을 의미하는 것이기 때문이다.

이본에 따라서는 노동고의 양상을 구체적으로 열거한 위의 인용 부분에 이어 "화월갓탄 고은얼골 수척하고 잔숑하다"와 같이 다소 과장된 표현을 동원하여 노동고의 압박에 대한 불만을 보다 노골적으로 드러내기도 한다.

특히, 어느 것이나 본격화하기에는 미미해 보이는 가운데 불만과 탄식에서 한걸음 더 나아가 자신에게 부과된 노동을 스스로 거부하며 반항하는 데까지 이어지는 다음 부분은 보다 흥미롭게 분석할 만하다.

> - ① 평생이 얼마되리 내시실타 놀고보자 아니하면 그뿐이지 ② 제 바람에 성이나서 울며불며 다니다가 상방에 드러가서 방문을 다 다걸고 이불을 더펴쓰고 적막히 누엇스니 무러도 말이없고 불러도 대답없네 …

'제 바람에 성을 내어 울며불며 다니는' 처녀의 형상은 비록 그 구체성이 떨어지고 묘사가 치밀하지 못한 아쉬움이 크다 해도 이러한 표현을 여타의 작품에서 찾아보기가 쉽지 않다는 점에서 규방가사의 세계에서는 매우 귀한 부분이라 할 수 있다.

이본에 따라서는 ①의 부분이 "어마임 아바임 속절업시 닉스슬타" 식으로 변이되어 부모에 대한 일말의 반항심을 표출하는 식이 되기도 한다. ②의 부분에서는 이본마다 변이의 양상이 보다 다양해져서 "속절업시 닉못하고", "화김의 썽을닉야", "괴춘하다 괴로워라", "괴롭고도

---

122) 박일용, 「노처녀가(1)의 담론 형태와 그 시학적 의미」, 『조선후기 시가와 여성』 (월인, 2005), 104면.

못할니라" 등과 같이 사소하게나마 부연 설명이 덧붙여지면서 표현상의 차이를 드러내고 있다.

어느 경우에나 표현의 기본 줄기는 동일하지만, 중요한 점은 〈석별가〉에 나타난 이러한 표현상의 가감변이 작업이 자신들의 감정을 보다 적극적으로 표출하는 하나의 방편이 되고 있음을 주목하는 일이다.

놀고 싶은 욕구를 참지 못하고 일으킨 화자의 반항이라는 것이 지극히 짧게 서술되었기는 하지만, 이를 통해 자신의 과거를 돌아보고 앞으로의 미래를 구상하는 성찰의 태도를 잠시라도 갖게 됨은 분명하다. 그래서 이어지는 부분을 보면 앞서의 짧은 반항과 대조적으로, 스스로 마음을 추스려 바느질을 하며 오히려 주어진 노동에 순응하게 되는 과정이 이어지게 된다.

이렇게 〈석별가〉에서는 여느 규방가사에서보다 훨씬 더 감정 표현의 양상이 다채롭게 나타나서, 다음에서 보다시피 시가와의 거리가 가깝거나 멀거나 간에 친정을 떠나야 하는 처지는 마찬가지이며, 따라서 '평생 못 본 남의 집에 백년가약 맺어야 하는' 처녀의 현실은 충분히 원망스러울 수밖에 없다.

> - 그렁저렁 나달가서 하로밤 지격이라 동모친척 다모여서 작별을 하려하니 그제야 一警하야 내어대로 가잔말고 父母同氣 三四寸이 느린드시 굳게잇고 諸從同類 노든이는 좌우에 버렷는데 親密恩情 다떼치고 내어대로 가자느냐 가즉하면 同鄕이오 멀리가면 他鄕이라 同鄕이나 他鄕이나 길 떠나기 일반이니 꿈결에나 보앗든가 평생못본 남의집에 백년살기 기약하네 …

이는 신행을 치르는 화자의 처지에서 석별의 슬픔에 보다 집중한 결과로, 이러한 원망은 한번 떠나면 임의로 왕래할 수 없음에 대한 자각이기도 해서 앞서 소박하게나마 결혼에 대해 설레며 기대하였던 것이

부질없음을 깨달은 반증이라 할 수도 있다.

그런데, 이러한 원망은 처녀가 딸로서의 정체성을 제대로 확립하는 계기로 작용하기도 한다. 다음에 인용한 A부분에서 보다시피 '친밀은정(親密恩情)'과 '부모은덕'을 못 갚고 떠나게 되는 자신의 처지를 스스로 비관하며 '나 같은 게 자식인가'라는 자책으로 이어지고 있기 때문이다.

| | |
|---|---|
| A | 어찌할고 어찌하리 부모이별 어찌할고 수십년 기른은덕 무엇으로 갚사오리 嚴父本來 大凡하사 한말슴도 아니시고 慈母는 性弱하야 나를위로 하는말이 슬하마라 서러마라 女子有行 예사로다 조히가서 잘잇거라 내수이 다려오마 너를훌처 보낸후에 앞이비어 어찌할고 이말슴 드를적에 내마음 어쩔손고 五內가 分崩하야 촌촌이 끈허진다 心神을 진정하야 눈물로 하는말이 어마어마 생각마소 <u>저가튼것 자식인가</u> 골몰만 끼쳐주고 효양한번 못하다가 일년이나 반면이나 모녀각각 흐터지니 잘게시오 잘게시오 어매부대 잘게시오 명년봄 꽃피거든 부대수이 다려오소 … |
| B | 소매끝 마주잡고 수이오라 우는거동 차마어이 흐터질고 뜰아래 奴僕들아 두로다 잘잇거라 윈집안 전후면을 다시한번 둘러보고 동무이별 다다르니 <u>어렵고도 애닯도다</u> 언제다시 모여놀고 치마폭 다젖는다 아주메야 형님네야 잘잇다가 수이보자 우리동무 동갑들아 歲時편놋 언제놀리 나 오건든 편놋하자 어느봄에 花煎허리 나오거든 花煎하자 … |

그리고 효양을 실천 못 하는 자신의 처지에 대한 자책은 이본에 따라서는 A의 밑줄친 부분에서 "효힝한번 못하다가 이리훌훌 써나가니 날갓튼ᄀᆡ ᄌᆞ석인가(딸이라고)", "나갓흔니도(날갓탄거슬) 형이라고" 식의 자괴적 표현으로 변주되면서 원망의 정서를 더욱 심화시킨다. 이는 시집살이가 곧 타향살이임을 자각하면서 표출되는 원망의 정서가 이별의 고통과 맞물리면서 자책하는 마음을 키우게 되기 때문이다.

그래서 이본간 변이의 정도가 커질 수밖에 없는데, 딸로서의 책임감을 느끼는 부분이 확대되어 자탄성을 부각시키는 쪽으로 변주되기도 한다.

B의 부분에서 보다시피 "어렵고 ᄋᆡ달ᄒᆞ다", "악연ᄒᆞ고 섭섭ᄒᆞᄃᆞ", "ᄌᆞ인ᄒᆞ야 보기슬타", "가련ᄒᆞ고 불ᄉᆞᆼᄒᆞ다", "ᄋᆡ셕하고 ᄌᆞᄉᆞᆼ하다", "가련하고 자잉하다" 등과 같이 이본마다 다양하게 변주되면서 한탄의 정서가 과도하게 노출되는 것은 이 때문이다.

3.

대상자료를 일람하면 특정한 유형에 국한되지 않고 어느 작품군에서나 쉽게 찾아볼 수 있는 모티프들이 존재한다. 예를 들어, '모친의 계녀교훈, 석별장면의 묘사, 남녀차별(특히 여공)에 대한 한탄, 시집살이의 괴로움, (주로 서사에서 나오는) 여자신세 한탄' 등이 바로 그것이다.

규방가사의 어느 유형에서나 쉽게 찾아볼 수 있는 이러한 공통 요소는 선조적 구성에서 작품마다 삽입되는 단위요소라고도 할 수 있다. 동일한 공통요소라 하더라도 작품군마다 이를 다루는 태도가 다양하게 드러날 수 있다는 점에서, 이들 모티프가 앞뒤 문맥에 따라 어떻게 재조정되는지를 살피는 작업이 필요하다.

이를 위해 〈화전가〉에서 화전놀음을 가기 위해 치장하는 부분을 살펴보자.

| | A[123] | B[124] | C[125] |
|---|---|---|---|
| ① | × | 청춘홍안 좋은얼굴<br>누구누구 모엿든고<br>앞집에 아무형님<br>뒷집에 아무동무<br>동생들 압세우고<br>화전노름 가자서라 | 춘풍삼월 호시절의<br>열친척을 놉사이다<br>불모이종 얼밧심히<br>구름가치 모아드니 |
| ② | 일년일도 노는일이 단장없이 나갈소냐<br>침방에 들어가서 옥석경 앞에두고 | 분단장을 하자더니<br>명월같은 밝은거울 | 연지분이 단장이요 |

| | 본디고운 이내얼굴 분단장을 앉아하니<br>명월같은 밝은거울 동창문을 열고앉자<br>홍안을 상대하여 인물치장 야단일세<br>단장을 어이할꼬 팔자아미 다사리며<br>홍안에 성적분은 매화꽃 뽄을받고<br>붉고붉은 연지분은 목단꽃 닮아있다<br>아주까리 동백기름 머리단장 곱게하여<br>세류동풍 천연하여 청운같이 틀었더라<br>백옥잠 금봉채를 이걸내어 꼽고갈까<br>옥지환 은지환을 이걸내어 끼고갈까 | 분단장을 곱게하고 | |
|---|---|---|---|
| ③ | 화용단장 이얼골에 무엇무엇 입고갈까<br>오동장농 열어놓고 차례차례 내어놓아<br>송화색 줄저고리 이걸내어 입고갈까<br>가야수 겹저고리 이걸내어 입고갈까<br>초록비단 푸른치마 이걸내어 입고갈까<br>왜홍대단 당목치마 이걸내어 입고갈까<br>색색으로 찾아내어 철을따라 입자하니<br>갑사치마 좋건마는 분홍치마 제격일세 | 이논저농 여러놓고<br>색색이도 찾아본이<br>남옥색 겹저고리<br>이걸내여 입고갈가<br>연분홍 비단치마<br>이걸내여 입고갈가 | 녹의홍상 치석이나 |
| ④ | 화용월태 치장후에 무엇을 신고갈까<br>보름세 세금보선 이걸내어 신고갈까<br>당목보선 무명보선 이걸내어 신고갈까<br>보기좋은 삼송보선 이걸내어 신고갈까<br>삼노날 메투리를 이걸내어 신고갈까<br>쌍코백이 꽃당혜를 이걸내어 신고갈까 | 옥양목 겹버선을<br>이걸내여 신고갈가 | × |
| ⑤ | 치장단장 다끝내고 옥석경을 바라보니<br>인간절색 여중군자 천하절색 태도로다<br>돋아오는 반달이오 피어오른 꽃이로다<br>그리저리 차려입고 화전놀음 가자스라<br>… | 단장을 곱게한이<br>돋아나는 반달이요<br>피어나는 꽃이로다<br>이리저리 차려입고<br>화전노름 가자서라<br>… | 홍홍빅빅 온근틱도<br>화원속을 모아드니<br>사람인지 꽃이온지<br>분간할수 어렵도다<br>… |

A의 경우 크게 다섯 개의 단락으로 나누어 분단장과 화용단장에 이어 옷치장과 신발치장에 이르기까지를 자세히 서술하고 있다. 이렇게

123) 〈화전가(전형)〉. 권영철, 『규방가사 1』에 수록된 작품이다.
124) 〈(1) 화전가라〉. 권영철, 『규방가사 1』에 수록된 작품이다.
125) 〈(9) 화전가〉. 권영철, 『규방가사 1』에 수록된 작품이다.

갖은 치장을 다 마친 후 자신의 모습을 보며 "인간절색 여중군자 천하절색 태도로다 돋아오는 반달이오 피어오른 꽃이로다"라고 하는 것은 자기를 칭찬하고 미화하는 표현이지만, 감정이입의 과정이 없기에 다소간 화석화된 표현처럼 메마르게 느껴지기도 한다.

이에 반해 B의 경우는 장황한 서술이 생략되고 간단하게 치장하는 광경을 서술하고 있는데, 밑줄친 부분의 표현이 앞서 거론한 A의 경우와 대동소이하다. C의 경우에는 변이의 정도가 훨씬 커져서, 사람을 꽃에 비유한 의미가 최소한으로만 남아있게 되었다.

결국 이본에 따라 길이의 차이, 표현의 차이 등이 다양하게 드러나고 있음을 확인할 수 있게 된다. 중요한 것은 이러한 부분들이 실상은 전형화된 표현에 불과하여 심정적 차원의 몰입이 없다면 자세하게 서술될 필요가 없어지는 부분이라는 점에 있다.

이렇게 장면화된 시간성을 보이기는 하되 심정적 차원의 몰입이 거의 없이 건조하게 서술되는 양상은 다음의 사례들에서도 쉽게 찾아볼 수 있다.

- 이팔청춘 고운얼굴 누구누고 모였던고 아랫마에 김서방댁 웃마에 박서방댁 뒷집에 큰며느리 앞집에 새며느리 북촌에는 늙은처자 남촌에 작은처자 몸종불러 앞세우고 화전놀음 가자하니 은하수 막여막여 견우직녀 그리다가 칠월칠석 당했던들 이위에 더좋은가 천리타향 먼먼곳에 고인을 만났던들 이보다 반가울까 쾨할할샤 이날이야 즐거울사 오늘이야 기다리던 보람이야 이아침이 황홀하다 앞마을 썩나서서 동네어른 인사하고 삼삼오오 짝을지어 앞에서고 뒤에서서 귀암괴석 찾아가니 그아니 좋은손가 …[126]

흥겨운 광경을 묘사한 듯 율조를 맞추고 있지만, "아랫마에 김서방

126) 〈화전가(전형)〉. 권영철, 『규방가사 1』에 수록된 작품이다.

댁 웃마에 박서방댁 뒷집에 큰며느리 앞집에 새며느리 북촌에는 늙은 처자 남촌에 작은처자"와 같은 표현을 볼 때 참여자들의 면면에 대한 몰입을 배제하고 단지 '누구누구'에 해당되는 대상자를 나열하기만 하였다고 느껴지기 때문이다.

다음에 인용하는 작품에서 역시 이러한 건조한 양상을 느낄 수 있다.

- 산산수수 경조흔데 화전놀음 가자스라 불노초로 술을빚고 무궁화로 적을부쳐 오백으로 고기굽고 송잎따서 송편빚어 구름차일 놉히치고 바람병풍 둘려치고 좌우청왕 병장잡아 노소동낙 놀아보세 사마은공 독낙이사 우리성락 아실손가
  오흡도다 소재들아 어여쁘다 실내들아 삼삼호호 작반하여 일시소창 하옵시다 모야모야 통기하고 아모아모 기별하라 휘풍좌석 용인년에 추파동작 물을길러 수양매월 진귀가라 서왕모 무심필로 왕휘지의 체를받아 화전통문 지어내어 위만일촌 가가호호 그리그리 통기하니 연약할사 우리여자 그뉘라서 마다할가
  화류정정 유실이는 여유간지 명월이라 패윤명당 김실이는 녹수부용 되엿난 듯 진수일장 진실이는 녹수성말 자만지어 동원도리 이실이는 만세춘광 자랑한다 임임총총 임실이는 녹음방초 성하시오 백백홍홍 백실이는 약수중지 연화로다 녹번홍안 도실이는 도지여여 시절이라 사시장춘 장실이는 중추월색 조롱한다 이기당당 권실이는 알지곳지 잘도논다 일동화전 정실이는 어이그리 드디오며 중추월색 고실이는 어데가고 아니오며 월중청향 채실이며 연화장약 정실이는 군자호구 따라가서 오날놀이 빠졋구나 이리저리 모여들제 여치다 미거할뿐 그기차 여러딸네 귀엽지 못하겠네

- 화문석을 내리치고 화전공사 분주하다 연철을 도로놓고 만인적덕 꾸어보자 푸를청자 숲을넣고 붉을홍자 예를입혀 봄춘자로 빚음치고 꽃화자로 간수치자 산신님께 기도할제 집자문자 볼작시면

> 자랑좋은 장실이는 축관으로 지휘하고 다정하다 임실이는 도집사로 지휘하고 눈치빠른 김실이는 도집혜로 지휘하고 분향로의 이실이요 사준의 박실이요 백실이며 도실이는 제관으로 지휘하고 그기차 여러딸래 좌우에 지휘하여 지성으로 고유하고 음식을 분파할제
> 도집혜가 분배하되 봉송없이 먹을손가 불로초로 구은적은 부모님께 봉송하고 무궁화로 구은적은 군자님께 봉송하고 송잎으로 비진떡은 산중처사 봉송하고 두견화로 구은적은 초회방에 봉송하고 오색으로 비진떡은 노소동락 먹어보세
> 어서음식 분파하고 화령으로 유산가자 파좌하고 일어서서 전후좌우 돌아보니 낙동강 정의선은 머주축수 봄을찾고 비조령 나는 새는 화신풍월 자랑한다 학가산 저운봉은 백학이 춤을춘다 화령을 만경하고 문고개 도라드니 숙조는 투림하고 골골마다 연기난다 산위를 얼른지내 지수를 다다르니 강태공은 어데가고 우리동류 뿐이로다
>
> - 오흡도다 여자행적 노든자취 망연하다 청춘가절 단오일에 다시한번 노사이다 이가사를 지은사람 아무라도 비양마소 문필도 부족하고 조회도 부족함에 대강만 기록하니 일휘일휘 결했도다 아모라도 이가사를 위말지어 볼지어다 갑자년 춘삼월에 가사일편 지엇도다 …[127]

이 작품은 고사 인용이나 역대사적을 다루어 설명하는 부분이 많고 고사 인용의 빈도도 잦아서 여느 규방가사와는 그 분위기가 매우 다르다. 무엇보다 장면화된 시간성에서 심정적 몰입이 거의 없어서 규방가사의 글하기 전략에서 '시간성'에 대한 체감의 의미가 중요함을 보여주는 사례라 할 수 있다.

특히 다음 부분에서처럼 길이가 짧더라도 심정적 차원의 몰입이 이

127) 〈4번) 화전가〉. 권영철, 『규방가사 1』에 수록된 작품이다.

루어져 "낙화분분"하는 도리화에게 하소연하는 장면과는 너무도 대조적이라 할 것이다.

> - 창연오월 단오일의 츈전하고 오난길의 명연삼월 봄이되야 동원도리 꼿지거든 언약을 변치말고 화류구경 가즈든이 작연도 허스되고 금연도 그리그리 무정세월 양유파라 춘동강슨 되엿도다 남곽성동 도리화야 낙화분분 지지마라 우리한번 놀기전의 부듸부듸 지지마라 뉘가지고 봄이가면 화전노름 허스된다 금석갓치 하던언약 오릴날 변치마싀 추일피일 하지말고 속히한번 노라보싀 …128)

화전놀음에 대한 기대치가 큰 만큼 '도리화'를 돈호하며 직접 말을 건네듯 "우리한번 놀기전의 부듸부듸 지지마라"라며 당부하고 있는데, 이 짧은 표현속에 "화전노름 허스"될까 걱정하는 마음이 고스란히 전해지고 있다.

앞선 항목의 주목과 병행하여 대개 체험이나 흥미와 관련된 부분들에서 '즉흥성'의 요소가 가미되는 양상을 살피는 것이 필요하다. 규방가사의 창작 및 향수 상황에서 '즉흥성'의 가미라는 것은 '개인성(또는, 개별성)'의 발휘를 의미하는 것으로, 전형적인 작품의 틀에서 탈피할 수 있는 특징적 지점을 보여주는 것이 된다. 고로, 공통요소가 한 작품안에 있으면서 동시에 작품마다 소소하지만 다양하게 달라지는 양상을 보일 수 있게 되는 것이다.

---

128) 〈5번) 화전가라〉. 권영철, 『규방가사 1』에 수록된 작품이다.

### 2) 오류 · 혼용에 대한 무감각

1.

표현 전략의 두 번째 항목으로 오류 또는 혼용에 대해 무감각한 국면을 주목하고자 한다. 일찍이 〈사친가〉를 소개한 고정옥은 〈사친가〉라는 제목으로 전해지는 작품을 두 유형으로 나누어 설명한 바 있다.[129] 그 하나는 여자신세를 한탄하는 것이고 다른 하나는 달마다 있는 절기행사에 맞춰 부모생각에 빠져 그리움을 호소하는 것으로, 더 이상의 논급이 없이 간략하게 언급한 이러한 지적은 앞서 행한 대상자료의 검토 결과와도 궤를 같이하는 국면이다.

그런데, 〈사친가〉의 자료적 실상을 검토하고 보면 기왕의 논의에서 전혀 주목받지 못한 작품들도 존재하고 있음이 드러난다. 이 항에서 다루는 이형태의 작품들이 바로 그것이다. 대상자료를 개관하면 어느 쪽이든 제목만으로는 앞선 장에서 살핀 〈사친가〉일 것이라 짐작되지만 구체적인 자료 검토를 하고 보면 동일제목의 작품군으로 묶기에는 다소 곤란한 것이, 다양한 실상으로 존재하는 이러한 작품들은 앞선 항에서 살핀 작품구성의 기본틀이나 표현방식 등과는 상이하기 때문이다.

가령, 〈회혼경회가 : 사친가〉의 경우는 부모의 회혼일을 맞아 경사스러운 자리를 빛낼 목적으로 창작된 작품이기에 그 구성방식이나 표현을 볼 때 〈회혼가〉의 범주로 분류되어야 하며, 〈사친가(5번)〉[130]의 경우는 제목이 동일함에도 '회심곡'과 같은 유형의 작품으로 판명된다.

서로 다른 두 작품을 〈사친가〉라는 제목으로 이어 붙여 필사하거나, 〈사친가〉라는 제목을 달고 아예 중간부분부터 필사하고 있거나 하는

129) 고정옥, 『가사집 2』(여강출판사, 1991), 13-18면.
130) 권영철, 『규방가사 1』에 수록되어 있는 작품이다.

양상도 드러나고 있다. 또한, 제목은 〈사친가라〉라 붙여져 있으나 그 서두부터가 상이한 다음의 작품은 실상 〈자치가〉와 동일한 작품으로 확인된다.[131)]

- 건곤이 조판하고 만물니 풍셩ᄒᆞ니 심령할사 ᄉᆞ람니요 미련ᄒᆞᆯ사 김셩니라 …[132)]

더욱이 최근세까지도 자탄형의 변이된 자장으로 〈사친가〉를 창작하는 경우를 보기가 어렵지 않은데, 윤형덕이 소개한 〈사친가〉라는 작품 역시 대표례로 주목할 만하다.[133)]

그런 맥락에서 〈사친가〉를 구심점으로 한 변이의 자장 역시 좀더 확대될 필요가 있는데, 간단치 않은 작업이므로 별도의 논의를 통해 상론하게 될 것이다. 이 항에서는 이러한 변이의 자장 중 일부만을 정리하면 다음과 같다.

| 작품명 | 출처(소장처) | 유형 |
|---|---|---|
| 6. 사친가라 | 이정옥, 『영남내방가사』 1권 | 자치가형 |
| 618. 회혼경회가 : 사친가 | 임기중, 『역대가사문학전집』 12권 | 회혼가형 |
| 5. 사친가 | 권영철, 『규방가사 1』 | 회심곡형 |

131) 규방가사권에서 〈자치가〉의 활발한 향수상에 대해서는 다음의 논의성과들을 참고할 수 있다. 육민수, 「필사문화권에서 실현된 가창가사의 담론 특성-규방에서의 향유를 중심으로-」, 『반교어문연구』 1집; 최혜진, 「장끼전 작품군의 존재양상과 전승과정 연구」, 『판소리연구』 30집, 353-354쪽; 권영호, 「장끼전의 민요화와 그 의미」, 『문학과언어』 11권1호(문학과언어연구회, 1990); 맹택영, 「장끼전 연구」, 『인문과학논집』 17집.

132) 〈사친가라〉. 이정옥, 『영남내방가사』 1권에 6번째 작품으로 수록되어 있는 작품이다.

133) 윤형덕, 「사친가에 관한 연구」, 『충주대학교 논문집』 34권1호(충주대학교, 1999), 11-39면.

<table>
<tr><td>4. 사친가</td><td>권영철, 『규방가사1』</td><td rowspan="8">변이의 자장</td></tr>
<tr><td>70. 사친가</td><td rowspan="2">권영철, 『규방가사 : 신변탄식류』</td></tr>
<tr><td>86. 사친가</td></tr>
<tr><td>사친가(思親歌)</td><td rowspan="2">이대준, 『안동의 가사』</td></tr>
<tr><td>사친가(思親歌)</td></tr>
<tr><td>사친가(思親歌)</td><td>봉화군, 『전통문화의 맥』</td></tr>
<tr><td>사친가(事親歌)</td><td>봉화문화원, 『우리고장의 민요와 규방가사』</td></tr>
<tr><td>사친가</td><td>윤형덕, 「사친가에 관한 연구」</td></tr>
</table>

이러한 맥락에서 좀더 주목하고 싶은 바는 텍스트의 미시적 차원에서 이루어지는 오류 또는 혼용의 양상을 살펴보는 일이다. 표현상의 가감변이는 경우에 따라서는 필사상의 오류 혹은 오기(誤記)에 대한 무감각과도 연결된다.

이를 위해 〈사친가(월령형)〉에 보이는 오기의 양상을 관찰하고자 한다. 〈사친가(월령형)〉의 경우, 필사형태를 살피면 다음과 같이 한자어를 그대로 노출하여 표기하는 경우(A)와 한글로 바꾸어 필사하는 경우(B)로 크게 나눌 수 있다.

| (A)[134] | (B)[135] |
|---|---|
| 正月이라 十五日에<br>玩月하는 少年들아/<br>凶豊도 보려니와<br>父母孝養 생각세라/<br>身體髮膚 四大節은<br>부모님께 타낫스니/ … | 정월이라십오일의<br>완월ᄒᆞ든소연들아/<br>홍풍도보런니와<br>부모봉양ᄉᆡᆼ각하라/<br>신채발부ᄉᆞᄃᆡ절을<br>부모님겨타낫시니/ … |

134) 613번 〈사친가 事親歌〉, 614번 〈思親歌〉, 615번 〈思親歌 사친가라〉, 8번 〈思親歌〉, 16번 〈달거리〉가 해당된다.

135) 1833번 〈사친가〉와 1191번 〈사친가〉가 해당된다.

그런데, 두 가지 방법 중 단연 전자의 비중이 커서 월령형 〈사친가〉의 경우 대체적으로 한자어 표기를 기준으로 하고 있음을 짐작할 수 있다. 이는 무엇보다 일정한 저본(底本)을 보면서 베껴 쓰는 작업이라는 사실을 암시하는데, 어느 작품에서나 탈자(脫字) 여부를 확인한 듯 해당부분을 작은 글씨로 추가하여 채워 넣고 있기 때문이다.

예를 들어, 〈思親歌(614번)〉의 경우에는 "正月이라 十五日/ 玩月하는 少年들아/"와 같이 한 줄을 두 부분으로 나눠서 전체 16쪽 분량을 큰 글씨로 비교적 깔끔하게 필사하고 있는데, 글자간격이 어느 정도 넓게 잡혀있음에도 탈자 부분은 아예 공란으로 비워놓고 있다.

이런 관점에서 흥미로운 작품이 〈사친가(1833번)〉의 경우이다. 이 작품은 후자의 필사방식을 선택하여 큰 글씨로 단정하게 필사하고 있는데, 7월령 중반까지만 필사한 후 다음과 같은 기록을 덧붙이고 있기 때문이다.

> - 淸風明月 赤壁賦는 蘇東坡之 勝遊로다 청풍명월적[136] 정월수무닷ᄉᆡ날시작ᄒᆞ야이월수무여드ᄅᆡ날필서ᄒᆞ노라이난주아

정월 21일에 시작하여 2월 28일에 필서를 마쳤다는 이러한 기록을 통해볼 때 이 정도 분량을 필사하는 데도 상당히 긴 시간이 필요하였음을 알 수 있다. 따라서 〈사친가(월령형)〉의 기본적인 내용이나 표현이 변이될 가능성이 적어질 수밖에 없음을 이해할 수 있게 된다.

그렇다면 〈사친가(월령형)〉의 필사작업은 여태껏 우리가 보아온 규방가사의 향수상황과는 궤를 달리하는 국면이 있게 되는 셈이다. 규방가사에서 한자로 표기된 작품을 쉽게 찾아볼 수 없는 상황임을 고려할 때, 〈사친가(월령형)〉에서 드러나는 이러한 필사방식은 '정확성 · 분석

136) 이 부분에서 한 줄 이상 분량의 공백 있다.

적 엄밀함·정정을 통한 효과' 등을 지향하고 있음을 확인케 하는 지점이 되기 때문이다.[137]

하지만 이 경우에도 오류에 대한 허용은 여전하여, 〈사친가(1191번)〉의 경우 10월령 부분을 쓰면서 "세월이라 천마일에…"라 필사하고 있다. 이렇게 된 연유를 추론하면 아마도 소리나는 대로 쓴 결과가 아닐까 짐작되는데, 이럴 경우 주어진 문맥을 이해하지 못하고 기계적인 암기를 하였다는 정황으로 이해할 수 있다. 〈사친가(월령형)〉의 경우 보다 중요한 것은 효 담론의 차원에서 다양하게 인용되고 있는 전고들이 다분히 '지식'과 '암기'의 방식을 수반하는 관습화된 정형구들이라 할 수 있다는 점에 있기 때문이다.

그런 관점에서 대상자료를 자세히 살피면, 이렇게 내용상의 오류를 보이거나 필사 단계에서의 오기 등에 해당되는 사례를 찾기가 의외로 어렵지 않다.

그렇다고 이들 부분이 작품 독해나 주제 전달에 큰 방해를 주거나 지장을 초래하는 것은 아니라는 점에서 이들 공통요소에 상응하는 관습화된 표현들은 '지식'의 차원에서 '암기'의 방식을 통해 규방가사 창작 및 필사에서 활용되고 있음을 보여주는 것이 된다.

관습적 표현은 시대변화에도 공고한 가치이념으로 살아남은 사항들이기에 '교육적 기능(또는, 효과나 가치)'를 가지면서 반복적으로 학습하며 다양하게 활용되는 사항들이게 된다. 그래서 공유담론 유지와 표출에 한 몫 하며 세대차이 극복에도 일조하게 된다는 점에서, 규방가사 작품생성의 근간이자 기본 뼈대의 역할을 한다.

이러한 관습화된 표현은 공유담론을 표출하는 표현 방식으로 매우 유용한 장치가 되고 있다. 이른바 관습화된 표현을 이용하여 비중을

137) 월터 옹, 『구술문화와 문자문화』(문예출판사, 2009), 168면.

적절히 조절하면서 공유 담론을 전달하는 목적을 달성하고 있는데, 경우에 따라서는 주제 형상화의 맥락에서 이탈하는 양상까지도 드러나게 된다.

예를 들어, '출중자애 우리어마'와 같은 표현은 소소하기는 하나 작품마다 매우 빈번하게 등장하는 흔한 표현이라 할 수 있는데, 문제는 맥락과 상관없이 경우에 따라서는 매우 부조화스럽게 등장하고 있다는 데 있다.

이는 이른바 상투적으로 제시되는 경향을 보여주는 단적인 예로, 규방가사에서 '실체험'을 그대로 표출하는 것이 아니라 어느 정도는 '암기된 지식'을 통해 체험을 가공하는 방식을 보여주고 있음을 재삼 확인할 수 있다.

다음에 드는 사례들은 〈석별가〉의 후반부에 위치한 것으로, 친척남성들의 대답 중 일부이다. 작품의 상황을 정리하면 석별의 장면에서 화자가 일가친척 남성들에게 오며가며 들러서 자신에게 친정집 안부라도 전해주기를 간절히 부탁하는 장면에 이은 것이다.

| ① | ② | ③ | ④ |
|---|---|---|---|
| 言語操行 不實하면<br>가장이 성내나니<br>조심하오 조심하오[138] | 언어죠행 불신하면<br>가장이 셩을낸이<br>죠심하라 죠심하라[139] | 언어조존 업시ᄒᆞ면<br>가장 섯ᄂᆡ난니<br>조심ᄒᆞ요 조심ᄒᆞ요<br>부ᄃᆡ부ᄃᆡ 조심ᄒᆞ요[140] | 언어조롱 업시ᄒᆞ면<br>가ᄌᆞᆼ이 썽ᄂᆡ나니<br>부ᄃᆡ부ᄃᆡ 조심ᄒᆞ고[141] |

---

138) 〈석별가〉(김성배 외 『가사문학전집』, 367-373면); 〈석별가〉(정렬모 편, 『가사선집』, 조선문학예술동맹출판사, 1964, 463-469면); 〈석별가〉(고정옥 김삼불 주해, 『가사집2』, 국립출판사, 1966, 633-650면)
139) 〈1219번) 석별가〉. 임기중, 『역대가사문학전집 25권』에 수록된 작품이다.
140) 〈석별가라〉. 이정옥 편, 『영남내방가사 1권』, 267-281면.
141) 〈79번) 석별가라〉. 권열철, 『규방가사 신변탄식류』, 효대출판부, 549-554면.

가장에게 언어행실을 공손히 하라는 교훈경계의 내용은 ①의 부분에서 "言語操行 不實하면"이라는 표현으로 전달된다. 백순철은 규방가사의 현학적 표현은 작자의 교양의 정도를 반영하는 것이기도 하지만, 규방가사에서는 상당히 관습화되어 전승되는 현상으로 볼 수 있음을 지적한 바 있다.[142] 즉 선행하는 작품을 모방하기도 하고 변용하기도 하는 과정에서 비롯된 것으로, 작품속에 나타나는 이러한 현학적 표현은 점점 관습화되어가는 경향을 보인다고 하였다.

이러한 표현은 한자어로 표기된 문어체적 표현이라서 상당히 경직되어 보이지만, 이어지는 부분에서 "가장이 성을 낸다"는 구어체적 표현이 이어지면서 이러한 경직성이 완화되고 있다. "조심하오 조심하오"와 같은 율조적 표현이 정감있게 이어지는 것 역시 교훈경계의 내용을 체감하는 데 일조하는 부분이다.

중요한 것은 ①의 부분에 나오는 이러한 표현이 〈석별가〉의 이본마다에서는 표현상의 변이를 보이는 데 그치지 않고 표기상의 오류 현상을 아울러 수반하고 있다는 점이다.

예컨대, ②의 경우에서는 해당부분을 한글로 바꿔 적고 있는데, 이 과정에서 '不實하면'의 의미를 '불신하면'으로 적어놓아 전혀 다른 방향으로 의미가 설정되었다. 물론, 이렇게 오기(誤記)를 한다고 하여도 뒷부분의 표현이 앞선 사례와 동일하므로 전체적인 교훈경계의 내용이 달라지지는 않는다.

③의 사례는 한문투 표현을 아예 우리말의 자연스러운 표현으로 풀어서 "언어조존 업시ᄒᆞ면"으로 바꿔놓고 있다. 하지만 뒷부분에 이어지는 조심하라는 당부를 세 번씩이나 반복함으로써 교훈경계의 마음이 간곡하고 밀도있게 전달되고 있다.

---

142) 백순철, 앞의 글, 222면.

한편, 한글로 바꿔 옮겨 적는 과정에서 보이는 오기의 양상은 더러 의미의 불통(不通) 내지 의미 전달의 혼돈을 야기할 수도 있는데, 그 사례가 바로 ④의 경우이다. 앞서 우리말 표현으로 바뀌어 전달의 용이성을 도모하고 있는 이 표현이 ④의 사례에 오면 “언어조롱 업시ᄒᆞ면”으로 바뀌어 원래의 의도를 왜곡하는 양상을 보이는 데까지 이르고 있기 때문이다.

이상의 사례들을 통해 규방가사의 향수 상황에서는 이러한 오기 내지 오류조차도 전혀 문제되지 않음을 알 수 있다. 이렇게 표현상의 가감변이를 다양하게 허용하면서 오류 또는 오기의 양상을 자연스럽게 받아들이게 되었다는 것은 이본마다의 변이상 추출이 규방가사의 표현 전략으로 유용한 국면이 있음을 보여주는 것이라 생각한다.

2.

두 번째로 살필 사항은 서로 다른 작품군 간 동일한 부분을 공유하는 이형태의 경우에 대한 것이다. 대상자료들은 동일한 제목으로 쓰였다는 점에서 하나의 작품으로 볼 수 있지만, 같은 제목이라 하더라도 이본별로 표현상의 가감변이가 이루어지고 있어 다양한 변이의 지점들을 확인할 수 있었다.

특히, 내용상의 오류나 필사 단계에서의 오기 등이 나타나고 있음에도 작품 독해나 주제 전달에 큰 방해를 주거나 지장을 초래하는 것은 아니라는 점을 주목할 만하였다. 이러한 표현상의 가감변이는 작은 단위에서 사소한 첨삭의 양상으로 드러나기도 하지만, 예컨대 〈사친가(자탄형)〉과 〈석별가(2번/10번)〉의 경우에서처럼 표현상의 가감변이가 이루어지는 삽입단위가 커지면 변이상을 크게 할 정도로 가감되는 양적 비중이 커지기도 한다.

여자의 일생에서 출가외인의 정체성에 대한 자각은 주로 ‘신행-석별’

의 과정에서 직접적으로 확인된다. 화자는 석별의 슬픔을 토로하며 모친과의 추억을 회상하고 있다.

친정모친의 훈계에 이어 '우리집'이 아닌 '남의집'을 '내집같이' 가야 하는 화자의 신행길은 '출가외인'의 정체성을 재확인한 후 벌어지는 심리적 충격을 고스란히 전해주고 있다. "산천도 눈의설고 사람도 낯이설다"라는 말에서처럼 '출가외인'으로 살아가야 하는 '딸자식'의 정체성을 재확인하고 나면 사친지정에 사무치는 애잔한 감상도 역시 더욱 커지게 된다.

이러한 흐름에서 특이한 지점 중 하나는 〈사친가(자탄형)〉의 이본마다 빠짐없이 삽입되는 친정모친의 발언 부분이다. 신행 장면에서 어머니는 "시댁이 내집이라 친정은 아주잊고 시댁만 생각하"라며 다소 직설적으로 '출가외인'의 이념을 전달하고 있는데, 이전 단락에서 이루어진 어머니의 형상화가 주로 자정과 은덕으로 자식사랑에 충실한 모습을 보여주는 방향이라는 점에서 이질적으로 느껴질 수도 있다.

〈석별가〉에서도 '계녀'의 주제로 전이되는 과정에서 작품에 형상화된 어머니는 석별의 풍경에 동화되면서도 일가남성의 입장과 마찬가지로 교훈경계를 해야 하는 이중의 임무를 수행하고 있음이 확인된다. 〈석별가〉를 다룬 필자의 선행 논문에서는 이 부분을 결사 부분의 이형태로 지적하면서 출가외인의 정체성을 확인하는 맥락으로 설명한 바 있는데,[143] 중요한 것은 이러한 부분이 두 작품군에서 동시에 보이고 있다는 점이다.

이에 해당 부분을 같이 놓고 비교해보니, 크게 보면 같은 내용의 단락이 삽입되어 있는 양상에 불과하지만, 세부적인 비교를 해보면 다음에서 보다시피 인용된 두 부분이 완전히 동일한 것의 반복은 아님을

---

143) 최규수, 「석별가에 나타난 처녀들의 이중욕망과 '철들다'의 문제」, 『한국고전여성문학연구』 16집(한국고전여성문학연구회, 2008), 319~350면.

쉽게 알 수 있다.

| | 〈사친가(자탄형)〉 | 〈석별가라(2번)〉·〈석별가(10번)〉 |
|---|---|---|
| A | 우리어마 그동보소 가마문을 열고<br>앉을자리도 편키하고 요강도 만쳐보면<br>머리함도 만치면서 ①구곡간장 녹는 듯이<br>할말이야 수도없건마는 경계하야 하는말씀 | 우리어마 그동보소 가마문을 둘느시고<br>머리엿코 하난말삼 요강도 만져보고<br>머리단장 만져보며 경개하여 하는말삼 |
| B | 울지마라 울지마라 울지말고 잘가거라<br>니야무슨 한이있나 아분님 배행서고<br>칭칭시하 좋은집에 백양아지 맞아가니<br>무삼하여 한또있으리 | 우지말고 잘가거라<br>너가무션 한이잇나 아벼임 배행셔고<br>칭칭시하 조흔집에 죠흔낭군 마자간이<br>무션근심 쏘잇셔리 |
| C | 친정은 생각말고 구고시을 잘신기라<br>구고님 은덕으로 사랑시리 할것이니 방심말라<br>가장은 하날이라 하날이 하신일을<br>거역말고 잘신기라 ②친정생각 자주하면<br>시가눈치 보이나니 생각말고<br>어른이 도라올때 소리하여 울지마라<br>흉을보고 웃난이라 한님을 하직할 때<br>잔사담을 하지말라 남의눈에 뜨이나니 | 친정을낭 생각말고 구고임을 효양하여<br>구고임에 언득으로 사랑시리 보이여라<br>죠심업시 하지말고<br>가장은 하늘이라 하늘이 하신이을<br>그여말고 시러마라 |
| D | 두석달이 잠간이라 시월이 잔간가면<br>근청오면 볼것이라 ③시댁이 내집이라<br>친정은 아주잊고 시댁만 생각하라… | 두석달이 잠간이라 근친오면 볼거시라<br>시댁이 너집인이 친졍생각 아주마라 |

A부분에 나오는 ①의 경우는 감정 몰입에 치중한 결과 〈사친가(자탄형)〉에서만 첨가되어 있으며, C부분에 나오는 ②의 경우는 〈사친가(자탄형)〉에서 보다 자세히 훈계의 내용을 설명하기 위해 첨가된 것이며, D부분에 나오는 ③의 경우는 표현의 길이가 똑같지만 어조의 측면에서 상이함을 보여주는 부분이 된다.

이렇게 표현상의 가감첨삭이 이루어지는 양상을 살펴볼 때, 단순히 보고 베끼는 차원에 머물기보다는 보다 적극적으로 두 작품의 문맥과 상황에 맞게 해당 부분을 활용하여 각기 자기 자리를 찾아가게 된 것이라 볼 수 있다.

이러한 유사성이 어디에서 기인하는지를 찾는 것은 규방가사의 글하기 전략을 살피는 데 중요한 시사점을 줄 것이다. 작품군이 다름에도 유사한 표현을 공유하고 있다는 점은 규방가사에서 이본을 생성하는 동력으로 큰 힘을 발휘하는 구석이기 때문이다.

이에 유사한 사례로 〈사친가(자탄형)〉과 〈화전가(10번)〉의 경우에 나타난 표현의 공유 현상을 살피고자 한다. '원부모 이형제'의 슬픔을 받아들여야 하는 여자신세를 탄식하면서 나오는 한 대목으로, 한동네서 같이 자란 동무들도 같은 여성의 입장에서 출가외인으로 살아가야 하기에 원별의 슬픔이 더욱더 사무침을 토로하고 있다.

| | 〈사친가(자탄형)〉 | 〈화전가(10번)〉 |
|---|---|---|
| A | 가소롭다 가소롭다 …<br>여자유행 가소롭다 … | × |
| B | 불버워라 불버워라 남자일신 불버워라 … | × |
| C | ① 졀통하다 부녀일신 만가지로 생각하니<br>졀통하기 측양없다 부모은공 다뜬지고<br>인정허비 뿐이로다 | ② 여자에 맡은직분 우위하는 법이잇어 |
| D | 같이크든 종잠들과 동기골육 …<br>동서남북 출가하여 타향살이 되었으니 | 동서남북 이성가에 각자출가 하기되면 |
| E | 남자같이 갈수없고 상객같이 갈수없고<br>저올제 내가오고 내올제 지가가니<br>이전같이 모여앉아 즐기볼수 전여없다<br>제죽은들 내가알면 내죽은들 지가알가<br>전편의 부친편지 히답이나 진작올가 … | 화조월색 좋은때에 만정도화 첩첩한들<br>네가나를 찾앗으며 네가너를 찾아갈까 |
| A' | × | 가소롭다 가소롭다 여자유행 동유찾아<br>질기기도 인접옵고 악수논정 하여봄도<br>오늘당시 뿐이로다 |
| B' | × | 부럽도다 부럽도다 남자일신 부럽도다<br>… |

두 작품에서는 모두 작품의 분위기나 정황이 남자들과 달리 집 떠나 이별해야 하는 여자신세를 탄식하는 데 있어 대동소이하다. 표현은 직접적으로 동일하지 않다고 느낄 수 있겠으나 작품의 정조나 주제 전달의 뉘앙스는 상당히 밀착되어 있다.

특히 〈사친가(자탄형)〉에서 뽑은 밑줄친 표현이 C에 나오는 ①의 부분에서와 같다면, 〈화전가(10번)〉에서는 ②의 부분에서와 같은 표현으로 변용되고 있다. 특히 A'와 B'로 표시한 부분을 보면, 각각 A와 B의 부분들에 나오는 표현을 부연하고 보충하여 강화하고 있음을 알 수 있다.

### 3) 율조 조성의 기대치

1.

다음으로 주목할 사항은, 이른바 aaba식 율조의 표현을 통해 장면화된 상황에서 심정적 차원의 몰입을 강화하고 있는 경우이다. 율조 조성을 통해 감정의 조절이 이루어지면서 해당되는 작품단락에 보다 집중하는 양상이 드러나기 때문이다.

이러한 양상은 규방가사에서 매우 쉽게 찾아볼 수 있는 특징으로, 특히나 '신행-석별' 등과 같이 심정적 차원의 몰입이 강하게 이루어지는 작품단락에서는 매우 빈번하게 이루어지고 있다.

예를 들어, 〈석별가〉에 나타난 석별의 현장을 주목하면 '나/너'라는 지칭이 자연스럽게 나오면서 장면화된 상황의 주인공을 주목하게 하는 효과를 내고 있다. 더불어 심정적 차원의 몰입 결과 aaba식 율조 표현이 반복되고 있음이 확인된다.

- 어찌할고 어찌하리 부모이별 어찌할고 수십년 기른은덕 무엇으로 갚사오리 嚴父本來 大凡하사 한말슴도 아니시고 慈母는 性弱하야 나를위로 하는말이 슬하마라 서러마라 女子有行 예사로다 조히가서 잘잇거라 내수이 다려오마 너를훌처 보낸후에 앞이비어 어찌할고 이말슴 드를적에 내마음 어쩔손고 五內가 分崩하야 촌촌이 끈허진다 心神을 진정하야 눈물로 하는말이 어마어마 생각마소 저가튼것 자식인가 골몰만 끼쳐주고 효양한번 못하다가 일년이나 반면이나 모녀각각 흐터지니 잘게시오 잘게시오 어매부대 잘게시오 명년봄 꽃피거든 부대수이 다려오소 …

이렇게 심정적 차원의 몰입은 장면화된 단락 안에서 해당 시간대에 집중한 결과 자신의 감정 표출을 비교적 자유롭게 허용하고 있다. 다음에 인용된 예시에서는 특히 ①과 ②의 표현이 해당 이본에서만 삽입된 구절로 장면화된 시간성에 어느 정도 몰입하였는지를 잘 보여주는 단서라 할 수 있을 것이다.

- 가련ᄒᆞ고 불상ᄒᆞ다 여ᄌᆞ가ᄒᆡᆼ 니원닐고 신ᄒᆡᆼ날 바다오면 ① **ᄂᆡ마음** 엇더ᄒᆞᆯ고 … 그럭저럭 나달가서 하로밤이 암아구나 동유친척 다노이ᄃᆡ 작별작별을 어이ᄒᆞᆯ고 못할ᄂᆡ라 못할ᄂᆡ라 부모이별 못할ᄂᆡ라 보고ᄌᆡ라 보고ᄌᆡ라 지칭동ᄉᆡᆼ 보고ᄌᆡ라 ᄂᆡ사실타 ᄂᆡ사실타 부모동ᄉᆡᆼ 두고 어ᄃᆡ로 가단말가 … 어엿부고 ᄋᆡ석ᄒᆞ다 참아어지 ② **서로** ᄒᆞᆺ터질고…[144]

이렇게 필사를 용이하게 하기 위해 작품단위별 장면화된 국면에 몰입하는 양상은 기명씨 작의 경우에도 해당되는데, 〈홍씨 부인 계녀사〉의 경우를 들어 살펴보자.

〈홍씨부인 계녀사〉는 계녀적 경계와 신변 탄식의 하소가 잘 어우러

144) 〈석별가라〉(이정옥 편, 『영남내방가사 1권』)

지고 있었는데, 이러한 구성에는 사소하기는 하나 부분적으로 삽입되는 구절을 통해 회복되는 율격상의 리듬감도 한몫한다. 다음에서 보이는 예들이 바로 그러한 특징을 잘 보여주고 있는 지점들이다.

- 신통ᄒᆞ고 어엿블ᄉᆞ/ 셔랑의 옥모현질/ 소망의 과분ᄒᆞ니/ 여한이 업ᄉᆞᆫ지라/ 다졍ᄒᆞ고 유명ᄒᆞ물/ ᄌᆞ조 보지 못ᄒᆞ니/ 다만 한탄 한탄이로다 …

- 부ᄃᆡ부ᄃᆡ 셩슌ᄒᆞ야/ ᄂᆡ외금실 관관ᄒᆞ고/ 슈부귀 다남자의/ ᄇᆡᆨ복이 챵셩ᄒᆞ면/ 친구가 부모의게/ 효도가 그ᄲᅮᆫ이라/…

- 잘 가거라 잘가거라/ 험노원졍 ᄌᆞᆯ 가거라/ 구문의 입승ᄒᆞ야/ 할양업ᄉᆞᆫ ᄇᆡ들 복을/ ᄂᆡ 물니고 ᄃᆡ를 ᄶᅡ라/ 효봉구고 셩슌군ᄌᆞ/ 옥동화녀 ᄲᅣᆼᄲᅣᆼ으로/ 평싱을 안낙ᄒᆞ면/ 이ᄯᅢ의 못잇고 그리오미/ 츈셜갓치 풀니리라/ …

- 우리 션친도/ 날 보ᄂᆡ시고/ 회포가 이쳐로/ 간졀ᄒᆞ셔실지니/ 가지록 불효막심/ 불효막심/ 후회 난감ᄒᆞ여라 …

'다만 한탄 다만 한탄 한탄이로다', '부ᄃᆡ부ᄃᆡ 셩슌ᄒᆞ야', '잘 가거라 잘가거라/ 험노원졍 ᄌᆞᆯ 가거라', '가지록 불효막심/ 불효막심/ 후회난감 ᄒᆞ여라' 등과 같이 표현의 반복을 통한 리듬감의 회복은 격앙되기 쉬운 감정을 조절하고 평온한 상태를 회복하기 위한 노력으로 볼 수도 있다. 그리고 실제 이 부분들에서는 화자의 정감이 보다 자연스럽게 느껴지게 된다.

이는 계녀 사항을 서술하는 부분들에서는 4.4조의 율격이 비교적 규칙적으로 반복되면서 시집가는 딸에 대한 훈계의 엄격함과 단호한 의지가 굳세게 배어나오고 있음과는 사뭇 다르다.

- 녀ᄌᆞᄀᆞ 된 후의ᄂᆞᆫ/ 구가의 의탁이라/ ᄉᆡᆼ시의 즐거오미/ 구고긔 뜻즐 바다/ 죤당을 봉효ᄒᆞ고/ 긔화ᄅᆞᆯ 위열ᄒᆞ며/ 군ᄌᆞᄅᆞᆯ 셩슌ᄒᆞ고/ 친척을 죤경ᄒᆞ야/ 화목기ᄅᆞᆯ 일슴으면/ 방인의게 시비업고/ 하ᄇᆡ가 복종ᄒᆞ야/ 인언이 업ᄉᆞ리라/ 효우가 엇듬이요/ 화열이 제일이니/ ᄌᆡ질도 여ᄉᆡ되고/ 부문도 헛말이라// 무식ᄒᆞᆫ 녀편ᄂᆡᄂᆞᆫ/ ᄉᆞ단을 몰나즙아/ 부덕을 심ᄉᆞᄒᆞ면/ 몸우희 광ᄎᆡ잇고/ ᄌᆞ손이 법측ᄒᆞ면/ 창ᄌᆡᄒᆞᆯ 귀틀이라/ 힘쓰지 아니ᄒᆞ랴/ 비인정 불가근은/ 셩인의 명교시니/ 두렵지 아니ᄒᆞ랴// 셩인은 나서 알고/ 범인은 ᄇᆡ화 아니/ 불현ᄐᆞ 시비ᄒᆞᆷ과/ 착ᄒᆞ다 기린 말이/ 어ᄂᆡᄅᆞᆯ 취ᄒᆞᆯ소냐/ …

또한 이러한 측면에서 살펴볼 수 있는 점이 바로 다음에서 제시되는 딸의 혼사에 처한 남편과 자신의 감정 처리 방식에 대한 서술이다.

- ① 너의 부친 별뉸ᄌᆞᄋᆡ 젼후실 쳐첩 몸의 십오남ᄆᆡ ᄉᆡᆼ산ᄒᆞ야 다만 골육 너의 형졔 만ᄂᆡ로 남아시니 갑년의 너ᄅᆞᆯ 나아 쳔하의 하나갓치 남달니 ᄋᆡ휼ᄒᆞ심 ᄎᆞ마 잇고 갈가보냐 써날날이 임일ᄒᆞ니 일일시시로 ᄇᆡᆨ슈풍진의 누쉬연락 ᄒᆞ오시니 방인이 낙누여든 향아녀ᄌᆞ 너 ᄲᅲᆫ이랴 육칠삭 듕병 ᄭᅳᆺ히 긔력이 엄엄ᄒᆞ니 더욱이 염녀로다 ② 네 연광 십오세나 ᄇᆡ혼일 아조 업고 비거ᄒᆞ고 암약ᄒᆞ미 짝업스니 슈ᄇᆡᆨ여리 먼하면 길 ᄯᅦ쳐보ᄂᆡᆫ 어미 마ᄋᆞᆷ 일시나 견될소냐 …

앞서의 것(①의 부분)이 딸에 대한 부친(곧 남편)의 소회와 걱정을 토로한 것이라면, 뒤의 것(②의 부분)은 모친(곧 자신)의 입장에서 딸을 걱정하는 부분이다. 이 때 딸의 혼사를 앞두고 남다른 감회에 빠진 것은 이들 부부의 공통된 태도인 듯한데, ①의 부분에서 보다시피 남편은 "일일시시로 ᄇᆡᆨ슈풍진의 누쉬연락"하여 주변 사람들조차 눈물짓게 만든다.

이러한 남편의 감정 표출에 대해 화자는 "육칠삭 듕병 끗히 긔력이 엄엄ᄒᆞ니 더욱이 염녀"를 하고 있다. 이것에 비하자면 모친의 입장에서 그려지는 감정 표출은 ②의 부분에 나오는 "어미 마ᄋᆞᆷ 일시나 견딜소냐"라는 표현에서 드러나다시피, 오히려 앞선 부친의 항에 비해 훨씬 절제되고 축약된 상태로 보인다.

이 때 중요하게 살필 점은 자의식의 표출 방식과 그러한 표출에 대한 작가의 태도이다. 이러한 상황에서 우리가 읽어낼 수 있는 것은 대상에 대한 거리감을 통해 자신의 감정을 절제하려는 노력이다. 서술의 양적 조절은 결국 감정의 과잉 노출에 대한 우려와도 연결될 것이기 때문이다.

문체적 측면에서 두드러지는 이런 특징은 좀더 세밀한 분석 작업이 병행되어야 하는데, 〈노처녀가〉 논의에서도 이런 측면을 주목한 바 있다. 공개적 음영 또는 가창적 전달의 효율성을 꾀하기 위해 개념적인 한자어구를 사용하여 내용을 압축적으로 표현하는 한편, 4음보적 율조를 충실하게 유지하는 특징과 일맥상통한다. 내면적 독백의 형식을 취하기에 필사나 독서 과정을 통해 감정적 동화상태를 유지하면서 감상하기 적절한 문체적 특징을 유지하는데, 주정적 정서를 자유로이 표출하는 데 유리한 구어체적인 서술체를 유지한다고 하였다.[145)]

2.

그런데 장면화된 기억의 재생에서는 남성에게도 율조의 표현을 허용하게 되는데, 다음의 경우가 바로 그러한 예이다. 율조 조성의 양상을 좀더 쉽게 파악할 수 있게 각각의 정리방식을 다르게 하였다.

---

145) 박일용, 앞의 글, 91면; 최규수, 「〈홍씨부인계녀사〉에 나타난 자전적 술회의 글쓰기 방식과 의미」, 『규방가사의 작품세계와 미학』 (역락, 2002), 221-238면.

| | (1) 〈석별가(1220번)〉 | (2) 〈석별가(1219번)〉 |
|---|---|---|
| A | 남미숙질 경의로 한말노써 불쳐난니<br>잘가그라 잘가그라 슈이측 지부디야<br>회쳐난니 즐가거라 | 목석간장 안이어든 온젼하기 어렵드라 |
| B | 어렵고도 난쳐하기 (시)딕사리 어려운니<br>조심하고 천심하라 증늬도록 조심하라<br>너의셩황 앙측하면 친가친쳑 말만하니<br>두가지로 싱각하야 우리싱식 나게하라 | 시댁사리 부탁한이 흉도만코 말도만타 |
| C | 요절하나 치하나 닙은<br>부모욕분 아니라 지친까지 욕며기고<br>시딕소리 말리만쳐 수랑을 늣게하며 …<br>죠심흐고 슌신하라. …<br>다졍다의 너의마암 명염하야 닛지마라<br>너의시딕게 도라가셔 구고분 셤길젹의<br>효순하기 쥬증이요 … | 혼졍진생 늣개하면 시부모가 말할개요<br>박개말을 잘못하면 노복들이 흉할개요<br>재사날에 부졍하면 친쳑들이 말할개요<br>행동거지 잘못하면 마을사람 흉할개요<br>언어죠행 불신하면 가장이 셩을 낸이<br>죠심하라 죠심하라<br>행실이 괴약하면 친가부모 욕먹난이<br>부모욕쌘 안이로다 일가친척 욕이된다<br>구고가장 밧들젹에 유순하개 주장이요<br>반가음 잔손일은 칠칠하기 주장이요<br>백사가 미진하나 참고잇기 주장이요<br><u>① 애매한말 듯써라도 발명할나 하지말고</u><br>질거운일 볼지라도 점잔찬이 웃지마라 |
| D | 일후의 바릭기난 우리의 소망은<br>너의셩히 유슌하고 현슉하다<br>쇼문듯기 지월일다<br>각별유심 촘경한공 경측릭로 싱각하야<br>여공의 직분을 닐닐니 쳥염하야<br>친뵈업시 싱각하라 | 백가지일 조심하여 구고가장 즐겨하고<br>타인사람 칭찬하여<br>아모집에 아모댁이 현쳘하고 유순하다<br>친가견문 넉넉하다는 죠흔소문 차차나셔<br>우리귀에 들이가쇼 원이로다 |

인용한 부분들은 석별의 현장에서 일가친척인 남성들이 전하는 계녀 교훈의 내용으로, 이른바 '계녀'항에 해당되는 삽입단위라고 할 수 있다. 그럼에도 이 부분에서 역시 율조의 표현을 동원하여 심정적 몰입을 보여주고 있다.

특히 (1)에서보다는 (2)의 부분에서 율조의 리듬감이 훨씬 더 잘 살아나고 있는데, 이는 '너'에게 이야기하는 상황에 집중하여 심정적 차원에서 감정이입이 가능한 상황으로 만들어 내고 있기 때문이다. 석별의 현장에서 신행을 떠나는 주인공이 겪는 슬픔과는 다른 맥락을 형성하고 있다는 점에서 정서적 차원의 이입을 강화한다기보다는 〈계녀가(전형)〉에서 읽어낼 수 있는 교육적 효과를 강조하는 쪽이라 볼 수 있다.

그런데, 남성들의 이러한 훈계내용은 이미 〈계녀가(전형)〉에서 반복적으로 나왔던 부분으로, 이본마다 표현은 조금씩 다르다. 예를 들어, C의 부분에서 밑줄친 ①의 부분을 보면, 다음에서와 같이 이본마다 사소한 표현상의 가감변이가 이루어지고 있다.

- 애매한말 드르나마 발명할라 하지말고 …
- 애매한말 듯써라도 발명할나 하지말고 …
- ᄋᆡ만ᄒᆞᆫ말 들으나마 발명ᄒᆞᆯ나 ᄀᆞᆺ지말고 …

그런데, 〈석별가〉에 나오는 남성들의 훈계내용 중 하나인 이 부분은 〈계녀가(전형)〉에서 이미 나온 바가 있다. 동일한 내용을 〈계녀가(전형)〉의 '사구고' 항목에서는 전후좌우를 살펴 논리적으로 설득하려 하고 있으며, 이를 위해 구체적인 대응방안까지 제시한다.

- 부모님 ᄭᅮ중커든 업드려 감슈ᄒᆞ고/
  아모리 올흐나마 발명을 밧비마라/
  발명을 밧비ᄒᆞ면 도분만 나ᄂᆞ니라/
  안ᄉᆡᆨ을 보아가며 노기가 풀리거든/
  조용히 나아안자 ᄎᆞ례로 발명ᄒᆞ면/
  부모님네 우스시고 용서를 ᄒᆞ시리라/ …

〈계녀가(전형)〉에서 가장 먼저 나오면서 길고 자세하게 진술되고 있는 부분이 시부모를 모시는 도리에 관한 것인데, 앞서 인용한 〈석별가〉의 경우와 비교해보더라도〈계녀가(전형)〉에서는 항목마다 매우 세세한 사항까지 들어 자세하게 훈계를 내리고 있기는 하지만, 이러한 부분에 몰입하고 집중하기는 어려울 듯하다.

〈석별가〉에서처럼 '너'라는 지칭을 통해 현장에서의 발화를 그대로 가져와 율조를 갖추어 주는 경우에 체감지수가 높아지는 것은 계녀교훈의 내용이 같다 해도 표현방식이 다르다는 점에서도 명쾌한 비교가 될 것이다. 이본별 변이상이 거의 없는 것도 〈계녀가(전형)〉의 특징인데, 이러한 양상을 낳게 한 근저에 장면화된 시간성에 심정적으로 몰입하지 못하고 '전달'에만 급급하였음이 큰 요인으로 자리하고 있다고 생각한다.

그런 의미에서 이러한 '계녀'항의 설정에서 주목할 부분은 장면화된 시간성에 주목하여 심정적 차원의 몰입을 강화하게 하는 특별한 장치를 찾아내는 것이다. 이에 주목할 부분이 해당 단락을 이끌어내는 지칭의 양상이다.

| (3) 〈석별가라〉146) | (4)〈석별가〉147) | (5)〈석별가〉148) | (6)〈석별가라〉149) |
|---|---|---|---|
| 남ᄌᆞ비록 무심ᄒᆞᄂᆞ | 저소년들 거동보소 | 남자비록 무심ᄒᆞ나 | 남ᄌᆞ비록 무심한들 |
| 이말ᄉᆞᆷ 듯ᄌᆞ온후 | 잘가거라 그말 끝에 | 젹목간장 안이로라 | 석목간장 아니로다 |
| ᄌᆞᆷ시ᄂᆞ 이즐손야 | 우리비록 무심하나 | 이련말 드를진ᄃᆡᆫ | 이런말을 드른후ᄋᆡ |
| 져언니 ᄒᆞ난마리 | 木石肝腸 아니어든 | 잠신들 이질손가 | 잠전인들 니질손가 |
| ᄌᆞᆯ가거라 ᄌᆞᆯ가거라 | 찾기야 찾지마는 | 마리업다 ᄂᆡ사차마무 | 바하업ᄃᆞ |
| 부디가셔 ᄌᆞᆯ잇거라 | 부탁하오 부탁하오 | 연일다 | ᄂᆡ사ᄎᆞ마 무연일다 |
| 어렵고 어려우리 | 시댁사리 부탁하오 | 자별이 노든인정 | ᄌᆞ별히 노든이정 |
| 싀ᄃᆡᆨ살이 어려우리 | 말도만코 흉도만흔 | 마리사 만컨만은 | 말이ᄉᆞ 만컨마난 |
| 죠싦ᄒᆞ고 됴심ᄒᆞ게 | 시댁사리 부탁하오 | 형임하난마리 | 형연ᄒᆞ야 말을ᄒᆞ면 |
| 종ᄂᆡ도록 조심ᄒᆞ게 | 昏定晨省 늦게하면 | 너히더옥 셔워할다 | 너히더욱 서러할다 |
| 말도만코 흉도만ᄂᆡ | 시부모 말할게오 | 혀다한 인정으로써 | 허다ᄒᆞᆫ 정의로서 |
| ᄉᆞ판을 늣게ᄒᆞ면 | 盤가음 잘못하면 | 하난말노 하난말이 | 한말노 |
| 싀부모 말할긔요 | 노복이 흉할게요 | 잘가겨라 잘가겨라 | 잘가(거)라 |
| 반감을 안니보면 | 제사에 부정하면 | 부ᄃᆡ가 잘잇겨라 | 부ᄃᆡ가서 잘익거라 |
| 노복이 말할긔요 | 친척이 흉할게요 | 어렵고도 난처한이 | 예렵소도 난처ᄒᆞ다 |
| 졉빈을 ᄌᆞᆯ못ᄒᆞ면 | 행동거지 잘못하면 | 시ᄃᆡᆨ사리 난처한이 | 시ᄃᆡᆨᄉᆞ리 난처하다 |

손님이 말할긔요
제ᄉᆞ동절 부령ᄒᆞ면
지친이 말할긔요
언어조롱 업시ᄒᆞ면
가ᄌᆞᆼ이 썽ᄂᆡ나니
부ᄃᆡ부ᄃᆡ 조심ᄒᆞ고
너의식힝 고약ᄒᆞ면
친가부모 욕보이고
부모욕ᄲᅮᆫ 아니로다
지친ᄉᆞ령 욕먹나니
구고가ᄌᆞᆼ 셤기로되
ᄂᆞᆫ효슌효 극즁이요
봉제ᄉᆞ 젹변힐젹
정결ᄒᆞ기 극즁이요
반감을 보기로되
칠칠ᄒᆞ기 제일이요
힝동거지 할지ᄅᆞ도
진즁ᄒᆞ기 제일리ᄅᆞ

마을사람 흉할게요
言語操行 不實하면
가장이 성내나니
조심하오 조심하오
그대행실 괴악하면
친가부모 욕먹나니
부모욕뿐 아니로다
지친까지 욕이온다
구고가장 바뜰적에
유순하기 주장이오
盤가으므 잔손일은
칠칠하기 주장이오
백사가 미진하나
참고잇기 주장이오
애매한말 드르나마
발명할라 하지말고
즐거운일 볼지라도
점찬찬히 긋지마소
百行에 조심하야
구고가장 즐겨하고
鄕隣사람 칭찬하야
아모집 아모댁이
현철하고 유순하야
親家見聞 넉넉다는
이소문이 차차나서
우리귀에 들리기가
평생에 지원일세

부ᄃᆡ가 조심하고
경기하오
장ᄂᆡ도록 조심하오
말도만코 흉도만타
시ᄃᆡᆨ사리 말쏘만타
…
노복이기 화순하면
마실사람 치사하고
향풍사람 층찬하ᄃᆡ
아모집 아모ᄯᅢᆨ이
현출하고 유순하야
친가건문 넉넉한이
하하히 소문나서
우리긔ᄋᆡ 들이기
평ᄉᆡᆼ이 소원일ᄊᆞ

시ᄃᆡᆨᄉᆞ리 난처하니
조심ᄒᆞ고 경기ᄒᆞ요
장ᄂᆡ도록 조심ᄒᆞ오
시집ᄉᆞ리 말도만코
흉도만틔 시ᄃᆡᆨ사리
말도만타
시ᄃᆡᆨᄉᆞ리 효정신정
늣지ᄒᆞ면 앗츰과
저녁승니 늣기ᄒᆞ면
시부모 말할ᄊᆡ요
만감은덕 안니ᄒᆞ면
노복이 말할ᄊᆡ요
ᄌᆡᄉᆞ가 부정ᄒᆞ면
가친니 말할ᄊᆡ요
힝동거지 잘못ᄒᆞ면
가실이 말할기요
언어조존 업시ᄒᆞ면
가장 섯ᄂᆡ난니
조심ᄒᆞ요 조심ᄒᆞ요
부ᄃᆡ부ᄃᆡ 조심ᄒᆞ요
너ᄋᆡ심힝 고약ᄒᆞ면
친가부모 욕먹난이
부모욕븟 안여드라
지친것정 욕먹난니
구고가장 섬길젓기
화순ᄒᆞ미 주장이요
반감을 ᄒᆞᆯ지라도
칠칠ᄒᆞ기 주장이요
ᄇᆡᆨᄉᆞ가 미진ᄒᆞ나
참고익기 주장이라
ᄋᆡ만ᄒᆞᆫ말 들으나마
발명ᄒᆞᆯ나 긋지말고
질거올일 볼지라도
정광창창 웃지말고
어렵고 쉬운일리
구고깃 효양ᄒᆞ고
노복이깃 화순ᄒᆞ면
마실사람 치ᄒᆞᄒᆞ고
힝중사람 치ᄒᆞᄒᆞᄃᆡ
아모집 아모ᄃᆡᆨ기

| | | | |
|---|---|---|---|
| | | | 현철ᄒᆞ고 비범ᄒᆞ다<br>화순ᄒᆞ고 요조ᄒᆞ니<br>차차로 소문나서<br>우리귀ᄋᆡ 둘니기가<br>평싱ᄋᆡ 원일다 |

율조 표현이 심정적 차원의 몰입에 어떤 영향을 주는가는 이본마다의 표현양상이 조금씩 가감변이를 일으키면서 어느 것 하나 완벽하게 같은 것이 없음을 볼 때, 단지 보고 베끼는 차원이 아님을 알 수 있다는 점과 연결된다. 장면화된 시간성에서는 대상이 되는 작품단락의 장면에 포커스를 맞추어 집중하게 되는데, 이러한 집중은 심정적 차원에서 몰입을 가능케 하고 자연스레 필사자마다의 자기 언어가 반영되게 되는 것이다.

특히 이러한 지적사항은 훈계 장면을 시작하는 부분에서 드러나는 지칭의 문제와 연결하여 살피면, 시사하는 바가 보다 커진다. '저소년들 거동보소'라거나 '져언니 ᄒᆞᆫ난마리'라는 식의 표현이 율조의 삽입에 따라 자연스럽게 드러나는 양상에서는 음성언어의 특징이 잘 반영되어 있기 때문이다.

음성언어에서는 동일한 공간을 공유하고 이루어지는 의사소통이기에 구체적인 언어적 표현을 생략하는 것이 가능해지는데,[150] 그 단적

146) 권영철, 『규방가사 신변탄식류』(효대출판부, 1982), 549-554면. 이 자료집의 79번 작품으로 수록된 작품 〈석별가라〉이다.

147) 정렬모 편, 『가사선집』(조선문학예술 동맹출판사, 1964), 463-469면; 고정옥 · 김삼불 주해, 『가사집 2』(국립출판사, 1966), 633-650면; 김성배 외, 『가사문학전집』(집문당, 1982), 367-373면.

148) 임기중 편, 『역대가사문학전집 25』(여강출판사, 1992). 이 자료집의 1221번 작품으로 수록된 〈석별가〉이다.

149) 이정옥 편, 『영남내방가사 1권』(국학자료원, 2003), 267-281면. 이 자료집에 수록된 〈석별가라〉이다.

150) 노명완, 『문식성 연구』(박이정, 2002), 58면.

인 예가 '저것'과 같은 지시어의 사용이다. 이렇게 지시되는 대상은 텍스트의 문면에서는 누구인지 어떤 사람인지 명확히 명시되지 않지만, 텍스트의 맥락을 공유하는 향수자들 사이에서는 그가 누구인지 충분히 이해가 가능해지는 공감대를 형성하게 되기 때문이다.

이러한 양상에 대해서는 좀더 섬세하게 해당 부분을 수집하여 특징적 국면을 분석할 필요가 있는데, 다음과 같이 장면화된 시간대에 집중하여 '저두견아'라 지칭하고 있음 역시 같은 맥락이 될 것이다.

> - 금년도 그리저리 명년도 그리저리 아까울사 이팔청춘 덧없이 허송할까 무심한 저세월에 걸린고리 전혀없네 슬피우는 저두견아 너는무슨 소회많아 만첩청산 깊은곳에 밤낮없이 슬피우노 네아무리 슬피운들 세월간지 몰랐더니 초동아니 피리소리 규중심처 울려오니 의닯은 규중심처 화전가서 풀어보자동창을 의지하고 적막히 앉았더니 어디서 오는나비 창천으로 지내다가 동군의 명을받아 봄기별 전하고야홀연이 귀가밝아 사창을 열고보니 세정의 썩는마음 미물조차 아는구나 …151)

음성언어에서는 공간공유로 구체적인 언어적 표현을 생략하는 것이 가능해진다. 예를 들어, '저것'이라는 지시대상은 상상 속에서 충분히 이해가 가능한 구체성을 갖게 된다. 음성언어의 처리에서는 작업 기억에서 음성언어에 의미를 부여하기 전에 그 언어 자체를 붙잡고 기억해야 하는데, 음성언어 처리과정에서 사람들은 음성언어 그 자체를 포착하는 일에 주의를 기울이느라 내용을 분석하고 평가하고 종합하는 등의 처리는 어렵게 된다.

반면, 문자언어로 처리하는 경우에는 이와 다르게 언어가 문자로 기록되어 있다는 점에서 이를 놓칠 가능성이 상대적으로 줄어들게 된다.

---

151) 〈화전가(전형)〉. 권영철, 『규방가사 1』에 수록된 작품이다.

고로 처리자는 비록 작업기억의 용량이 적기는 하지만, 이 용량을 분석하고 종합하고 평가하는 지적 작용에 사용할 수 있는 것이다.[152)]

152) 노명완, 앞의 책, 34면.

# Ⅲ
# '글하기' 전략의 근간과 환경의 이해

Ⅲ장에서는 '글하기' 전략의 근간과 환경적 특성을 살피고자 한다. 우선, 1항에서는 글하기 전략의 근간으로 텍스트의 유동성이라는 측면과 '창작/필사/향수' 행위의 중첩성이라는 측면을 주목하게 될 것이다. 텍스트를 생산하는 원리로서 규방가사의 '글하기' 전략의 근간을 주목하면 규방가사의 작품세계와 문학성을 보다 역동적으로 이해할 수 있으리라 기대한다.

다음으로, 2항에서는 '글하기' 전략의 근간으로 작용하는 두 가지 사항을 토대로 '글하기'가 이루어지는 환경에 대하여 살피는 작업을 행하고자 한다. 이는 '글하기' 환경이라는 것이 문식성의 사회화 과정에 대한 관심을 바탕으로 협동학습의 이념을 배경으로 하고 있기 때문이다. 문학현상이란 문학이 우리의 삶과 문화 속에서 실제로 존재하고 작용하는 일체의 과정과 모습을 일컫는다고 할 때, 문학작품을 창작하고 향수하는 행위 역시 사회적 상황에 근거하여 주어진 문제를 해결하는 과정이라 할 수 있다.

# 1. '글하기' 전략의 근간

앞선 장에서 '글하기' 방법이 실현되는 다양한 양상을 여러 측면으로 나누어 고찰한 바 있다. 대상자료들은 선조적 구성의 기본틀을 기준으로 비교적 견고한 전승양상을 보여주고 있으며, 독자와의 관계성을 유지하는 방식을 통해 의미를 구성하는 섬세한 변이상을 드러내고 있었다. 특히 표현적 차원에서 이형태의 양상을 허용하는 국면은 매우 다양한 변이지점을 양산하고 있음을 확인하였다.

이 장에서 행할 작업은 '글하기' 전략의 근간으로 두 가지 사항을 주목하는 일이다. 그 하나는 텍스트의 유동성에 대한 것으로, 이는 규방가사의 작품세계에서 다양하고 다대하게 존재하는 이본 생성의 동력을 파악하는 것과 연결될 것이다. 다른 하나는 창작과 필사와 향수 행위 간에 이루어지는 중첩적 양상에 대한 것으로, 규방가사의 작품세계에서 특징적 국면으로 지적되는 탈(脫) 기명성의 의미를 추적하는 것과 연결될 것이다.

## 1) 텍스트의 유동성

'글하기' 전략의 근간으로 주목할 첫 번째 사항은 텍스트의 유동성이 중요한 역할을 하고 있다는 점에 집중하는 일이다. 곧, 선조적 구성의 기본틀을 취한다는 점에서 대개의 작품들이 외양은 비슷해보이지만, 이 항에서의 분석 작업을 통해 규방가사의 '글하기' 전략에서는 표현상의 가감변이를 거치면서 변이의 폭이 조절되며, 후반부에 이르면 저마다의 필사기록을 덧붙임으로써 무기명작임에도 사유화(私有化)되는 과정을 살피게 될 것이다.

이는 규방가사의 작품세계에서 다양하고 다대하게 존재하는 이본 생성의 동력을 파악하는 것과 연결된다. 규방가사 텍스트에서는 이형태의 양상이 다양하고도 포괄적으로 형성되면서 동일한 제목임에도 이본별 분량 차이가 존재하고 있는데, 이는 이본 생성의 기본 동력으로 쓰기의 자동성과 통제성이 영향을 끼치는 국면이라 생각하였다.

규방가사 텍스트에서는 다른 제목임에도 동일한 부분을 공유하는 변이상이 허용되는데, 이는 규방가사의 '글하기' 전략이 폐쇄적이기보다는 개방적인 토대에서 이루어지고 있음을 보여주는 국면이 된다. 이 항에서는 이본 생성의 기본 동력을 토대로 세부적으로는 이본별 지향점의 개방성과 동명이작(同名異作)의 방향성에 초점을 맞춰 분석하게 될 것이다.

### (1) 이본 생성의 기본 동력

1.

규방가사 연구를 시작하며 첫걸음으로 내딛는 자료 조사 작업에서, 대상자료로 선택한 규방가사의 텍스트마다 완벽하게 동일한 작품을 찾기가 어렵다는 데 당혹감을 느낀 경험들이 있을 것이다.

예를 들어 〈사친가(자탄형)〉의 경우를 대표로 살펴보면, 더러 구의 구분을 적용하여 필사하는 경우도 있지만 대개의 이본에서 띄어쓰기나 구의 구분 없이 줄글로 이어지는 형태를 취하고 있다. 한글로 표기하는 큰 원칙대로 필사하되, 이본에 따라서는 탈자(脫字) 여부를 확인하여 작은 글씨로 추가하고 있는데 그 빈도나 비중은 극히 미미한 편이다. 중요한 것은 다음에서 보다시피 이본별 분량 차이가 존재한다는 점이다.

| 작품명 | 출처(소장처) | 처음부분 | 중간부분 | 끝부분 | 총분량 |
|---|---|---|---|---|---|
| 〈5. 사친가라〉 | 『영남내방가사』 1권 | 제목+9줄 | 10줄/11줄/12줄 | 11줄 | 25장 |
| 〈2. 사친가라〉 | 『영남내방가사』 3권 | 제목+5줄 | 10줄/11줄 | 10줄 | 30장 |
| 〈616. 사친가〉 | 『역대가사문학전집』 12권 | 제목+8줄 | 9줄 | 4줄 | 35장 |
| 〈617. 사친가〉 | | 제목+10줄 | 11줄/12줄 | 5줄 | 16장 |
| 〈1834. 사친가라〉 | 『역대가사문학전집』 39권 | 제목+12줄 | 11줄/12줄/13줄/14줄 | 3줄 | 16장 |
| 〈1190. 사친가〉 | 『역대가사문학전집』 24권 | 제목 | 11줄 | 9줄 | 20장 |
| 〈1192. 사친가〉 | | 제목+11줄 | 13줄 | 12줄 | 13장 |
| 〈1193. 사친가〉 | | 제목+5줄 | 12줄 | 4줄 | 5장 |
| 〈1194. 사친가라〉 | | 제목+7줄 | 9줄/10줄/11줄/12줄/13줄/14줄 | 12줄 | 10장 |

이상의 정리 작업에서 보다시피 필사본 상태로 전해지는 대상자료의 분량을 살피면, 크고 작게나마 분량 차이가 존재한다. 이렇게 필사 텍스트의 분량 차이가 나는 것은 무엇보다 표현상의 가감변이를 자유롭게 허용하고 있기 때문이다. 앞선 Ⅱ장에서 살핀 바대로 글하기 방법이 구체적으로 실현되면서 텍스트마다의 표현 전략이 다양해진 것도 큰 몫을 한 셈이다. 따라서 규방가사에서는 동일한 제목의 작품임에도 조금씩의 분량 차이가 있어서 완벽하게 동일한 텍스트는 거의 존재하지 않게 된다.

규방가사의 창작 환경과 향수방식의 측면에 대해서는 기왕의 논의에서 충분히 주목한 바 있지만[153] 이렇게 규방가사의 필사 형태를 본

153) 이에 관해서는 다음의 연구성과들에 큰 도움을 받았다. 이정옥, 『내방가사의 향유자 연구』 (박이정, 1999); 이정옥, 「내방가사의 청자호명의 기능과

격적으로 주목한 성과를 찾기는 쉽지 않은 형편에서, 연구자가 특기하고 싶은 바는 규방가사의 필사 작업이 어떤 의미를 갖고 진행되었는지를 이본 생성의 기본 동력이라는 측면에서 검토하는 일이다.

이에 우선적으로 주목할 사항은, 이본마다 사소한 변이상을 보이며 중첩되는 양상이다. 규방가사의 텍스트에서는 필사자의 기억 내지 습관에 의거하여 자동적으로 재생되는 부분이 존재하고 있는데, 이러한 부분들이 이본 생성의 기본 동력으로 중요한 역할을 수행하고 있기 때문이다.

작품군에 따라서는 보다 활발한 텍스트의 유동성을 보여주는 유형들도 존재하게 된다. 이런 유형들에서는 장면화된 시간성에 주목하는 심정적 차원의 몰입, 청자와의 교류를 강조하며 독자와의 관계성에 포커스를 맞추는 일련의 요소 등이 보다 중요해진다.

여기에 표현상의 가감변이를 다양하게 시도하고 율조 허용의 기대치를 높이는 등 제반 특징이 다양하게 어우러지게 되면서, 규방가사 창작에 능숙한 필자의 입장에서는 기본적 틀을 토대로 허용된 변이의 지점을 최대한 활용할 수 있게 된다.

논의의 편의를 위해 〈여자자탄가〉와 〈여자한가〉의 한 대목을 들어 살펴보면 다음과 같다.

---

사회적 의미-영남의 내방가사를 중심으로」, 『어문학』 78호(어문학회, 2002); 이정옥, 「내방가사 향유자들의 문명 인식과 그 표출 양상」, 『현상과 인식』 4호(한국인권사회과학원, 2002); 서영숙, 『한국여성가사연구』 (국학자료원, 1996); 백순철, 「규방가사의 작품세계와 사회적 성격」(박사학위논문, 고려대학교, 2001); 백순철, 「규방공간에서의 문학창작과 향유」, 『여성문학연구』 14집(여성문학연구회, 2005); 육민수, 「계녀가류 규방가사의 담화양상」, 『반교어문연구』 14집(반교어문학회, 2004); 육민수, 『조선후기 가사문학의 담론양상』 (보고사, 2009).

| | 〈여자자탄가(규신4)〉 | 〈여자한가〉 |
|---|---|---|
| ① | 우습고도 ᄒᆞᆫ심ᄒᆞ다 십ᄉᆡᆼ구살 ᄒᆞᆯ지래도<br>남여병화 엇지ᄃᆡ라 | 우슯고도 한심하다 십ᄉᆡᆼ구사 할지라도<br>남녀변화 어이되리 자탄가 들어보소<br>한심하기 그지업다 |
| ② | 근심걱정 얼마ᄒᆞ리 해소담락 엇지ᄒᆞ리<br>초로갓ᄒᆞᆫ 인ᄉᆡᆼ들아 낙기망망 노라보자 | 일년삼ᄇᆡᆨ 육십일ᄋᆡ 근심걱정 얼마하며<br>히소담락 얼마하리 초록갓탄 인ᄉᆡᆼ들아<br>안락하기 놀아보자 일평생이 얼마되리 |
| ③ | 험한일 너무말고 근심걱정 너무마요<br>ᄌᆞᆯ사라도 북망이요 못사라도 북망이요 | 험한일이 얼마ᄃᆡ리 너무마오 근심걱정<br>잘사라도 북만산천 못사라도 북망이요 |
| ④ | 귀ᄒᆞ다고 서름마요<br>존비귀천 흥망성쇠 물래갓치 ᄌᆞᆯ도돈다 | 귀하고 교만말고 천하고 셔러마소<br>천도는 순함하야 음지도 양지ᄃᆡ고<br>존귀귀천도 순하야 흥망성쇠 물ᄂᆡ갓치<br>돌아가ᄂᆡ |
| ⑤ | 듯지마ᄉᆡ 듯지마ᄉᆡ 악ᄒᆞᆫ말을 듯지마ᄉᆡ<br>노지마세 노지마세 우리인ᄉᆡᆼ 노지마ᄉᆡ | 여보ᄉᆡ요 듯지마ᄉᆡ 악한말은 듯지마ᄉᆡ |
| ⑥ | 청년ᄋᆡ 노든경이 암암하고 삼삼ᄒᆞ다<br>구비구비 ᄌᆡᆨ린회포 눌로ᄒᆞ여 다ᄆᆞᆯᄒᆞᆯ고 | 미성전ᄋᆡ 노든정이 암암삼삼하다<br>유슈갓탄 이고아음을 금지하리 뉘잇셔리<br>서산ᄋᆡ 지난해를 뉘라서 잡아ᄂᆡᆯ고<br>쳔하영웅 진시황도 속절업시 허송한다<br>쳡쳡소회 ᄉᆡᆼ각한이 학발존안 보고지고<br>구비구비 사인회포 눌로하여 다말할고 |
| ⑦ | 고향은 절백이요 타향막지 늘지로다 | 고향은 절벽이요 타향ᄀᆡᆨ지 늘것쏘다 |

이상의 비교작업에서 알 수 있듯이 대상자료로 선택한 두 작품은 표현상의 사소한 변이가 있을 뿐 큰 틀과 전개과정에 있어서는 유사한 양상을 보여주고 있다. 표현적 측면에서 큰 차이를 보이는 지점은 〈여자한가〉의 경우 누적적으로 부연 설명이 첨가되는 부분이다.

그런데, 이렇게 사소한 표현상의 가감변이를 자유롭게 허용하고, 경우에 따라서는 표기상의 오류나 유형간 혼용 내지 혼동에 대해 무감각한 양상 등은 규방가사 텍스트의 질적 평가에 직접적으로 영향을 미치는 사항이 된다. 규방가사를 일별하면 대동소이한 작품 구성방식과 몰개성적인 표현 양상이 주는 인상 때문에라도 개성적 표현이 발휘될 여지가 적을 것 같기 때문이다.

하지만 글의 '질(質)'이라는 것은 구두법이나 철자법 등과 같은 기계적인 측면뿐만 아니라 쓰기 주제에 대한 흥미와 담화구조에 대한 지식, 쓰기 목적에 대한 이해 등이 종합적으로 작용하여 결정되는 것이다.[154] 유사한 언어경험을 여러 사람이 공유하며 문학적 관습이 만들어진다는 점에서 사회적으로 공유하는 의미가 발생하게 되지만, 담화공동체의 관습만으로는 개인의 목소리를 온전히 표현할 수 없게 되기도 한다는 점[155]에서 공유의 차원과는 다소간의 거리가 생길 수 있다.

이런 측면을 반영하는 것이 텍스트마다 드러나는 표현상의 가감변이 양상이라 할 수 있다. 규방가사에서 동일 제목임에도 조금씩의 변이가 생기면서 이형태의 양상이 다양하고도 포괄적으로 형성되는 것은 바로 이런 이유 때문이다.

이는 규방가사가 문학적 능력의 산물이면서 동시에 당시 여성들에게는 자신들의 삶에 있어서 '기억의 공백을 메우는 기록물'의 성격을 가졌음을 보여주는 것이다. 규방가사의 어느 텍스트에서나 구체적 실상을 들여다보면 오히려 그 어떤 고전시가 작품보다 개별적인 지점을 고찰하는 것이 용이해지는 것도 이런 맥락인 것이다.

2.

다음으로, 이본 생성의 기본 동력으로 쓰기의 자동성과 통제성이 영향을 미치는 국면을 주목할 필요가 있다. 이는 '글쓰기'라는 제한된 개념에서 벗어나 '글하기'라는 활동을 통해 선조적 구성을 활용하게 되는 이유와 연결된다. 규방가사에서 선조적 구성의 기본틀을 중시하는 이유는 무엇보다 '서사-본사-결사'로 이루어지는 구성방식이 단순하면서

154) 원진숙 옮김, 『생태학적 문식성 평가』(한국문화사, 2004), 43면.
155) 이수진, 『쓰기 수업 현상의 이해』(박이정, 2007), 29면.

도 명쾌하게 논리를 전개하는 가장 기본적인 형식이 되기 때문이다.

논리적 구성의 경우 전형성의 틀이 가장 견고하다고 할 수 있는데, 〈계녀가〉류의 경우를 살펴보자. 어머니 작의 〈계녀가〉에서 고정성이 크다는 것은 선행 연구에서 거듭 강조한 바 있고, 실제로 〈계녀가〉류 규방가사를 일람하면 고정적인 틀로 존재하는 전형성을 확인할 수 있다.

규방가사 연구의 선편을 잡은 권영철의 작업[156]에 따르면, 다양한 제목으로 현전하는 〈계녀가〉는 내용이나 구성 방식에서 대동소이한 유형성을 보여주는데, 서사와 결사 사이에 11개 정도의 항목을 서술하는 3단 구성을 취하며 항목마다 반복되는 "아ᄒᆡ야 드러바라 ᄯᅩᄒᆞᆫ말 이르리라" 등의 표현이 전형적인 특징이라 할 수 있다.

그런데, 이런 특징은 아버지 작 〈계녀가〉의 경우에도 그대로 적용된다. 논의의 편의를 위해 대상자료의 구성단락을 표로 정리하여 살피면 다음과 같다.

| | 〈계여가(8번)〉 (334행) | 〈계여가(4번)〉 (136행) | 〈경여가〉 (134행) | 〈여아ᄉᆞᆯ펴라〉 (172행) | 〈권실보아라〉 (105행) |
|---|---|---|---|---|---|
| 1 | 서사(8) | 서사(60) | 서사(11) | 서사(39) | 서사(1) |
| 2 | 효성 · 우애 · 사구고(108) | 총괄적 훈계(14) | 총괄적 훈계(7) | 효성 · 사구고(40) | 혼사 과정 회고(49) |
| 3 | 경장(34) | 사구고 중심의 시집살이 규범(26) | 사구고(6) | 사군자(7) | 사구고 중심의 훈계(23) |
| 4 | 사군자(4) | 사군자(10) | 일상생활규범(15) | 봉제사 · 접빈객(13) | 석별지정의 토로(30) |
| 5 | 봉제사(22) | 생활규범(13) | 딸생각(28) | 우애(7) | 결사(2) |
| 6 | 접빈객(30) | 결사(13) | 사구고 반복(8) | 제가(7) | × |
| 7 | 수신행지(36) | × | 사군자(12) | 날마다 행할 일(37) | |
| 8 | 제가 · 치산(27) | | 치산(12) | 결사(22) | |
| 9 | 어노비(4) | | 일상생활규범 | × | |

156) 권영철, 『규방가사연구』 (이우출판사, 1980), 167면.

| | | | 반복(30) | | |
|---|---|---|---|---|---|
| 10 | 언어신중(18) | | 기원(4) | | |
| 11 | 남녀유별(13) | | 결사(19) | | |
| 12 | 결사(19) | | | | |

아버지 작 〈계녀가〉의 경우에도 '서사-본사-결사'라는 3단 구성의 틀이 적용되고 있다. 제목에서부터 전형성을 떠나 다소 개인적인 성향을 보여주고 있는 〈여아 살펴라〉와 〈권실 보아라〉의 경우에도 선조적 구성의 기본틀이 유지되고 있음을 쉽게 알 수 있다.

물론, 전형적인 본사 구성방식과 완벽하게 동일한 작품을 찾기는 쉽지가 않아서, 아버지 작에서조차 전형성을 토대로 개별적인 변이상을 확인할 수 있게 된다. 가장 장형화된 〈계여가(8번)〉의 경우 10개의 항목으로 본사를 구성하고 있으며, 〈권실보아라〉의 경우에는 3개의 항목으로 본사를 구성하고 있다.

이때, 항목 구성상에 드러난 이런 변이를 비중의 문제와 연결하여 고찰하면 다음과 같은 특이점이 드러나게 된다.

**첫째**, 대상 자료의 항목 나열 순서뿐만 아니라 항목 간 비중에 있어서도 〈계녀가(전형)〉과는 다르게 효성·우애·경장·수신의 방법 등에 할애되는 측면이 커져서 변형의 폭이 클 수밖에 없게 되었다는 점이다. 특히 효행 중심의 서술 비중이 강화되면서 〈계녀가(전형)〉과 비교할 때 항목의 생략(태교 및 육아)과 축소(사군자), 혹은 추가(경장, 언어신중, 남녀유별, 날마다 행할 일 등) 작업이 이루어지고 있다.

이는 아버지로서 직접적인 조언을 하기 힘든 부분이라 할 태교 및 육아에 관한 사항들을 생략하는 대신, 구체적이고 실천적인 조언을 자신있게 할 수 있는 항목들을 찾아 조정하는 작업을 하고 있음을 의미한다. 아내가 있는 상황에서 지어진 〈권실보아라〉의 경우, 구체적인 계녀사항의 나열에 연연하기보다 사구고 중심의 훈계와 석별지정 토로에 치중하게 되는 것도 이런 창작태도를 반영하는 것이라 할 수 있다.

**둘째**, 대상 자료에서 공통적으로 큰 비중을 차지하는 것이 '사구고' 항목인데, 이 부분의 서술방식에서 특이점이 드러나고 있다는 점이다. 〈계녀가(전형)〉의 경우에서는 서사에 이은 제1항목으로 '사구고'에 관한 서술을 하되 구체적인 실천방법에 중점을 두고 있는데, 대상 자료들에서는 〈계녀가(전형)〉의 내용을 포함하되 부모에 대한 효성의 차원에 실마리를 두어 서술하는 방식을 취하고 있기 때문이다.

〈계여가(8번)〉의 경우 다음에서 보다시피 효성은 부모양지가 으뜸이며(①) 양지의 방법은 부모의 뜻을 따라 봉양하는 것으로(②) 순임금 증부자가 대효(大孝)의 사례로 꼽히며(③) 부모를 섬기는 도리와 마찬가지로 시부모를 제대로 섬기는 것이 중요한데(④), 이런 서술이 끝난 이후에야 비로소 구체적인 실천 방법을 자세히 설명하고 있다(⑤).

> - ① 효셩이라 ᄒᆞᄂᆞᆫ것시 부모양지 으뜸이요 … 여러가지 힝ᄉᆞ즁의 최션무가 효셩이라 ② 양지라 ᄒᆞᄂᆞᆫ거슨 부모의 뜻들맛촤 위령업시 봉양ᄒᆞᆷ이 이거시 양지이라 … ③ 순임군 증부자는 양지하신 ᄃᆡ효시라 … 다갓치 어렵운ᄃᆡ 선한일을 힝할지라 ④ 하나자슥 너이ᄂᆡ외 효셩을 안이ᄒᆞ면 외로오신 사돈개서 나난점점 만흐시고 ᄂᆡ기가서 효셩밧고 ᄂᆡ개가서 자황보랴 … ⑤ 계초명의 이려나셔 관식을 ᄒᆞ온후의 부모침소 드려가서 쇠소응ᄃᆡ 할것시오 …

이 작품은 이런 식의 서술방식을 통해 상당한 분량을 효성 서술에 할애하고 있는데, 이것으로도 모자라 "효우만을 다할난니 장황하야 그만한다"라 하여 효성과 우애에 대한 서술에 역점을 두고 있음을 자인하고 있다.

〈여아슬펴라〉의 경우에도 친부모에 대한 효행에 이어 사구고 항목을 서술하고 구체적인 방법을 제시하는 방식을 취하고 있으며, 〈경기가라〉 역시 삼종지도의 강조로 부모를 섬기는 것을 전제한 뒤 시집살이 덕목의 으뜸으로 시부모 효양을 강조하며 구체적인 방법을 자세히 나열하고 있다.

이렇게 부모에 대한 효성에서부터 사구고에 관한 교훈경계를 이끌어내는 서술방식은 변형의 정도가 대단히 커져, 감상적인 토로에 불과한 것처럼 보이는 〈권실보아라〉의 경우에도 미미하나마 포착되기도 한다. 짧은 한 행으로 이루어진 서사("가련ᄒᆞ다 권실권실라 니ᄂᆡ말삼드러바라")에 이어 어려서 돌아가신 자신의 모친에 대한 불효의 심정을 통회하면서, 사구고에 대한 효성을 강조하고, 이어 구체적인 실천방법을 설명하는 방식을 취하고 있기 때문이다.

**셋째**, 이렇게 아버지 작 〈계녀가〉에서 사구고 항목의 서술방식에 있어 효성에 대한 강조를 우선적으로 보이는 것은 대상 자료가 〈계녀가〉의 전형성을 따르기는 하지만, 그것보다는 본격적인 〈계녀가〉의 산출 이전에 영향관계로 주목했던바 계녀서의 영향권과 더욱 긴밀히 관련되어 있음을 보여주는 지점일 수 있다는 점이다.

앞선 사례에서 보다시피 아버지 작 〈계녀가〉에서는 대체적으로 부모 효양이라는 전제를 제시한 후 이를 토대로 시부모 효양의 실천을 강조하는 논리를 펴는 특징적 양상을 취하고 있는데, 이는 마치 계녀서에서 제1항목으로 다루는 것이 부모 섬기는 도리이며 이를 통해 제2항목에서 시부모 역시 부모와 마찬가지라는 논리를 펴는 것과도 상통하기 때문이다.

효성에 대한 이러한 강조는 아버지 작 〈계녀가〉의 항목 구성이 〈계녀가(전형)〉과 달라지는 지점과도 일정한 관련성이 있다. 계녀서와 계녀가의 관련성을 살핀 일련의 논의에서는 계녀서의 일부 항목('부모 섬기는 도리', '일을 부지런히 하는 도리', '주고받고 팔고 사는 도리', '종요로운 경계' 등)이 〈계녀가(전형)〉에서는 생략되고 있음을 지적한 바 있는데,[157] 아버지 작 〈계녀가〉에서는 역으로 이들 항목이 추가되고 있고 있기 때문이다.

더욱이 계녀서의 일부 항목('말씀을 조심하는 도리', '재물을 존절하는 도리', '의복과 음식을 마련하는 도리', '옛사람의 착한 행실' 등)이 〈계녀가(전형)〉에서는 시집살이와 관련된 '사구고·사군자' 항목으로 축소되어 서술되는 것과 반대로, 아버지 작 〈계녀가〉에서는 이들 항목이 일상생활의 규범적 경계로 강조되어 서술되는 경향을 보이고 있다.

이렇게 〈계녀가〉에서 보다 중요하다고 생각되는 항목을 우선적으로 제시하여 이에 관한 내용에 집중하게 하는 것은 '교훈 경계'라는 창작 목적을 더욱 효과적으로 달성하기 위한 의도적 배려일 수 있다.

그런 의미에서 아버지 작 〈계녀가〉에서 효성에 대한 서술이 중요한 비중을 차지하고 있으며, 이때의 효성이 〈계녀가(전형)〉에서 강조해온 사구고 항목에 국한된 것이 아니라는 점은 특기할 만하다. 〈계녀가〉는 대체로 시집가는 여성에게 지어주던 것이기에 그 내용도 친정보다는 시댁과의 관계 속에서 지켜야 할 유교적 윤리도덕을 말한 것이 대부분이며, 여성 교훈의 내용적 실질이 이렇다 보니 어머니 작 〈계녀가〉에서는 시집가는 딸에게 친정부모보다 시부모가 우선적인 존재임을 강조하고 있고, "시집가면 어미생각은 하지도 말라"라는 식의 당부가 나오기까지 하였기 때문이다.[158]

---

157) 계녀서와 계녀가의 관련성에 대해서는 다음과 같은 논의성과들이 있다. 노규호, 「조선후기 교본성 가사 연구」(박사학위논문, 홍익대, 1997), 23~25면; 박연호, 『교훈가사 연구』(다운샘, 2003), 1~203면.

158) 최규수, 「석별가에 나타난 처녀들의 이중욕망과 '철들다'의 문제」, 『한국고전여성문학연구』 16집(한국고전여성문학연구회, 2008), 319~350면.

쓰기능력이란 '쓰기에서 요구하는 지식과 기술의 체계를 통합하는 능력'이라 할 수 있다. 이를 세분화하면, 문자 생산의 유창성, 아이디어 생산의 유창성, 쓰기에 관한 일반적인 규칙과 관습의 숙달, 사회적 인지, 문자언어의 이해와 식별, 반성적 사고 등 여섯 가지 다른 지식과 기술의 체계를 갖추는 것이 높은 수준의 쓰기능력을 보여주는 것이 된다.[159]

그러므로 아버지 작 〈계녀가〉의 내용적 실질성은 단지 시집살이를 잘하라는 것에 있다기보다는 보다 포괄적인 의미에서 인간다운 삶에 대해 교훈을 전하고 싶은 아버지의 의도에 훨씬 강조점이 있게 된다. 이는 시집가는 '딸'에게 하는 교훈이기도 하지만, 시집을 가면 이제 교훈경계를 할 기회조차 없게 되는 '자식'인 딸에게 주는 아버지로서의 교훈이기도 하다는 점에서 아버지들의 쓰기능력이라는 것이 규방가사의 텍스트에 발휘된 것이라 할 수 있다.

### (2) 이본별 지향점의 개방성

1.

앞선 장에서 검토한 바와 같이 규방가사의 작품세계에서 텍스트마다 개별적인 이형태의 양상이 다양하게 나타나는 이유는 규방가사의 '글하기' 전략에서 텍스트의 개별성을 확보하고 발휘하기가 용이한 지점이 있기 때문이었다.

이렇게 규방가사에서는 발상과 표현의 기본틀이 굳건하여 거의 자동적으로 암기될 정도로 텍스트의 고정성이 강한 편이라 할 수 있는데, 이것이 전형적인 틀의 구심력으로 작용하고 있다. 규방가사에는

159) 오택환, 『협동작문의 이론과 실제』 (역락, 2008), 17면.

고정적으로 삽입되어 불변하는 지점이 존재하는데, 이것이 고착적 지표로 활용되면서 이 또한 규방가사의 전형성을 보여주는 지점으로 작용하게 되었다.

중요한 사항은 규방가사의 경우에는 이러한 구심력이 발휘되면서 글쓰기가 이루어지는 과정적 순서가 일반적인 글쓰기에서와는 다르게 이루어지고 있다는 점이다. 선조적 구성의 기본틀을 토대로 텍스트의 유동성과 쓰기의 자동성이라는 국면이 맞물리면서 이본 생성의 동력이자 적층성의 문화적 토대로 작용하게 되는 것이다.

특히 규방가사에서는 문자라는 상징체계에 제한되는 글쓰기의 개념을 넘어서 글쓰기가 이루어지는 범위가 보다 포괄적이게 된다. 쓰기는 복잡하고 불확정적이고 상황적인 행위라는 점에서 쓰기 행위가 간단하게 과정으로 코드화될 수 있다는 생각을 경계해야 한다는 지적[160]을 상기할 때, 규방가사 텍스트가 보여주는 유동성을 이해하는 것은 이본 생성의 동력을 파악하는 데 큰 도움이 될 것이다. 유형적 틀의 고정화 안에서 개인적·개성적 욕구가 발휘되는 게 이본의 문제라 할 수 있는 만큼 이본 생성의 동력을 탐색하고 규방가사가 보다 역동적으로 창작·향수·전승되어온 정체성에 대해 성찰하는 계기를 가질 수 있으리라 생각한다.

이본별 지향점의 개방성을 보여주는 사례로 〈귀녀가〉의 경우를 대표례로 들어 집중적으로 살피고자 한다. 기왕의 논의에서 〈귀녀가〉는 변형 계녀가의 하나로 짧게 언급되었을 뿐 본격적인 검토가 이루어지지 않았기 때문이다.

이들 작품은 내용상 선조적 구성의 기본틀을 유지하면서, '서사-출생-성장기-성혼-계녀-중년 이후·결사'의 흐름을 담는 구성방식을 공통적

160) 이수진, 『쓰기 수업 현상의 이해』(박이정, 2007), 32면.

으로 보이고 있다. 이본별 세부적인 구성을 정리하면 다음과 같다.

<table>
<tr><th></th><th>〈귀녀가(이대본)〉</th><th colspan="2">〈귀녀가(전집본)〉</th><th colspan="4">〈귀녀가(고대본)〉</th><th>〈귀녀가(33권본)〉</th></tr>
<tr><td>제목</td><td>〈귀녀가〉</td><td>〈귀녀가〉1</td><td>〈귀녀가〉2</td><td>〈귀녀가라 귀ᄒᆞᆫ ᄯᆞᆯ노릭라〉1</td><td>〈귀녀가〉2</td><td>〈귀녀가〉3</td><td>〈귀여가〉4</td><td>〈귀여가〉</td></tr>
<tr><td>서사</td><td>8</td><td>4</td><td>4</td><td>4</td><td>4</td><td>4</td><td>4</td><td>15</td></tr>
<tr><td>출생</td><td>37</td><td>24</td><td>26</td><td>42</td><td>39</td><td>42</td><td>38</td><td>37</td></tr>
<tr><td rowspan="3">성장기</td><td rowspan="2">삼칠일:10</td><td>백일:6</td><td>백일:12</td><td>3,4세:10</td><td>3,4세:10</td><td>3,4세:18</td><td>3,4세 : 18</td><td>3,4세:18</td></tr>
<tr><td>돌 : 29</td><td>돌 : 29</td><td>2,3/4,5세:12</td><td>2,3/4,5세:12</td><td rowspan="2">7,8세:68</td><td rowspan="2">7,8세:69</td><td rowspan="2">7,8세:72</td></tr>
<tr><td>7,8세:13</td><td>7,8세:44</td><td>7,8세:36</td><td>7,8세:78</td><td>7,8세:78</td></tr>
<tr><td rowspan="3">성혼</td><td>15세:20</td><td rowspan="3">16세 : 102</td><td rowspan="3">16세:101</td><td rowspan="3">15세:40</td><td rowspan="3">15세:40</td><td rowspan="3">15세:48</td><td rowspan="3">15세:50</td><td rowspan="3">15세:50</td></tr>
<tr><td>16세:6</td></tr>
<tr><td>19세:5</td></tr>
<tr><td rowspan="2">계녀</td><td rowspan="2">0</td><td>124</td><td>132</td><td rowspan="2">104</td><td rowspan="2">158</td><td rowspan="2">161</td><td rowspan="2">155</td><td rowspan="2">약 336</td></tr>
<tr><td>21</td><td>21</td></tr>
<tr><td>중년이후 · 결사</td><td>0</td><td>10</td><td>10</td><td>30</td><td>32</td><td>40</td><td>58</td><td>약 165</td></tr>
<tr><td>분량</td><td>99</td><td>364</td><td>371</td><td>320</td><td>373</td><td>371</td><td>392</td><td>약 693</td></tr>
<tr><td>후미부</td><td>없음</td><td>있음</td><td>없음</td><td>없음</td><td>있음</td><td>없음</td><td>있음</td><td>있음</td></tr>
</table>

특히 〈귀녀가〉라는 제목, 그리고 '귀녀'라는 명명이 암시하듯 〈귀녀가〉에서 전면에 부각되는 인물은 '어머니' 자신이라기보다는 '딸'이라 할 수 있다. 작품의 존재 의의가 '귀녀'라는 인물을 제대로 살려내는 데 있다는 점에서, 귀녀라는 인물이 어떻게, 어째서 '귀한 딸'로 형상화되는지를 살피는 것은 매우 중요해진다.

이에 우선적으로 주목할 사항은 귀녀라는 인물이 어떻게 귀한 딸로 형상화되는지를 살펴보는 것으로, 〈귀녀가〉에서는 출생 부분에서부터 '타고난 팔자'가 좋음을 강조하고 있음이 드러난다.

다음에서 보다시피 '10남1녀(이대본) · 무남독녀(전집본) · 구자기복

후 회임(33권본)'의 상황 설정은 '귀하게 얻은 딸'임을 보여주는 것인데, 타고난 시 · 공간조차 '태평성세 · 복덕촌' 등으로 설정되어 흔히 보아온 평범한 딸의 출생과는 확실히 다르기 때문이다. 〈귀녀가(33권본)〉에서 그 아버지를 '김복천'이라 명명하며 누대 명문거족의 후예로 설정하는 것도 이런 맥락에서 보다 구체성을 획득하려는 의도의 소산으로 보인다.

무엇보다 삼신께 출생의 기쁨을 고하는 부분은 길이의 차이가 있을 뿐, 기원의 내용은 '수복부귀(壽福富貴) · 수부귀다남자(壽富貴多男子) · 수복영귀(壽福榮貴)' 등으로 어느 이본에서나 대동소이하게 나타난다. 삼신과의 대화체 형식을 살려내고 있는 〈귀녀가(고대본)〉과 〈귀녀가(33권본)〉에 이르면 삼신의 답변을 그대로 인용하여 "정성이 지극하니 무엇이 아까우리 상제께 명을빌어 백세를 점지하마 칠성께 복을빌어 부귀를 많이주마"와 같이 귀녀의 팔자가 '수복부귀'할 것임을 아예 못 박고 있다. 이는 '귀녀'의 형상화에 '타고난 팔자 좋음'이 매우 중요한 요소임을 보여주는 지점이다.

<table>
<tr><th rowspan="2">〈귀녀가(이대본)〉</th><th colspan="2">〈귀녀가(전집본)〉</th><th colspan="4">〈귀녀가(고대본)〉</th><th rowspan="2">〈귀녀가(33권본)〉</th></tr>
<tr><th>1</th><th>2</th><th>1</th><th>2</th><th>3</th><th>4</th></tr>
<tr><td>어와 세상사람들아 이내말씀 들어보소 이전사람 하신말씀 부중에 생남이라 생여라 영생남 하온후에 일여자를 원하더니 을축년 동지달에 내딸아기 낳단말가</td><td colspan="2">태평원열<br>복덕촌에<br>귀동녀<br>나단말가<br>평생길흉<br>의논하니<br>생기복덕<br>좋을시고</td><td>경쥬부<br>모셔촌의<br>귀동ᄯᅡᆯ<br>나시거다<br>틱평셩셰에<br>텬지도<br>죠흘시고</td><td>화산땅<br>복덕촌의<br>귀동딸<br>나게시다<br>태평성대에<br>천시도<br>좋을시고</td><td colspan="2">화산땅<br>복덕촌에<br>귀동딸<br>낳으시니<br>평생에<br>좋은세계<br>생기복덕<br>좋을시고</td><td>화산ᄯᅡ 복덕촌에 일하경ᄉᆞ 잇ᄉᆞ되 성은 김이뇨 명은 복쳔이니 ᄃᆡᄃᆡ 명문거족으로(판독불가)오십에 남녀간 자손이업셔 쥬야 스러ᄒᆞ더니 일일은 부인눈씨 시랑을 형ᄒᆞ여 왈 자고로 명산ᄃᆡ혈의 긔도ᄒᆞ여 ᄌᆞ식본이 만은이 우리도 명산의 긔도ᄒᆞ여 ᄌᆞ식을 비러보ᄉᆞ이다 시랑이 ᄃᆡ왈 명산의 기도ᄒᆞ여 ᄌᆞ식얼 볼진ᄃᆡ 천ᄒᆞ의 무ᄌᆞᄒᆞ리 어ᄃᆡ 잇스리요 ᄒᆞ고 그달부</td></tr>
</table>

| | | | | |
|---|---|---|---|---|
| | | | | 터 명산 기도ᄒᆞ여더니 과연 그달부터 ᄐᆡ긔잇셔 십삭만의 귀동ᄯᆞᆯ을 나아시니 평ᄉᆡᆼ의 조흔세세 ᄉᆡᆼ긔복덕 죠흘시고 |

물론, 이런 공통점에도 불구하고 8종의 〈귀녀가〉는 크게 네 부류로 유형화가 가능해진다. 이본별 지향점에 따라 세부적인 변이지점들이 확연히 존재하고 있기 때문이다.

**첫째**, 〈귀녀가(이대본)〉은 '세상 사람들'을 청자로 설정하여 딸 낳은 어머니 자신의 이야기를 풀어나가는 방식을 취하는데, 작품 전체적으로 10남을 둔 화자가 간절히 딸을 원하던 상황에서 드디어 딸을 얻게 된 기쁨이 잘 드러나고 있다. 다른 이본들에 비해 성장기의 서술 비중이 크게 줄었고, 성혼의 시기가 15, 6세가 아닌 19세로 설정된 점이 특이하다.

서사에서 출생연도를 구체화시킨 것처럼 성혼 과정의 서술에서도 구체적인 시간과 인물을 밝혀놓고 있어,[161] 이로 미루어 밀양 박씨 문중 강수문도공파의 후손과 결혼한 주인공의 상황을 추측할 수 있게 된다.

**둘째**, 〈귀녀가(전집본)〉으로 묶인 2종은 내레이터의 설정을 통해 귀녀 출생을 설명하는 방식을 취하는 경우이다. '태평연월 복덕촌'과 같이 다소 막연한 시 · 공간을 배경으로 딸의 출생을 알리고 있다. 기박한 팔자인 '나'와 팔자 좋은 '세상사람들'이 대조적으로 설정되면서 아들을 원했으나 딸을 낳아 섭섭한 '나'의 마음이 고스란히 전달되고 있다.

그리고 이런 부분들은 작품 말미에 첨부된 필사기록과도 연결되는 부분이다. 무엇보다 〈귀녀가(전집본)〉은 계녀 항목에 출사(出仕)한 남

161) - 을축년 동지달에 내딸아기 낳단말가(서사 부분) - 이때가 어느때냐 갑신년 정월이라 을호촌 박성씨는 문도공의 자손으로 사대부집 벌열이오(성혼 부분)

편을 구체적으로 내조하는 교훈경계를 포함함[162]으로써 전형적인 〈계녀가〉의 통상적인 범주를 넘어서고 있음이 특기할 만하다.

**셋째**, 〈귀녀가(고대본)〉으로 묶인 4종은 〈귀녀가(전집본)〉과 마찬가지로 내레이터의 설정을 통해 귀녀 출생을 설명하고 있지만, 출생의 기쁨을 삼신께 고하고 축원하는 부분에서 대화체 형식을 취하고 있어 다른 이본들과 차별화된다. 또한 출사 이후 승승장구하는 사위의 행적을 자세히 서술하면서 딸의 여생 또한 좋게 풀림을 칭송하는 것으로 작품을 마무리하고 있다.

**마지막으로**, 〈귀녀가(33권본)〉은 구성상 흐름이나 표현방식을 볼 때 〈귀녀가(고대본)〉과 상당히 유사하지만, 어떤 항목이건 다변(多辯)으로 장형화되고 있어 분량차이 때문에라도 같이 묶어 살피기가 곤란하다고 판단된다. 특히 후반부 기원 부분에서는 출세한 남편을 따라 구경에 나선 광경 묘사가 상당히 구체적이면서 장황해지고 있음도 여타 이본들과 확연히 구분되는 지점이다.

무엇보다 다른 이본들과의 가장 큰 차이는 서사 부분에 있다. 〈귀녀가〉의 출생배경을 설명하면서 귀녀의 아버지가 대대로 전해오는 명문거족의 후예인 '김복천'이고 어머니는 윤씨임을 밝히면서, 불임(不姙) · 무자(無子)의 상황인 50대 부모가 명산에 기원하여 자식을 얻게 된 내력을 비교적 소상하게 설명하고 있기 때문이다.

이상에서 살핀 바 〈귀녀가〉는 제목이나 기본 구성상의 유사성을 토대로 세부적인 차이를 보이고 있는데, 유통의 범위를 따지자면 〈귀녀

162) - 군자가 영귀할 때 내직을 다지내고 도곡에 외임하여 당상에 열친하고 선산에 소분하고 쌍교를 비껴타고길대로상에 몰아가니 거리거리 구경이요 마을마을 칭찬이라 실내를 바치어도 교기를 두지말아 내아예 들어서도 재물탐을 하지말아 비복들을 신칙하여 염성문에 나질말며 동헌의 훤화성을 듣지못함 같이하라 귀물이 생기거든 궁교빈족 나눠주라 사친의 편지답장 공간으로 하지말아 …(〈귀녀가(전집본)〉)

가(고대본)〉이 가장 활발하게 필사 · 향수되었다고 생각된다.

또한 작품의 창작이나 필사 · 등서시기가 다르기는 하지만, 어느 본이나 다음에 제시한 후미부의 기록을 살피자면 작품 향수의 목적성이 '인물의 삶을 본받기'를 원하는 데 있음을 보여주고 있다. 이는 〈귀녀가〉가 어쩔 수 없이 계녀가의 맥락에서 소통 · 향수되었음을 보여주는 지점이다.

| 〈귀녀가(전집본)〉 | 〈귀녀가(고대본)〉 | | 〈귀녀가(33권본)〉 |
|---|---|---|---|
| 1 | 2 | 4 | |
| ᄃᆡ져 ᄉᆞ람이 ᄉᆡᆼ남을 원할거시요 ᄉᆡᆼ녀를 뉘바라리요 모도 ᄉᆡᆼ남만ᄒᆞ난 법이 업스니 혹 ᄉᆡᆼ녀ᄒᆞ거든 이만치 총명ᄒᆞ며 영귀하면 어ᄂᆡ부모가 귀치안타ᄒᆞ리요<br><br>병오 이월 십이일 필셔, 이 ᄎᆡᆨ 쥬인은 경셩 북숑방 안병ᄉᆞ ᄌᆞ부 | 신해 삼월 망일 구하여서 자부 김씨를 위해 등서하니 노안이 희미하여 글자 고약하나 이 가사 족히 부녀의 본받을만하기로 써주니 너도 이걸 보고 이대로 행하여 수부귀 다남자하여라. | 병오 삼월에 식사를 추모하와 새로온 지희 측량없을 차 이 책을 우연 들어보니, 우습기에 심심작난삼아 썼으나, 글씨 고약 남부끄럽고, 참괴하나 우리 구댁에서는 아껴 보실 듯, 천지자손만대 유전하라 | 무혼모인ᄒᆞ고 이ᄎᆡᆨ 보시ᄂᆞᆫ 이난 김소져의 본을 ᄇᆞ드면 시집가셔 구고임 남편의게 귀히 뷜ᄲᅮᆫ이 아니라 효제츙신 인도ᄉᆞ고 형제우ᄋᆡ 극진ᄒᆞ고 일가친척 화목ᄒᆞ고 비복동유 ᄋᆡ휼ᄒᆞ면 ᄇᆡᆨᄌᆞ션존ᄒᆞ고 부귀영낙하리라 |

2.

앞서 살피 바대로 계녀가류 규방가사는 시집살이를 잘할 것을 권고하는 선에서 작품이 마무리되지만, 〈귀녀가〉는 시집살이를 잘 하는 선에서 더 나아가 여자의 말년을 어떻게 보내야 하는지에 대해서까지 이야기하고 있다. 중요한 것은 출생에서부터 '복덕(福德)'을 타고난 귀녀가 자신의 팔자대로 일생을 마무리할 때까지 '팔자'만큼 큰 힘을 발휘하는 것이 '계녀 사항의 실천'이라는 점이다.

이렇게 팔자가 아무리 좋다 해도 어머니가 경계하는 시집살이의 교훈을 망각해서는 안 됨을 주지시킨다는 점은, 여자로 태어난 이상 어떤 팔자를 타고났건 여행(女行)과 여공(女工), 여훈(女訓)으로 요약되는 규범적인 삶의 기준은 공통됨을 보여주는 것이기도 하다.

규방가사에서 여성의 삶은 '유년기-편력기-성숙기'의 시간적 순서에 따라 재구성된다. 그 과정에서 겪는 고난의 개인생애가 철저한 현실인식과 자아각성을 통해 드러난다. 또한 여성의 억압받고 종속된 삶은 개인적인 것이 아니며 여성 공통의 운명이며 역사적인 맥락을 가진다는 자각에 도달하고 있다.[163]

무엇보다 〈귀녀가〉가 전형 계녀가의 틀이나 표현방식에서 많이 이탈하였음에도 여전히 계녀적 효용성에 대한 기대치가 큼을 보여주는 필사기록들을 볼 때, 〈귀녀가〉는 계녀가류 규방가사의 전개과정에 다양하게 등장하는 변이형[164]들이 이른바 전형성을 탈피하여 새로이 기대하는 효과가 무엇인지를 보여주는 작품이라 할 수 있다. 전형성을 기준으로 새로운 의사표현의 욕구를 반영하여 변이형을 마련하고 있기 때문이다.

〈귀녀가〉에서 팔자좋은 여자의 전형으로 귀녀를 등장시켜 여자의 일생을 이야기하되 조금의 갈등이나 결핍 없이 충족한 삶을 살게 됨으로 칭송하는 것은, 〈신행가〉에서 고금부녀의 착한 덕행과 문중에 대한 자부심이 나열되고 시댁의 내력과 신랑 칭찬이 제시된 후 축원으로 작품의 끝을 맺는 것과 마찬가지처럼 보인다.[165] 곧, 언어로 표출되는 '소망'의 차원과 행간에 채워진 '현실자각'의 차원은 자칫 긴장을 조성하거나 괴리감을 표출하게 마련인데, 〈귀녀가〉에서는 칭송의 말하기를 통해 이러한 괴리 혹은 긴장을 극복하고 있기 때문이다.

---

163) 백순철, 앞의 글, 128면.
164) 박경주, 「변형계녀가의 장르적 특성과 담화 양상」, 『규방가사의 양성성』(월인, 2007), 37-57면.
165) 권영철 편, 앞의 책, 38면.

바로 이런 맥락에서 〈귀녀가〉에 동원된 구성요소들이 현실의 리얼리티를 깨고 어머니의 소망을 축원하는 것처럼 보이기도 한다. 〈귀녀가〉에서 귀녀의 일생에 이렇다 할 역경이 없고 이를 풀어나가는 고된 노력 등이 형상화되지 않는 점 등은 모두 이런 측면을 반영하는 것으로, '귀녀(혹은 귀녀의 일생)'에 대한 형상화에는 여성들의 소망어린 삶의 편린들이 이면에 깔려있을 수밖에 없다고 판단되기 때문이다.

그런 점에서 〈귀녀가〉에는 여자팔자를 보는 두 가지 시각이 존재하는 셈이다. 그 하나는 남자와 다르게 살아갈 수밖에 없는 '세상여자' 일반으로 사는 팔자이고, 다른 하나는 복덕을 구비한 '귀녀'가 되어 '수부귀다남자'라는 영화로운 삶을 누리고 사는 팔자이다.

〈귀녀가〉는 이 두 가지 팔자를 동시에 보여주고 있는데, 행복한 결말로 향해가는 구조이기에 전자에서 빚어질 탄식과 원망과 분노 등은 이면에 숨게 되고 대신 후자를 통해 얻게 될 대리만족의 효과를 부각시키려 한다. 이 작품에서 '경사로다 · 재미로다 · 기쁘도다 · 귀하도다' 등과 같은 찬사가 빈번한 것은 바로 이 때문이다.

그리고 바로 이 부분에서 이본별 지향성이 달라지고 있다. 〈귀녀가(고대본)〉은 '여자할일 하고 많음'을 절로 탄식하고 있는데, 이는 출생에서부터 보여준 귀녀의 고귀함이나 완벽함과는 전혀 상관없이 필부(匹婦)에게 해당되는 훈계사항이나 마찬가지여서 타고난 팔자가 좋아도 어쩔 수 없음을 보여주는 부분이었다. 하지만, 훈계가 자세하고 장황해진 그만큼 귀녀의 삶에 대한 칭송 또한 장황해지고 있었다.

〈귀녀가(33권본)〉은 말미기록에서 "김소져의 본을 ᄇᆞᆮ드면" 시집가서 구고와 남편의 사랑 받는 귀한 존재가 되고 부귀영락할 것이라 장담할 정도로 〈귀녀가〉의 주인공을 본받을 만한 위인으로 부각시키려 한다. 이는 〈귀녀가(고대본)〉과 유사한 내용 전개를 보였음에도 항목마다 더욱 장황해지고, 서사 부분에 극적인 출생배경을 덧붙인 의도와도 맞물리는 부분으로, 칭송의 말하기 방식을 보다 자연스럽게 동원하기 위한 맥락이라 할 수 있다.

반면, 〈귀녀가(전집본)〉은 말미기록에서 파악되는 현실인식의 단서가 여타의 이본과는 다르게 나타난다. "ᄃᆡ져 ᄉᆞ람이 ᄉᆡᆼ남을 원할거시요 ᄉᆡᆼ녀를 뉘바라리요" 부분은 남아선호 혹은 남존여비의 당대 풍속을 반영한 것인데, 이는 '초산(初産)에 단산(斷産)하여 독녀(獨女)를 두었을 뿐인 화자가 이러한 자신의 처지를 세상사람들이 조롱한다'고 생각했던 서사의 상황 설정과 긴밀히 연결된다.

그렇다고 "모도 ᄉᆡᆼ남만 ᄒᆞ난 법이 업"다는 점에서 〈귀녀가〉라는 규방가사 텍스트가 필요할 수밖에 없게 된다. "혹 ᄉᆡᆼ녀ᄒᆞ거든 이만치 총명ᄒᆞ며 영귀하면 어ᄂᆡ 부모가 귀치 안타ᄒᆞ리요"에서 보다시피 어떻게 딸을 키울 것인가 하는 측면에서 귀감이 될 만한 이야기를 담은 것이 바로 〈귀녀가〉이기 때문이다.

그래서 〈귀녀가(전집본)〉에서는 중년 이후의 시기조차도 귀녀에게 계녀교훈이 필요하다는 사실을 주지시켜 여전히 어머니의 조언을 들어야 하는 존재로 그려내고 있다. 그에 따라 '계녀'의 비중이 상대적으로 커졌고, 다른 이본들에서와 달리 결사에서 귀녀를 칭송하고 미화하는 부분이 크게 약해져버렸다.[166] 구술채록본으로 미완의 상태인 〈귀녀가(이대본)〉을 빼고, 〈귀녀가(전집본)〉의 분위기가 나머지 이본들과 차이나는 것은 바로 이런 지향성 때문일 것이다.

이 항에서 〈귀녀가〉를 특히 주목하여 이본별 변이의 양상을 구체적으로 고찰한 것은, 이본별 지향점의 개방성을 허용하는 것이 규방가사의 '글하기' 전략에서 중요한 근간으로 작용함을 보여주기 위함이었다.

---

166) - … 네팔자 더욱좋아 수령방백 다지내고 일품에 복상하니 부인칭호 높을시고 자손이 만당하고 종고로 즐길적에 백수잔년 너의외모 죽지말고 보고지고 어와 귀하도다 우리아기 귀하도다 …(〈귀녀가(전집본)〉)

이본별 변이양상이 보여주는 다양한 지향점들은 규방가사에서 텍스트의 유동성이 어떻게 이루어지는지를 이해하는 데 큰 도움이 되었다는 점에서, 〈귀녀가〉의 존재양상은 규방가사의 '글하기' 전략을 살피는 중요한 사례라 할 수 있다.

무엇보다 〈귀녀가〉는 어떤 유형에 귀속시켜 그 특징을 재단하기 전에 살피고 싶은 몇 가지 사항을 흥미롭게 보여주는 한편으로 '귀녀'라는 인물의 형상화를 통해 규방가사의 힘이 무엇인가를 생각할 수 있게 하였다. 규방가사의 향수층이 시대나 공간, 주체의 성격에 따라 매우 다양한 성향으로 존재하면서도 하나로 묶일 수 있는 것이 그러한 공감대 때문이라면, 〈귀녀가〉 독해를 통해서 역시 작지만 소중한 울림 하나를 들을 수 있었으리라 기대한다.

### (3) 동명이작의 방향성

1.

이 항에서 살필 작업은 이본생성의 동력이 작용하는 또다른 양상으로 동명이작(同名異作)의 형태가 나타나는 경우이다. 곧 '글하기' 전략의 근간으로 작용하는 텍스트의 유동성이라는 특성이, 제목은 동일하나 그 실상은 전혀 상이한 다른 작품(곧, 동명이작의 형태)을 허용하는 데까지 이르렀기 때문이다. 동일제목임에도 작품의 실상이 다르다는 것은 텍스트에 대한 향수자들의 지향하는 바가 다르게 구현되었음을 보여주는 것으로, 이를 통해 텍스트의 유동성을 이해하는 또다른 방편을 주목할 수 있을 것이다.

이에 대상자료로 〈사친가〉를 선택하여 구체적인 양상을 살피고자 한다. 〈사친가〉는 기왕의 규방가사 논의에서 크게 주목받지 못한 작품군으로, 종래에는 〈여자자탄가〉 등과 비교하거나[167] 효담론의 차원에

서 전고인용의 양상을 분석하였을 뿐[168] 본격적인 논의가 활성화되지는 않았다.[169]

앞선 장에서 행한 대상자료의 검토작업에서도 〈사친가〉의 자료적 실상을 토대로 동일제목임에도 '자탄형'과 '월령형'이라는 두 유형을 기준으로 다수의 작품이 존재하고 있음을 지적한 바 있다. 이렇게 동일제목의 다른 작품이 규방가사권에서 왕성하게 존재하는 토대에는 〈사친가〉 향유의 적극성이 담보되어 있을 것이며, 이렇게 적극적이고 지속적인 향수상의 근저를 주목한다면 규방가사 이해의 새로운 가능성을 열어보는 것도 가능하리라 생각하기 때문이다.

연구자가 텍스트의 유동성을 보여주는 중요한 사례로 〈사친가〉를 주목하는 이유는 이러한 연구사적 정황이 특이하게 느껴지는 것과 맞물려, 또다른 규방가사 작품 〈여탄가〉에서 〈사친가〉를 언급한 다음과 같은 부분이 관심을 끌어서이기도 하다.

> - 소설책도 일그면서 <u>사친가</u>도 봉독하고 … 부지련은 제목동들 <u>사친가</u>를 외부르나 … 가진명졀 좋은때에 동닉부인 모여안자 가사책도 일그면서 소설책도 서로볼제 …

위에 인용한 〈여탄가〉는 경북 의성군의 화실댁이 필사한 작품으로 전해지는데, 권영철은 여자로 태어난 신세를 한탄하되 그러한 와중에

---

167) 이재수, 「女子自歎歌 硏究」, 『동양문화연구』 2집(동양문화연구소, 1975), 2-9면; 이재수, 『내방가사연구』(형설출판사, 1976).

168) 조금상, 「사친가류 가사 연구」(석사학위논문, 동덕여대, 2000).

169) 다음의 논의들에서 〈사친가〉에 대해 단편적인 논급이 이루어지고 있다. 이태호, 「월령체가의 내용적 연구」(석사학위논문, 건국대, 1970) : 박준규, 「월령체가 연구」(석사학위논문, 전남대, 1972), 35-38면 : 이규순, 「규훈류 연구」(박사학위논문, 숙명여대, 1987); 성무경, 「가사와 잡가의 접점에 대한 일고찰」, 『반교어문연구』 9집(반교어문학회, 1998), 203-240면.

도 시집살이 규범을 다시 되새기며 아우르는 한국여인의 생활양식을 잘 보여주는 가사작품이라 소개하고 있다.[170)]

이를 통해볼 때 〈여탄가〉는 여자들의 일상생활과 매우 긴밀한 작품이라 여겨지는데, 바로 이러한 작품에서 〈사친가〉가 반복적으로 언급된다는 것은 〈사친가〉의 향수상이 의외로 폭넓게 이루어지고 있음을 짐작케 하는 것이라 생각한다.

우선, 〈사친가〉는 제목에 '사친'을 내세운 만큼 결혼하여 친정을 떠난 여성의 사친지정을 형상화하는 데 일차적인 목적을 둔 작품이라 할 수 있다. 이러한 목적에 가장 근접한 작품군이 바로 자탄가의 범주에 드는 작품들로, 이를 〈사친가(자탄형)〉으로 명명하였다.

그런데, 출생에서 성장·성혼에 이르기까지 출가외인이 되어 살아가야 하는 여자의 일생을 기준으로 삼는 양상은 혼인 절차에 따라 작품을 구성하는 규방가사 작품에서 익히 보아온 바다.[171)] 이재수는 〈여자자탄가〉를 논의하면서 '여자유행가 · 여자자탄가 · 사친가' 등을 대상으로 이들 유형을 비교할 12항목을 선택하여 검토한 바 있는데, 이들 작품들이 사소하게 첨삭되는 한두 가지 항목의 차이가 존재할 뿐 크게는 대동소이함을 지적하기도 하였다.[172)]

그럼에도 〈사친가(자탄형)〉이 이들과 확연히 구분되는 점은, 어느 부분에서건 해당 단위마다 친정부모와 연관된 언급을 빠짐없이 함으로써 〈사친가〉라는 제목에 어울리는 틀로 다듬고 있다는 데 있다. 외관상으로는 여타 유형군에서 보이는 모티프들과 공통되지만, 실상에

---

170) 권영철, 『규방가사; 신변탄식류』(효성여대출판부, 1985), 273-284면.

171) 박경주, 「변형계녀가의 장르적 특성과 담화양상 고찰」, 『규방가사의 양성성』(월인, 2007); 송재연, 「계녀가사의 구성 양상과 서술특성」(석사학위논문, 서울대학교, 2000); 양지혜, 「계녀가류 규방가사의 형성에 관한 연구」(석사학위논문, 이화여대, 1998).

172) 이재수, 앞의 글, 18-19면.

있어서는 그러한 모티프를 주제에 맞게 변주하고 있다는 점에서 기왕의 것들과는 다소나마 차이를 갖는 새로운 작품이 되는 셈이다.

〈사친가(월령형)〉의 경우에는 달마다의 절기 풍속을 언급하면서 매월마다 초두와 말미 부분이 정형화된 표현으로 반복되면서 한 달 단위로 자체 완결되는 시간적 구성을 갖게 된다. 이때의 기준은 매월의 절기에서 연상되는 '사친지일'이 되는데, 하나의 작품 안에서 한 달이라는 균질한 단위의 시간성이 12회나 반복되는 구성을 취하고 있는 셈이다.

그런데 〈사친가(월령형)〉에서 보다 중요한 것은, '가련하다, 슬프다. 허송(세월)하다, 사친, 부모효양(봉양)'과 같은 키워드가 매월마다 반복적으로 나옴에도 적지 않은 분량을 채우는 것은 이러한 키워드와 거리가 먼 절기 관련 고사 인용에 있다는 사실이다. 기왕의 논의에서 효담론의 차원에서 전고인용의 양상을 주목하고, 규훈류의 맥락에서 〈사친가〉를 조명한 이유가 바로 여기에 있다.[173)]

그런 점에서 〈사친가(월령형)〉은 비교적 균일한 규모의 제한성으로 (기계적인) 반복이 용이한 구성임을 알 수 있고, 이는 이 유형에 속하는 작품들이 특별한 변이 없이 이러한 구성을 거의 그대로 답습하고 있는 데서도 쉽게 확인된다.

2.

앞선 작업에서 주목한 사항은 제목의 고정성이 큼에도 텍스트 차원에서 수적 분포도가 큰 두 유형이 있다는 점이다. 곧, '자탄형'과 '월령형'으로 명명한 작품들은 어느 쪽이건 양적으로 적지 않은 분포를 보이며, 유형별로 대동소이한 필사작업이 꾸준히 지속되고 있음을 확인할 수 있었다.

---

173) 이규순, 「규훈류 연구」(박사학위논문, 숙명여대, 1987); 조금상, 「사친가류 가사연구」(석사학위논문, 동덕여대, 2000).

그런 의미에서 〈사친가〉의 특징적 면모로 주목할 첫 번째 지점은 '사친' 주제가 전면적으로 부각되며 형상화되는 방식을 살피는 작업이다. '사친'의 주제는 규방가사의 작품세계에서는 비교적 흔한 편이라 할 수 있는데, 작품의 제목으로 이를 전면에 내세웠다는 것은 사친 주제를 보다 본격적으로(또는, 집중적으로) 형상화하겠다는 의미가 되기 때문이다.

이렇게 〈사친가(자탄형)〉에서 부각되는 것은 부모에 대한 사모의 심정을 어떻게 표현할 것인가의 문제들로, 이는 서사의 표현에서부터 '부모생각'에 집중하여 사친지정을 토로하는 분위기가 강한 데서 충분히 예견되는 바이기도 하다. 부모의 자식사랑에 대한 감정이입을 나타내고 혼인준비에 신경 쓰는 부모의 노고를 진심으로 걱정하는 식의 서술은 〈사친가(자탄형)〉에서 매우 흔하게 발견되는 부분들이다.

특히 〈사친가(자탄형)〉에서는 장면화된 기억을 더듬어 회상하는 방식을 적극적으로 활용하여 사친지정의 표출을 강화하고 있다. 신행 장면과 관련하여 어머니의 훈계와 석별지정을 표출하는 것은 여느 규방가사 작품에서와 마찬가지라 할 수 있지만, "우리어매(엄마/어마)"의 일거수 일투족을 자세히 묘사하는 것은 그 정도가 훨씬 강화된 것이라 볼 수 있다.

그래서 작품을 마무리하는 단계에 이르면 다음에서처럼 감정적 표현의 양상들이 다양하게 쏟아져 나와 사친지정 표출의 극점을 보여주게 된다. 이는 규방가사에서 익숙하게 반복되어 왔던 출가외인으로서의 정체성 혹은 여자유행의 불합리함에 대한 원망과 탄식의 정조가 팽배하게 되었음과 연결되는 것이라 생각한다.

- 반갑도다 반갑도다 옛날보던 길이로다 …
- 불버워라 불버워라 남자일신 불버워라 …

- 원이로다 원이로다 지금죽어 환생하여 남자몸 되어나서 부모봉양 원이로다 …
- 가소롭다 가소롭다 지금죽기 원이로다 …
- 한이로다 한이로다 허사로다 허사로다 부모공덕 허사로다 …
- 절통하다 부녀일신 만가지로 생각하니 절통하기 측양없다 …

한편, 〈사친가(월령형)〉의 경우 사친지정의 감정적 표출을 직접적으로 전달하기에는 아무래도 겉돌 수밖에 없다는 단점을 지닌다. 초두와 말미 부분의 표현이 고정적인 이유도 있지만, 무엇보다 전고인용이 큰 비중을 차지하다 보니 중심부에 서술된 내용이 곧바로 사친지정의 표출로 연결되지는 않고 있기 때문이다. 따라서 정월에서 12월까지 지속되는 월령 구성의 기본 틀이 단순하다거나 기계적으로 보인다는 인상적 평가가 나올 수밖에 없다.

〈사친가(월령형)〉은 출가외인으로서의 사친지정 표출에 집중한다기보다는 직접적으로 와닿는 "思親之日 不多하니"에서 촉발되는 상황의 절박함을 기본 전제로 한다. 곧, 매월마다 표출되는 이야기들은 그저 달마다 기념해야 할 절기별 행사여서가 아니라, 이를 계기로 촉발된 '사친지정'과 '부모(생전) 극진봉양'의 주제의식이 보다 크기 때문이다.

그래서 월마다의 사친지일 상기는 (여자여서 특히) 부모를 곁에서 모시지 못하는 처지뿐만 아니라 (남자라도) 언젠가는 부모의 부재로 효양 불가의 상황을 맞게 될 것이고, 그래서 효양의 현실적 불가능성을 전제로 한 사무친 '사친지정'을 비관적으로 토로하는 것으로 귀결된다. 화자가 '우리부모가 절기마다의 행사를 모르고' 즐기지 못함을 반복적으로 탄식하고 있는 이유를 여기에서 찾을 수 있을 것이다.

그런 점에서 이러한 사친지정의 사무침은 '여자유행'의 처지를 넘어 자식된 입장이라면 누구에게나 (남녀를 불문하고) 공통적인 사항이 된다. 서두에서부터 말미에 이르기까지 여자신세의 한탄은 상대적으로 줄어들고 전체적으로 애상조가 되어버린 것은 이러한 정황을 반영하는 것이며,[174] 결과적으로 〈사친가(자탄형)〉과는 동일제목임에도 전혀 다른 작품이라 볼 수 있을 것이다.

3.

다음으로 주목할 이 항의 관심사는, 동일 제목임에도 유형마다 보여주는 작품의 구성적·표현적 차원의 특징들이 다르다는 사실이 과연 어떤 의미를 갖는가를 주목하는 데 있다. '동명이작'의 방향성이라는 표현은 이런 맥락에서 나온 것이다. 이를 위해 검토하고 싶은 바가 바로 대상자료의 필사 형태이다.

우선, 〈사친가(월령형)〉의 경우 필사형태를 살피면 다음과 같이 한자어를 그대로 노출하여 표기하는 경우(A)와 한글로 바꾸어 필사하는 경우(B)로 크게 나눌 수 있다.

| A[175] | B[176] |
| --- | --- |
| 正月이라 十五日에 玩月하는 少年들아<br>凶豊도 보려니와 父母孝養 생각세라<br>身體髮膚 四大節은 부모님께 타낫스니 … | 정월이라십오일의완월ᄒᆞ든소연들아<br>흉풍도보런니와부모봉양싱각하라<br>신채발부ᄉᆞᄃᆡ절을부모님겨타낫시니 … |

그런데, 두 가지 방법 중 단연 전자(A)의 비중이 커서 〈사친가(월령

174) 류종목은 〈달거리〉는 임이나 부모에 대한 그리움을 독창, 음영조로 읊은 것이기 때문에 듣는 이로 하여금 애틋함을 느끼게 하는 묘미를 지니고 있으며, 이러한 노래들 가운데 세시풍속을 잘 묘사하고 있는 요사들도 있어 민속적 이해의 자료가 되는 것도 있다고 지적한 바 있다. 류종목, 『한국민요의 현상과 재조명』(민속원, 2006), 251-254면.

175) 〈613번〉 사친가 事親歌〉, 〈614번〉 思親歌〉, 〈615번〉 思親歌 사친가라〉, 〈8번〉 思親歌〉, 〈달거리〉가 해당된다.

176) 〈1833번〉 사친가〉와 〈1191번〉 사친가〉가 해당된다.

형)〉의 경우 대체적으로 한자어 표기를 기준으로 하고 있음을 짐작할 수 있다. 이는 무엇보다 일정한 저본을 보면서 베껴 쓰는 작업이라는 사실을 암시하는데, 어느 작품에서나 탈자 여부를 확인한 듯 해당부분을 작은 글씨로 추가하여 채워 넣고 있기 때문이다. 따라서 〈사친가(월령형)〉의 기본적인 내용이나 표현이 변이될 가능성이 적어질 수밖에 없음을 이해할 수 있을 것이다.

그렇다면 〈사친가(월령형)〉의 필사작업은 여태껏 우리가 보아온 규방가사의 향수상황과는 궤를 달리하는 국면이 있게 되는 셈이다. 규방가사에서 한자로 표기된 작품을 쉽게 찾아볼 수 없는 상황임을 고려할 때, 〈사친가(월령형)〉에서 드러나는 이러한 필사방식은 정확성 · 분석적 엄밀함 · 정정을 통한 효과 등을 지향하고 있음을 확인케 하는 지점이 되기 때문이다.[177]

덧붙여 대상자료의 존재양상을 검토하면서 드러난 것처럼, 고정적인 텍스트에 의존하여 정확성을 기리는 쪽으로 필사되는 〈사친가(월령형)〉의 방향성은 작품의 변이폭을 최대한 줄이는 대신 잡가 방면으로의 접점을 갖고 활발한 교류상을 보여주는 쪽으로 연결된다.[178]

물론 어느 것이 선행(혹은, 주도)의 역할을 했는지는 현재로서는 단언하기 곤란하지만, 중요한 것은 이러한 방향성이 가창가사의 가사 고정성 · 음률 의존성으로 연결되어 잡가 장르의 가창적인 국면과 호응하게 되면서 향수폭의 자장을 파격적으로 넓히고 있다는 의미가 될 것이다.

한편, 〈사친가(자탄형)〉의 경우 대체적으로 띄어쓰기나 구의 구분 없이 줄글로 이어지는 형태를 취하고 있으며, 한글로 표기하는 큰 원

---

177) 월터 옹, 『구술문화와 문자문화』(문예출판사, 2009), 168면.

178) 성무경, 「가사와 잡가의 접점에 대한 일고찰」, 『반교어문연구』 9집(반교어문학회, 1998), 203-240면.

칙대로 필사하고 있음이 확인된다. 〈사친가(월령형)〉에서와 마찬가지로 탈자 여부를 확인하여 작은 글씨로 추가하는 작업을 하고는 있지만 이렇게 하는 양상은 상대적으로 그 빈도나 비중이 미미한 편이다.

오히려 〈사친가(자탄형)〉의 특징은 기억과 회상의 방식에 의존하여 작품을 구성하게 되면서 보다 사적인 감정 개입이 가능해지고 있다는 점에 있다. 장면마다의 내용들은 이미 화자에게도 매우 익숙한 것일 수밖에 없는 것이, 실제 경험한 바이기도 하고 규방가사의 여러 유형마다에서 반복적으로 나왔던 모티프들이기 때문이다.

이러한 익숙함 때문인지 〈사친가(자탄형)〉에서는 다음에서 보는 바와 같이 동일 부분임에도 필사자의 가감첨삭이 보다 자유롭게 이루어지고 있다.

| 〈사친가(경북대본)〉[179] | 〈사친가라〉[180] |
|---|---|
| 우리어매 나을키워 백리밖에 치와놓고<br>할말도 많거니와 소회도 있건만은 …<br>분주하여 말씀한번 못하옵고<br>음비든비 지내가니 신행날이 닥쳤구나 …<br>가진단장 고이하고 가메안에 들어가니<br>어린동생 큰동생은 구석구석 눈물이요<br>늙은종 젊은종은 목을놓고 설허운다 …<br>우리엄마 날길을제 밤이면 한비개요 들어시고<br>낮이면 한자리의 주옥같이 여기시고<br>잠시라도 아니잊더니<br>백리타향 먼먼길에 날보내고 어이할고<br>내만치든 이개그럭 낱낱이 세로내고<br>방안은 빈방이요 내당의있던 화초밭은<br>졸지로 없어지네 … | 우리어마 나을키워 백리밖에 츌가ᄒᆞ니<br>할말도 ᄒᆞ고 소회도 있건만은 …<br>분주하여 ᄌᆞᆷ시라도 여가업셔 말씀한번 못하옵고<br>엄병덤병 지내가니 신행날이 닥쳤구나 …<br>가진단장 고이하고 가메안에 들어가니<br>어린동생 큰동생은 어걱 눈물이요<br>ᄒᆞᄂᆡ비 절문여비ᄂᆞᆫ 목을놓고 설허운다 …<br>우리부모 날키울적의 밤이면 한비개요 들어시고 낮이면 한자리의 슈족갓치 넵기시고<br>쥬옥갓치 ᄉᆞ랑하여 잠시라도 아잇든이<br>백리타향 먼먼길에 날보내고 어이할고<br>내만치든 이개그럭 다설거져 짐실으니<br>방안은 빈방이요 ᄂᆡ단니든 하초밧틔<br>ᄋᆡ지셕지 ᄒᆞ시드니 오족ᄒᆞ라 간즁솟날<br>ᄌᆞᆺ최도 없어지네 … |

179) 작품인용은 경북대본 〈사친가〉로, 이정옥의 『내방가사의 향유자 연구』에 실린 7번 작품이다.

180) 작품인용은 〈사친가라〉로, 이정옥의 『영남내방가사자료 3권』에 실린 2번

이렇게 표현의 사소한 첨삭이 이루어져 길거나 짧아지는 변이의 양상은 〈사친가(자탄형)〉의 거의 모든 이본에 해당된다고 볼 정도로 매우 빈번하게 드러나며, 앞선 부분에서도 이러한 표현상의 가감변이 양상을 다룬 바 있다.

더욱이 이런 양상이 극대화된 경우를 살피는 것도 가능해지는데, 서로 다른 두 작품을 〈사친가〉라는 제목으로 이어 붙여 필사하거나 〈사친가〉라는 제목을 달고 아예 중간부분부터 필사하고 있거나 하는 양상이 드러나고 있기 때문이다. 따라서 외관상 (특히 제목부터가) 같아 보여도 완벽하게 동일한 텍스트는 전무하게 되는 셈으로, 〈사친가(자탄형)〉은 필사자마다 조금씩 변이의 지점을 보이는 유동적인 텍스트로 존재하게 된다.

그런 점에서 〈사친가(자탄형)〉은 공동의 텍스트를 기준으로 삼되, 작품 하나마다에서는 필사자 개인의 개별적 특성이 가미되는, 이른바 구술성에 입각한 독창성(originality)을 보여주는 작품들이라 할 수 있다.[181] 곧, 새로운 이야기의 줄거리를 생각해내기보다는 그때그때 창작과 향수의 상황에서 이루어지는 어떤 특별한 교류를 통해 작품 하나마다의 개별적인 고유성이 만들어지는 것이리라 짐작되기 때문이다.

최진형은 고소설의 향유관습을 다룬 논의에서, 텍스트 소통에 능동적으로 참여함으로써 작품의 생산에 창조적으로 개입하는 방법으로 '필사'를 통한 향유방식을 주목한 바 있다. 즉 필사를 통한 향유는 작품에 대한 가장 적극적인 '독서행위'이자 가장 입체적인 '향유방법'이 된다는 점에서 텍스트 상호소통의 가능성이 가장 크다고 보았다.[182]

---

작품이다.

181) 월터 옹, 『구술문화와 문자문화』(문예출판사, 2009), 200면.

182) 최진형, 「고소설 향유 관습의 한 양상-장끼전 작품군을 중심으로-」, 『고소설 연구』 18집(한국고소설학회, 2004), 6면.

그리고 이러한 특징적 면모는 〈사친가〉의 향수상에서 보다 사적인 서신의 기능을 강화하는 면모로까지 연결되는 것이 아닐까 생각한다. 앞서 언급한 〈여탄가〉의 기록에서도 드러났다시피, 〈사친가〉가 필요한 이유는 여성들이 친정을 떠나 시집살이를 하면서 떨어져있을 수밖에 없는 친정부모(또는, 형제동기)들에 대한 그리운 마음을 표현하기 위한 것이기 때문이다.

특히 '답신을 기다린다'라거나 '답신으로 주는 글'이라거나 하는 식으로 서신왕래에 대한 소망을 피력한 표현들을 볼 때 사친가류는 '편지(서신)'의 기능을 수행하는 측면이 있었을 것이라 예상된다고 할 수 있다.

## 2) '창작/필사/향수'의 중첩성

1.

앞서 살핀 바 표현의 가감변이 양상에서도 드러난 바와 같이 여성들은 규방가사를 베끼면서 의도적이든 아니든 간에 적극적으로 첨삭변이의 방법을 동원하여 작품에 변형을 가하기도 했는데, 이러한 방식이 바로 창작이 아니면서도 창작에 버금가는 작업을 수행하는 연결고리가 된다.

그런 점에서 이 항에서 관심을 두는 부분은 무기명으로 전해지는 규방가사의 전승상황에 대한 주목이다. 규방가사의 텍스트가 기명작으로 이루어지기 보다는 무기명작으로 전해지고 있기 때문이다.

이는 규방가사의 적층성에 대한 문학적 · 문화적 이해 가능성을 주목하고 이 방면에 대한 관심을 제고할 필요성과도 긴밀히 관련된다. 예를 들어, 규방가사의 텍스트를 조사하다보면 다음과 같은 상황에 쉽게 노출된다. 이정옥이 소개한 『사친가라』[183]라는 두루마리에는 가사 작품인 〈사친가라〉와 〈칠석가〉 2편과 제문 1편, 서간문인 〈답상장〉과 〈문〉 등이 수록되어 있다.

제문의 기사에 쓰인 기록을 보면 다음과 같다.

- 을사 정해월 이십육일 병자는 즉 아모주유인 능성구씨 상긔지일 애타장여 경주이실

이정옥은 이러한 기록으로 미루어 이 자료의 필사연대를 을사년(1905) 이후로 추정하고 있는데, 그렇다고 경주의 이씨가로 취혼한 '경주 이실'이 이 가사집의 필사자인지의 여부에 대해서는 좀더 상세한 검토가 필요하다고 지적하였다. 이는 규방가사의 자료적 실상에서 드러난 소장자와 필사자의 정보가 반드시 일치하는 것은 아님을 보여주는 것이다.

또다른 예로 권영철이 소개한 〈화전가라(12번)〉[184]라는 작품의 경우, 경북 안동시 옥정동 433번지에서 수집된 이 자료의 작자는 미상이며 소장자는 류순희로 밝혀져 있다.

그런데, 이 작품에서는 다음 부분에서와 보다시피 다른 사람이 읊은 〈화전가〉를 그대로 옮겨 적어 놓고 있어 흥미롭다. 다음에 인용하는 부분은 화전놀음의 현장에서 먹고 즐기는 상황을 그려내고 있는데, 논의의 편의를 위해 다음과 같이 도식화하여 제시하고자 한다.

183) 이정옥이 편한 『영남내방가사 1권』에 소개된 이정옥 소장본으로, 가로 28.5, 세로 32.8, 총21면의 필사장책본이며, 표지는 따로 없다고 한다.
184) 권영철, 『규방가사 1』에 수록된 작품으로, 대상자료의 개관에서는 〈12) 화전가라〉라고 표시하였다.

| | | 〈화전가라(12번)〉 |
|---|---|---|
| A | ① | 여보시오 동유임ᄂᆡ ᄯᅥᆨ만먹고 농담말고 온갖경치 보난ᄃᆡ로 글이나 지어보세 |
| | ② | 김낭ᄌᆞ야 일노너라 자ᄂᆡ먼저 ᄒᆞᆫ귀짓세 |
| | ③ | 녀김낭ᄌᆞ 거동보소 벽계수에 부숙하던 제비처럼 옷독안저 쥬지를 폐체들고 제법ᄒᆞᆫ귀 지어ᄂᆞᆫ다 |
| | ④ | ᄒᆞᆫ춤을 ᄉᆡᆼ각드니 |
| | ⑤ | 송이송이 피인ᄭᅩᆺᄐᆡ ᄊᆞᆼᄊᆞᆼ이 난은나부 너도ᄯᅩᄒᆞᆫ 미물이나 춘흥을 못이겨서 춘풍도리 ᄯᆡ를타셔 화전ᄒᆞ로 네왓던야 묻노라 저나부야 명연삼월 ᄯᅩ만나자 |
| B | ⑥ | 권씨부인 여보시오 자제말고 지으시오 |
| | ⑦ | 권씨부인 붓을들고 설넝설넝 쓰서ᄂᆡᆫ다 |
| | ⑧ | 높고높은 황혹ᄉᆞᆫ에 구경ᄎᆞ로 올나오니 황학은 간곳업고 천ᄉᆞᆫ만홍 ᄲᅮᆫ이로다 운담풍경은 오천ᄒᆞᆫᄃᆡ 들리난이 황여성이라 즁천에 우난종 선경이 여기인듯 무진한 화류구경 다ᄒᆞᄌᆞ면 몇날인가 … |
| C | ⑨ | 어와 번임ᄂᆡ야 어서어서 가ᄌᆞ서라 강ᄉᆞᆫ구경 ᄒᆞᄌᆞ면 몇날이 될난지 그만ᄒᆞ고 갓다가서 명연ᄉᆞᆷ월 오거덜랑 ᄯᅩ다시 모여와서 즐기고 노라보세 |
| | ⑩ | 봄아봄아 이별말고 ᄌᆞᆯ갓다가 ᄌᆞᆯ오노라 금춘은 그만이라 명연잇ᄯᆡ 다시보ᄌᆞ |
| | ⑪ | 수현군ᄃᆡᆨ ᄊᆞᆺ슴이다. |

A의 ①부분을 보면 '글을 짓는다'는 표현이 나온다. 텍스트내에 또다른 작품이 들어가있는 일종의 액자식 구성으로, 김낭자의 글 짓는 장면을 소상히 그려내고 있다.

이어지는 B의 부분에서 역시 '지으시오'라는 표현이 나오는데, 이 경우에는 붓을 들고 써내려가는 광경까지 묘사함으로써 지필묵(紙筆墨)을 겸비한 상황임을 미루어 짐작케 한다. 그리고 이렇게 '짓고' '쓰여진' 글귀들이 그대로 〈화전가라〉라는 텍스트의 일부로 고스란히 자리잡고 있어 흥미롭다.

이 작품에는 화전놀음의 현장에서 벌어진 여러 광경과 사실과 감정들이 대단히 다양하게 정리되어 있으며, 이를 통해 작품의 어떠한 부분이건 소중하게 여기는 마음이 고스란히 전해지게 된다.

무엇보다 연구자가 주목하는 바는 작자명이 전해지지 않는 작품임에도 마지막 부분에 필사자 스스로 자신의 이름을 걸고 썼음을 밝히고 있는 C의 ⑪번 부분이다. '수현군댁'이 필사자임을 직접적으로 드러내고 있다는 점에서 '짓다'라는 행위와 '쓰다'라는 행위가 중첩되고는 있지만, 그럼에도 기명작으로 보기 어렵다는 점에서 규방가사의 텍스트를 한 개인의 고유한 창작물로는 보지 않음을 보여주는 국면이 되기 때문이다.

더욱이 소장자는 '류순희'라고 밝혀져 있다는 점에서 규방가사의 텍스트를 창작하고 필사하고 소장하는 차원이 단일하게 묶여있기 보다는 다각도로 개방되어 있음을 짐작할 수 있다. 앞서 보인 A부분과 B부분에서 이미 김낭자와 권씨부인의 작시(作詩) 상황이 명시된 것을 상기할 때 C의 부분은 화전놀음의 현장을 기록하고 보존하여 '그 때 그 곳'에서의 상황과 감정을 오롯이 전하고자 하는 마음을 그대로 이어받은 것이라 짐작된다.

이를 통해 정리할 수 있는 사실은 규방가사의 자료조사 결과 드러나는 다음과 같은 상황을 보다 폭넓게 이해할 수 있게 된다는 점이다. 곧, 작가가 미상이거나 기명이거나, 또는 필사자가 기록되어 있거나 아니거나 어떠한 상태로 전해지건 중요한 것은 규방가사의 텍스트마다는 그것이 완성되기까지 오랜 시간과 여러 단계의 작업들이 포개져서 만들어진 소산물이라는 사실이다.

이정옥은 규방가사 자료를 수집하면서 향수자 연구를 병행하였는데, 규방가사의 작자층은 결혼하여서도 시집살이에 상당한 정도의 적응기를 거쳐 시집에서도 어느 정도 안정적인 가정내 지위를 확보한, 중년 이후에서 노년기에 접어든 여성이라고 한다.

이러한 지적은 성춘식이 구술한 다음과 같은 언급과도 일맥상통하는 것으로,[185] 그들은 직접적이거나 간접적인 가사노동에서 놓여난, 소위 시집살이에서 어느 정도 해방이 된 여성으로, 자식을 두어 며느리를 보거나 딸을 시집보낼 만한 연령층은 되어야 가사 창작을 비롯한 향유가 가능하다고 하였다. 물론, 그들은 결혼 전, 어린 시절부터 그들의 어머니나 할머니들에 의해서 가사에 대한 다양한 지식과 경험을 이미 한 사람들이기도 하다.

이는 대상자료를 소개한 연구자들이 간략하게 밝혀놓은 사항들을 일별하면 쉽게 파악이 되는 부분으로, 몇몇 작품군의 경우를 임의로 선택하여 정리하면 다음의 표와 같다.

| 작품군 | 작품명 | 작자명 | 출처 | 필사자 |
|---|---|---|---|---|
| 계녀가 | 2) 계여가 | 미상 | 경북 안동군 서후면 이계동 | |
| | 8) 규방정훈 | 미상 | 경북 문경군 산양면 녹문리 | 광산 김씨 |
| | 7) 훈민가 | 거동댁 | 경북 영천군 자양면 삼귀동 | |
| | 14) 부여 교훈가 | 미상 | 경북 경산군 송래동 | 안씨 부인 |
| | 11) 경계사라 | 동래 정씨 | 경북 선산군 도개면 도개동 | |
| 여자자탄가 | 2) 여자 탄식가 | 김순자 | 경북 금릉군 남면 운봉동 | |
| | 4) 석골색씨 설은 타령 | 남씨 부인 | 경북 월성군 강동면 양동 및 영덕군 영행면 일대 | 영해댁 |
| | 5) 청춘 과부가 | 미상 | 경북 상주군 은척면 무릉1리 | |
| | 7) 슈심탄 | 미상 | 안동지방 일대 | |
| | 1) 화전가라 | 미상 | 영양군 영양면 서부동 남씨 종가 | |
| | 6) 병암정 화전가 | 권대오 | 경북 예천군 용문면 죽림동 | |
| | 7) 친목유희가 | 미상 | 경북 군위지방 일대 | |

185) - 가사는 이르기는 많이 읽어도, 짓는 거는 “나애 일생 회상가”를 첨 짔어. 그거 첨 짔고 그 다음에 갑자면 “설악 관광”하고 을축년에는 “제주 관광”이고 병인년에는 “남해관광”이고 해서 짔고. 가사 짓는 게 별게라? 그저 있는 사실 넉자 맞촤 지이만 되제. 대개 초는(=초안은) 잡아 씨지. 대강 써 놨다가 냉주우 이와서(=이어서) 씨지. 가사 같은 거 짓는 거는 오새(요새) 환갑 후로 했어. 살림 살고 애 키우고 바쁜 청중에 언제 그런 거 할 여개 있어요? 그러이 못하고, 동네 사돈지 같은 거, 결혼하고 뭐하믄 천없이(=아무리) 바빠도 내 일을 그 사람이 와 대신 해주고 그래도 써줬어요. 성춘식 구술/신경란 편집, 앞의 책, 47면.

| | | | | |
|---|---|---|---|---|
| 화전가 | 8) 휘춘곡 | 미상 | 경북 봉화군 봉성면 일대 | |
| | 9) 화전가 | 손종록씨 부인 | 월성군 안강면 양동 | |
| | 10) 화전가 | 미상 | 경북 의성군 단북면 신하동 | |
| | 11) 화전가라 | 권종태씨 부인 | 경북 안동군 일직면 용각동 | 권종태 |
| | 12) 화전가라 | 미상 | 경북 안동시 옥정동 433번지 | 류순희 |
| | 13) 천등산 화전가 | 권기섭 | 경북 안동군 북후면 도촌동 | |
| | 16) 화전가 | 미상 | 선산군 일대 | |
| | 18) 화전가 | 미상 | 안동지방 일대 | |
| | 19) 평암산 화전가 | 감천 1동 딸과 며느리 일동 | 경북 영양군 영양면 감천 1동 | |
| | 20) 화전가 | 김윤덕 | 경북 봉화군 봉화면 해저동 | |
| 회혼가 | 1) 쌍벽가 | 정부인 이씨 부인 | 안동군 풍천면 하회동 유항우 씨댁 | 하회댁 외 5명 |
| | 3) 수경가 | 未詳 | 경북 영덕군 영해면 괴시동 | 남차규 |
| | 8) 형주씨 수연 경축가 | 우씨 부인 자매 공동작 | 대구시 침산동 무태 | 구씨 부인 |
| | 3) 즁시 희경가 | 미상 | 울산군 범서면 다전동 | 화산댁 |
| | 10) 회혼 치하가 | 미상 | 봉화군 상운면 구천동 | 무실댁 |

정리된 표에서 보다시피 최근작의 경우에는 작가명이 밝혀져 있는 편이지만, 대개는 소장자 혹은 필사자만 밝히거나, 이에 관한 사항이 아예 제시되어 있지 않은 경우도 많다. 최근세작을 제외하고 규방가사의 현장조사를 통해 수집된 자료를 보면, 작자명이 있는 작품을 찾기가 힘들며, 그나마 일부 작품들에서 필사자 혹은 소장자에 관한 기록이 전해지는 상황이다.

기명 표기작이 적다는 것은 규방가사 텍스트가 구비문학에서와 같이 작가명을 기록하지 않는 관습을 보편적으로 허용한다는 의미이며, 그 허용범위는 자료개관에서 보다시피 상당히 광범위하다.

이 항에서 글하기 전략의 근간으로 '창작/필사/향수'의 중첩성을 살피고자 하는 문제의식이 바로 이러한 배경에서 비롯되는 것이다. 곧 규방가사가 '글쓰기' 차원에서 단지 읽고 쓰기만 하는 데 그치지 않고, 이른바 '글하기' 차원에서 읽고 쓰고 말하고 듣고 보는 상황까지를 다양하고도 복합적으로 아우르며 작품 창작에 관여하는 국면들을 주목하는 작업이 필요하다.

2.

이제 보다 본격적으로 창작과 필사와 향수 행위가 중첩성을 일으키는 양상을 주목하기로 하자.

우선, 규방가사의 서사 부분에서 흔하게 등장하는 '들어보소'라는 표현을 들 수 있다. 이 표현은 의사소통 행위의 두 축 중 하나인 '말하기'와 직접적으로 연결되는 측면으로, 규방가사의 서사 부분에서 가장 보편적으로 나오는 표현이 바로 '들어보세'이다.

〈계녀가(전형)〉의 경우. 서사와 결사 사이에 11개 정도의 항목을 서술하는 3단 구성을 취하며 항목마다 "아히야 드러바라 또ᄒᆞᆫ말 이르리라" 등의 표현이 반복되고 있음은 앞선 부분에서 여러 번 지적한 바 있다.[186]

〈석별가〉의 경우에도 서사에서는 동무들을 대상으로 신행을 먼저 치른 입장에서 이야기를 시작하고 있는데, "석별가 드러보소"라는 표현을 동원하고 있다.

> - 신행갈 동무들아 <u>석별가 드러보소</u> 인간세상 슬픈것이 이별밖에 더잇는가 이별중에 서른것이 생이별이 제일일세 부모은덕 지중하나 이별하면 그뿐이오 동무정의 자별하나 이별하면 다잇나니 이십년 노든인정 부모골육 가치타서 세상에 낫것만은 슬하에 자라나서 남녀소처 판이하다

186) 권영철, 앞의 책, 177-181면.

작품 전체적으로 동무들을 상대로 한탄하는 내용이 이어지면서 동료의식의 발휘라고 볼 수 있는 국면이 생성된다. 이는 “평생에 즐기든 일 윳과척사 아니런가 우리언제 조용하야 실토록 노름할고 삼오이팔 처녀들아 너이부대 잘노라라 아희때 못다놀면 성인한후 여한이다”와 같이 동류 처녀들에게 잘 놀 것을 당부하는 태도를 통해 확연히 드러나게 된다.

다음에 제시하는 〈화전가〉의 여러 이본들에서는 ‘듣다/들어보세’의 경우에 해당되는 사례들이 보다 광범위하게 등장하고 있다.

- 어와우리 붕우들아 이내말삼 들어보게 천생만물 내실적에 금수가 아니되고 남녀난 유별하고 붕우난 유신이라 화전놀음 차려보세 춘삼월 호시절에 꽂은피여 화산이요 잎은피어 청산이라 호청호청 범나비는 반공중에 춤을추고 가련하다 인생들아 청춘시절 노라보세 동유사 좋건만은 인생에 남은한이 평생에 무효하다 여자몸이 되엇거던 번화장에 낙이되여 청수화월 높은곳에 우리한번 노라볼걸 백년유수 헛된몸이 안이놀고 무엇하리 우리한번 죽어지면 이세상에 안이오니 살아청춘 노라보세 가소롭고 가소롭다 인간만세 가소롭다 여자동유 서로만내 한번놀기 어렵거던 무심한 남자들아 우리말삼 들어보소 …187)

- 돌아가자 약속하고 행장을 수습하야 길을서로 노눌적에 섭섭하기 그지업다 가는길을 멈추고서 한말씀만 들어보소 명년삼월 꽂시절에 화전놀음 잊지말고 오늘같이 원만하게 서로모여 주옵소서 감의봉아 잘잇거라 명년꽃때 만나리라 …188)

---

187) 권영철, 『규방가사 1』에 수록된 작품으로, 〈(1) 화전가라〉라고 표시하였다. 작자는 미상이며, 출처는 영양군 영양면 서부동 남씨 종가라 되어 있다.

188) 권영철, 『규방가사 1』에 수록된 작품으로, 〈(3) 화전가〉라 표시하였다. 작자는 신승덕이며, 출처는 경북 봉화군 법전면 소천2리로 밝혀져 있다.

- 어화세상 사람들아 이가사를 들어보소 가사라고 하는 것은 아름다운 말이로다 … [189]

그런데, 이런 표현은 〈귀녀가(이대본)〉의 서사 부분에서도 확인된다. 〈귀녀가(이대본)〉은 '세상 사람들'을 청자로 설정하여 딸 낳은 어머니 자신의 이야기를 풀어나가는 방식을 취하는데, 작품 전체적으로 10남을 둔 화자가 간절히 딸을 원하던 상황에서 드디어 딸을 얻게 된 기쁨이 잘 드러나고 있다.

- 어와 세상사람들아 이내말씀 들어보소 이전사람 하신말씀 부중에 생남이라 생여라 영생남 하온후에 일여자를 원하더니 을축년 동지달에 내딸아기 낳단말가 …

사실 '들어보소'는 규방가사의 작품에서 서두를 이끄는 표현으로 쉽게 찾아볼 수 있는 것이다. 이는 '쓰다' 혹은 '짓다'로 귀결되는 창작의 개념을 희석시키는 국면이 되기도 하는데, 말하기 차원에 보다 근접해지게 되기 때문이다.

다음으로 주목할 사항은 '짓다'라는 표현을 사용하는 사례들이다. 규방가사의 서사에서 '들어보소'라는 표현이 보다 확대되었다고 해도 텍스트의 면면마다에는 보다 다양한 용어들이 등장하고 있는데, 그 대표례가 바로 '짓다'라는 표현이다.

- 축수하내 축수하내 백발쌍친 우리부모 일편가사 지여내여 명산에 기록하여 보고보고 다시본들 부모생각 위로할가 무심한 여자들

189) 권영철, 『규방가사 1』에 수록된 작품으로, 〈(4) 화전가〉라 표시하였다. 작자는 미상이며, 출처는 경북 상주군 청리면 원로리로 밝혀져 있다. 소장자가 유용수라고 한다.

아 부모생각 없나그선 사람이라 하오리 …

- 부모싱각 갈발업셔 이가ᄉᆞ 지어내여 벽장에 기록ᄒᆞ고 다시보고 다시보니 부모싱각 위로된다 …

- 일편가사 지여내여 명산에 기록하여 보고보고 다시본들 부모생각 위로할가 …

- 부모싱각 갈발업셔 이가사로 기록ᄒᆞ야 평싱의 전히 두고보고 닷이보아 부모싱각 위로할가 …

위에서 제시한 사례들은 모두 〈사친가(자탄형)〉의 여러 이본들에서 뽑은 것들로, '지은 것이라/지어' 등으로 다양하게 드러나고 있는데, 이런 용어들은 쓰기의 측면과 연결될 수 있기에 이를 통해 창작에 관한 의식의 단면들을 살피기가 보다 쉬워지게 된다.

다음에 인용한 〈석별가〉의 경우에서는 '짓다'에 더하여 '읽어보면/보다' 식의 표현이 나오며, "기록하다/기록하여"의 표현까지도 등장한다. 이때, '들어보소'로 시작한 서사 부분에서와는 달리 결사 이후 부분에서는 '눌러보소'라 칭하고 있어 다양하게 동원된 이들 용어가 갖는 이중적 의미를 관심있게 살필 필요가 있다.

- 집푼정담 이별석의 글두어귀 지여 너을 준이 너의시가 이슬찌기 친정싱각 간절하고 동유들 기려울젹 가사 닉여노코 직삼차 일너보면 동유서로 딕히안자 정담하난 긔상이라 평싱이 다가도록 부딕부딕 잇지마오 이거 좀시러우나 마암의 잇서 지은거시라 너히 만일 싱각거든 이글을 씌처 잇지마소 …[190]

---

190) 〈1221번) 석별가〉(임기중 편, 『역대가사문학전집 25권』), 〈1865번) 석별가〉(임기중 편, 『역대가사문학전집 40권』).

또한 다음에 제시한 〈계녀가〉의 경우들에서는 '짓는다/짓다'라는 용어에 '기록하다/보다'의 의미가 가미되어 나타난다. 이는 '짓다'의 행위적 측면이 반영된 것으로 글쓰기적 면모에 보다 가까워진 셈이라 할 수 있다.

- 옛 글의 이른 말과 셰ᄉᆞ의 당ᄒᆞᆫ일을 ᄃᆡ강을 긔록ᄒᆞ여 가ᄉᆞ지어 경계ᄒᆞ니 이거설 잇지 말고 시시로 ᄂᆡ어보면 힝신과 쳐ᄉᆞ할ᄃᆡ 유익ᄒᆞ미 잇스리라 …[191]

- 계여가라 ᄒᆞ는마른 싸을 경ᄀᆡᄒᆞ는 말리라 나에불ᄒᆞᆨ 단문으로 가ᄉᆞ지어 남보기ᄂᆞᆫ 망괴ᄒᆞ고 츰괴ᄒᆞᄂᆞᆫ○야 어미업ᄂᆞᆫ 일여너를 교훈업시 길녀ᄂᆡ야 남ᄋᆡ가문 보ᄂᆡ노코 시집ᄉᆞ리 쥬야용여 아비되고 이질손야 글귀ᄂᆞᆫ 기록ᄒᆞ야 너ᄋᆡᄀᆡ 젼ᄒᆞ노라 듯고보고 근습ᄒᆞ야 시집힝지 ᄒᆞᆯ지어라 효셩우ᄋᆡ 극진ᄒᆞ야 시집술이 졸ᄒᆞ여ᄅᆞ …[192]

- 너 친당부친이 좀한말로 경기가로 지여 너을준이 네던든지 말고 ᄌᆞᄌᆞ이 ᄉᆡᆼ각하여 이ᄃᆡ로 하여셔라 …[193]

- 너의 써난지가 거연 일삭이라 무심 아비오나 아조야 이즐손야 … 오날오날을 당ᄒᆞ야서 각급ᄒᆞᆫ일 안흐리라 전일일을 ᄉᆡᆼ각ᄒᆞ면 후회된일 업실손냐 못갈치고 못ᄇᆡ운일 분여책망 일반이라 무능ᄒᆞᆫ 아비셩정 ᄌᆞ식조ᄎᆞ 무릉하다 … 이외ᄋᆡ 여러가지 기록ᄒᆞᆯ말 만치만은 노안이 히미ᄒᆞ고 정신이 아득ᄒᆞ야 귀요ᄒᆞᆫ말 보기십게 가ᄉᆞ지여 쇠귀에 경이르기 ᄃᆡ강경ᄀᆡ ᄒᆞ압나니 아비ᄋᆡ 정곡이요 너ᄋᆡ게 기약서라 ᄀᆡᄀᆡ히 ᄉᆞᆯ펴보고 일일이 쏜바드면 힝실에도 유익ᄒᆞ고 복록을 누루리라 …[194]

---

191) 〈계녀가(전형)〉. 권영철, 『규방가사 1』에 수록된 작품이다.
192) 〈계여가〉(영천시, 『규방가사집』, 1988)
193) 〈경기가라〉(임기중, 『역대가사문학전집』 11권, 1080번)

- 옛글에 잇난말과 세정에 담흔일노 되강으로 기록흐여 칙을미서 경계흐이 이칙을 일치말고 시시로 닉여보며 힝신과 처사홀제 유익흐게 되앗ᄉ라 그밧계 경계홀말 무수히 잇다만은 정신이 아득흐여 이만흐여 긋치노라 …[195]

〈화전가〉의 경우에도 여러 번 자신들이 '지은 글'에 대하여 언급하고 있는데, 이를 통해 '화전가'를 짓는다는 것에 대한 자부심을 부각시키고 있다. 겉보기에는 겸양의 표현을 내세우고 있지만, 그 이면에는 어떤 식으로든 창작에 대한 인식이 깔려있음을 충분히 짐작할 수 있다.

- 우리동유 서로만나 희희낙락 놀아보세 두덩실 춤을추며 맵시있게 놀아보세 지필묵을 가져다가 용지연 먹을갈아 섬섬옥수 붓을잡아 백노간지 선화지에 가사짓고 평을하여 가회하여 놀아보세 오늘날 우리놀음 먹자고만 모였으리 춘일춘풍 등산하여 춘풍영귀하자하고 상상봉을 올라가서 산천경기 둘러보니 이때가 어느땐고 춘풍삼월 좋을때라 …[196]

- 오흡도다 여자행적 노든자취 망연하다 청춘가절 단오일에 다시한번 노사이다 이가사를 지은사람 아무라도 비양마소 문필도 부족하고 조회도 부족함에 대강만 기록하니 일휘일휘 결핵도다 아모라도 이가사를 위말지어 볼지어다 갑자년 춘삼월에 가사일편 지엇도다 …[197]

- 그럭저럭 이별하고 각각이 돌아오니 연연하기 그지없고 섭섭하기

194) 〈여아슬펴라〉(권영철, 『규방가사1』, 한국정신문화연구원, 1979)
195) 〈2번〉 계여가〉(임기중, 『역대가사문학전집』 11권, 1080번)
196) 〈화전가(전형)〉. 권영철, 『규방가사 1』에 수록된 작품이다.
197) 권영철, 『규방가사 1』에 수록된 작품으로, 〈4) 화전가〉라 표시하였다.

그지없다 오늘감회 풀길없어 규중에 깊이앉아 화전가를 지어놓고 문장명필 자처하네 청춘홍안 동류들네 이글보고 웃지말게 첩첩히 쌓인말씀 이만하고 끝이노라 문장이 졸하고 오자낙서 많으니 보나니 눌러보고 답가도 지어주소 …[198]

마지막으로 살필 것은, '부르다'로 표현되고 있는 경우이다. 앞서 살핀 것이 '짓는다'라는 행위적 측면이 강조된 사례들이라 할 때, 다음에 예시된 사례들에서는 '듣고'나 '보고'와 같이 중층적인 향수상이 아울러 거론되기도 한다. 이는 '부르다'와 상관되는 것이라 판단되며, 다음에서와 같이 '부르다'라는 측면이 훨씬 강조되어 나타나고 있어 흥미롭다.

- 행노상에 소년들아 우리노름 웃지마소 간략한 소비물로 종일토록 소창하리 행화촌 술집찾아 북석천금 불지않소 여자노름 소담하여 술은한잔 업을망정 맑은샘물 술을대신 표자박을 술잔대신 두견적을 안주삼아 옥수로 집어들고 서로권해 포식하니 청량일미 이아닌가 낮만서로 향해보니 무미하기 짝이없네 정담도 좋거니와 가사한번 불러보세 이만한 모듬중에 청강일곡 업을손가 규중에 여자체면 소리높여 할수업고 나슥나슥 가는복성 화전가로 화답하니 듣기도 좋거니와 재미도 좋을시고 … [199]

그런 의미에서 '짓다'나 '부르다', '들어보다'와 같은 용어는 의미상 중첩되는 지점이 많은 행위를 지칭하는 것으로, '창작/향수/필사'와 연관된 다양한 시점의 혼효로 빚어지는 규방가사만의 특질적 면모라 할 수 있다. 이른바 '창작/필사/향수' 행위가 중첩되면서 '들어보소/눌러보소/지어보니/읽어보면/베껴쓰니' 식으로 필사의 중의적 의미가 발생하고

198) 〈화전가(전형)〉. 권영철, 『규방가사 1』에 수록된 작품이다.

199) 권영철의 『규방가사 1』에 수록된 작품으로, 대상자료의 개관에서는 〈3) 화전가〉라 표시하였다.

있기 때문이다.

이는 어떤 텍스트를 저본으로 하여 옮겨 적는 과정에서 저마다 '짓거나, 쓰거나, 베끼거나' 하는 의미를 부여하였음을 보여주는 것으로, 이러한 과정을 거치면서 규방가사의 텍스트마다에는 오랜 세월 적층된 시간의 흔적을 담게 된다.

그러므로 '읽고 쓰고 보고 읊고 외우고' 등 작품마다 언급되는 기록들을 볼 때 작품의 창작과 향수 활동 등은 겹쳐지거나 분리되며, 따라서 규방가사에서는 필사자와 소장자, 그리고 창작자의 접점이 존재하게 된다. 하나의 텍스트가 완성되기까지 오랜 시간과 여러 단계의 작업들이 포개지고 있음을 발견할 수 있는 것이다.

3.

규방가사에서는 구술성과 문자성의 교융 지점으로 '짓다/쓰다'의 측면과 '듣다/부르다'의 측면이 혼용되고 있는데, 그럼에도 규방가사 텍스트를 필사하고 소장하는 데 의의를 두고 있다는 점에서 텍스트의 궁극적인 지향점은 책 혹은 문서화된 작품으로 귀결되는 데 있다.

이 항에서 살필 작업은 바로 이렇게 쓰기의 결과물로 귀착되는 지점을 텍스트의 존재양상을 통해 주목하는 일이다. 텍스트의 전승양상을 볼 때, 텍스트 내부에 필사기의 형태가 더해져서 한 세트가 되는 셈인데, 이는 창작행위와 필사행위가 중첩된 결과로 나타나는 양상이라 할 수 있다.

앞선 장에서 살핀 바 〈귀녀가〉는 제목이나 기본 구성상의 유사성을 토대로 이본마다 세부적인 차이를 보이는데, 작품의 창작이나 필사·등서의 시기가 다르기는 하지만 어느 이본에서나 작품 향수의 목적성이 '인물의 삶을 본받기'를 원하는 데 있음을 보여주고 있었다. 작품의 공동 관심사는 성공한 귀녀의 일생사에 있지만, 마무리 부분에 가면 노골적으로 계녀교훈의 설파에 힘쓰고 있으며, 바로 이 부분에서 이본별 지향성이 달라지게 되었다.

우선, 〈귀녀가(고대본)〉의 경우를 살피면 '여자할일 하고 많음'을 절로 탄식하고 있는데, 이는 출생에서부터 보여준 '귀녀'의 고귀함이나 완벽함과는 전혀 상관없이 필부(匹婦)에게 해당되는 훈계사항이나 마찬가지여서 타고난 팔자가 좋아도 어쩔 수 없음을 보여주는 부분이었다. 하지만, 훈계가 자세하고 장황해진 그만큼 귀녀의 삶에 대한 칭송 또한 장황해지고 있었다.

그런데, 작품 말미의 기록을 눈여겨보면 바로 이 지점에서 이 작품을 필사한 의도가 잘 나타나 있다.

> (a) 신해 삼월 망일 구하여서 자부 김씨를 위해 <u>등서</u>하니 노안이 희미하여 글자 고약하나 이 가사 족히 부녀의 본받을 만하기로 써 주니 너도 이걸 보고 이대로 행하여 수부귀 다남자하여라 …[200]

> (b) 병오 삼월에 식사를 추모하와 새로온 지희 측량없을 차 이 책을 우연 들어 보니, 우습기에 심심작난삼아 <u>썼으나</u>, 글씨 고약 남부끄럽고, 참괴하나 우리 구댁에서는 아껴 보실 듯, 천지자손만대 유전하라 …[201]

(a)의 부분에서는 이 작품을 등서하게 된 동기와 기대치가 언급되어 있으며, (b)의 부분에서 역시 베껴 쓰게 된 과정을 설명하고 있다. 두 기록에서는 모두 교훈적 의도를 위해 "쓰다"라는 행위가 강조되어 있

---

200) 〈귀녀가(고대본2)〉. 경상북도, 『傳統文化의 脈』(경상북도 교육위원회, 1987), 710~717면.

201) 〈귀녀가(고대본4)〉. 최강현, 「귀녀가(貴女歌)를 살핌」, 『어문연구』 26(1995), 411~427면.

으며, 이렇게 필사된 텍스트를 읽고 보는 사람들이 “이걸 보고 이대로 행하여”, “아껴 보실 듯 천지자손만대 유전하라”라 하여 실천적 차원의 효용성도 강조하고 있다.

특히 우연히 발견한 ‘이 책’이 내용상으로는 ‘우스워 심심장난’과 같이 베껴 썼다고는 하나, 이때의 ‘글씨 고약 남부끄럽고’, ‘참괴하나’와 같은 표현을 주목할 때 작품을 베껴 쓰는 행위에 결코 적지 않은 시간과 가볍지 않은 노력을 들이고 있음을 알 수 있다. 곧 〈귀녀가〉 필사본은 이렇게 공들인 결과물이라 할 수 있고, 그래서 ‘자손만대 유전’할 것을 기대하고 있는 것이다.

밑줄 친 ‘등서하니’와 ‘썼으나’의 표현에는 필사의 개념, 곧 ‘베끼다’의 의미가 담겨있다. 이렇게 써서 읽혀 보게 하는 의도가 명확한 것을 볼 때 하나의 텍스트가 그저 베껴 쓰는 단순 작업에 그치지는 않고 있음을 알 수 있다.

다음으로 〈귀녀가(33권본)〉은 말미기록에서 “김소져의 본을 ᄇᆞ드면” 시집가서 구고와 남편의 사랑을 받는 귀한 존재가 되고 부귀영락할 것이라 장담할 정도로 〈귀녀가〉의 주인공을 본받을 만한 위인으로 부각시키려 한다. 이는 〈귀녀가(고대본)〉과 유사한 내용 전개를 보였음에도 항목마다 장황해지고, 서사부분에 극적인 출생배경을 덧붙인 의도와도 맞물리는 부분이기도 하다.

> - 무혼모인ᄒᆞ고 이ᄎᆡᆨ 보시ᄂᆞᆫ 이난 김소져의 본을 ᄇᆞ드면 시집가셔 구고임 남편의게 귀히 뵐ᄲᅮᆫ이 아니라 효졔츙신인도ᄉᆞ고 형제우ᄋᆡ 극진ᄒᆞ고 일가친척 화목ᄒᆞ고 비복동유 ᄋᆡ휼ᄒᆞ면 ᄇᆡᆨᄌᆞ션존ᄒᆞ고 부귀영낙하리라. …

무엇보다 ‘책’이라는 지칭이 보다 명확히 강조되면서 서사적 전개를 갖춘 이야기로서의 기능이 훨씬 강화되고 있음을 알 수 있다. 더구나 "이ᄎᆡᆨ 보시ᄂᆞᆫ 이"가 "김소져의 본을 ᄇᆡ드면"이라 명기함으로써 〈귀녀가〉 텍스트가 '쓰고 읽는' 방식으로 존재하는 상황임을 보여주고 있으며, 〈귀녀가〉의 필사 및 향수 작업이 인물의 행실을 본받고 실천하는 실제적인 효용성에 있음을 알려주고 있다.

〈귀녀가(전집본)〉의 경우에는 말미기록에서 파악되는 현실인식의 단서가 여타의 이본과는 다소 다르게 나타나고 있다.

- ᄃᆡ져 ᄉᆞ람이 ᄉᆡᆼ남을 원할거시요 ᄉᆡᆼ녀를 뉘바라리요 모도 ᄉᆡᆼ남만 ᄒᆞ난 법이 업스니 혹 ᄉᆡᆼ녀ᄒᆞ거든 이만치 총명ᄒᆞ며 영귀하면 어ᄂᆡ부모가 귀치안타ᄒᆞ리요 병오 이월 십이일 필셔, 이 ᄎᆡᆨ 쥬인은 경셩 북숑방 안병ᄉᆞ ᄌᆞ부 …

"ᄃᆡ져 ᄉᆞ람이 ᄉᆡᆼ남을 원할거시요 ᄉᆡᆼ녀를 뉘바라리요"라는 발언은 남아선호 혹은 남존여비의 당대 풍속을 반영한 것이라 할 수 있는데, 이는 '초산에 단산하여 독녀를 두었을 뿐인 화자가 이러한 자신의 처지를 세상사람들이 조롱한다'고 생각했던 서사의 상황 설정과 긴밀히 연결된다.

그렇다고 "모도 ᄉᆡᆼ남만 ᄒᆞ난 법이 업"다는 점에서 〈귀녀가〉가 필요할 수밖에 없게 된다. "혹 ᄉᆡᆼ녀ᄒᆞ거든 이만치 총명ᄒᆞ며 영귀하면 어ᄂᆡ 부모가 귀치 안타ᄒᆞ리요"에서 보다시피 어떻게 딸을 키울 것인가 하는 측면에서 귀감이 될 만한 이야기를 담은 것이 바로 〈귀녀가〉이기 때문이다.

중요한 것은 〈귀녀가〉의 어느 이본에서나 텍스트를 '책'으로 지칭하여 '쓰는' 행위에 큰 의미를 부여하고 있음은 마찬가지라는 점이다. 〈귀녀가(전집본)〉으로 묶인 2종의 이본이 내레이터의 설정을 통해 귀녀의 출생을 설명하는 방식을 취하되 '태평연월 복덕촌'과 같이 다소 막연한 시 · 공간을 배경으로 딸의 출생을 알리면서 기박한 팔자인 '나'와 팔자 좋은 '세상사람들'이 대조적으로 설정되어 있다면, 〈귀녀가(고대본)〉으로 묶인 4종은 〈귀녀가(전집본)〉과 마찬가지로 내레이터의 설정을 통해 귀녀 출생을 설명하고 있다. 〈귀녀가(33권본)〉의 경우에는 귀녀의 아버지가 대대로 전해오는 명문거족의 후예인 '김복천'이고 어머니는 윤씨임을 밝히면서, 불임 · 무자(無子)의 상황인 50대 부모가 명산에 기원하여 자식을 얻게 된 내력을 비교적 소상하게 설명하고 있다.

그런데, 〈귀녀가〉 등에서처럼 텍스트 내적 차원에서 마무리가 완결되어 필사자의 입장에서 가감첨삭되는 더 이상의 변이양상이 추가되지 않으면 작품내 응집성은 훨씬 높아지게 마련이다. 다만 이럴 경우 필사작업에서 확인되는 필사자의 다양한 육성은 극도로 축소되어 버린다는 점에서 규방가사 텍스트의 사유화라는 의미는 실종되는 셈이 된다.

그렇다면 규방가사만의 특별한 지점이란 바로 이런 부분에서 찾아야 되리라 생각한다. 다시 말하면 규방가사의 텍스트 범주는 필사기 부분까지로 확장하여 설정되게 되며, 이럴 경우 규방가사 작품마다는 필사한 사람에게 개별적으로 소유되는 사유화의 양상을 띠게 되는 것이다. 보다 중요한 것은 이러한 양상이 규방가사의 '글하기' 상황에서는 매우 흔하게 일어날 수 있다는 사실이다.

4.

텍스트의 유동성이 발휘되는 양상으로 동일 제목임에도 전혀 다른 작품군으로 확인된 〈사친가〉의 경우를 살펴본 바 있다. 동명이작의 방향성을 보이는 이 경우에도 결사 부분에서 집중적으로 보이는 변이상이 여전히 확인되고 있다.

우선 〈사친가(자탄형)〉의 경우에도 결사 부분에서 축원 항목을 기점으로 다음에서와 같이 이본별 변이상이 다양하게 존재하고 있다. 결사의 '축원' 항목은 다음에서 보다시피 이본별로 다양한 후미부가 존재하여, 필사자의 의도가 가미되면서 개별적인 변이상의 폭이 보다 커지고 있기 때문이다.

<table>
<tr><th></th><th colspan="5">축원 항목의 이본별 표현 양상</th></tr>
<tr><td>①</td><td colspan="5">부모의 萬壽無疆을 축원하는 내용[202]</td></tr>
<tr><td>②</td><td>×</td><td colspan="4">"이 가사 지어 다시보니 부모생각 위로된다"식의 표현[203]</td></tr>
<tr><td>③</td><td>×</td><td>×</td><td>신세 한탄[204]</td><td colspan="2">남자들에게도 부모생각을 당부[205]</td></tr>
<tr><td>④</td><td>×</td><td>×</td><td>×</td><td>×</td><td>思親의 정의와 유래[206]</td></tr>
<tr><td>⑤</td><td>×</td><td>×</td><td>×</td><td>×</td><td>이 글 전하여라[207]</td></tr>
<tr><td>출처</td><td>임기중, 1190번</td><td>최태호, 12번/ 권영철, 6번</td><td>임기중, 616번/ 임기중, 617번/ 임기중, 1834번</td><td>임기중, 1194번/ 이정옥, 5번/ 이정옥, 7번</td><td>임기중, 1192번</td></tr>
</table>

202) 이본별로 제시된 구체적인 표현을 보이면 다음과 같다. - "축원일세 축원일세 ᄇᆡᆨ발상친 우리부모 ᄇᆡᆨ세안영 축원일세", - "백발양친 우리부모 만슈강영 하시기을 츅원일셰 츅원일세", -"축월일ᄂᆡ ᄇᆡᆨ발상친 우리부모 ᄇᆡᆨ시안영 축원일ᄂᆡ" 등으로 유사한 표현이 반복되면서 기본적인 항목으로 존재하고 있다.

203) 이본별로 제시된 구체적인 표현을 보이면 다음과 같다. - "부모ᄉᆡᆼ각 갈발업셔 이가ᄉᆞ 지어내여 벽장에 기록ᄒᆞ고 다시보고 다시보니 부모ᄉᆡᆼ각 위로된다", - "부모셍각 갈바업셔 일펑가사 지여ᄂᆡ여 벽상애 기록하여 다시보고 다시보고 부모셍각 이럿커던", - "부모ᄉᆡᆼ각 갈발업다 일편가사 지으ᄂᆡ야 ᄇᆡᆨᄉᆞᆼᄋᆡ 기록하고 보고보고 닷시본이 부모ᄉᆡᆼ각 이로할고", - "부모ᄉᆡᆼ각 갈발업서 닐편가ᄉᆞ 지여 ᄂᆡ벽ᄉᆞᆼ 기록ᄒᆞ야 다시보고 보고보니 부모ᄉᆡᆼ각 원이로ᄃᆞ", - "이가사이 기록하여 병상에 부처노코 다시보고 다시보고 부모생각 오작할가", - "부모ᄉᆡᆼ각 갈발업셔 이가사로 기록ᄒᆞ야 평ᄉᆡᆼᄋᆡ 전ᄒᆡ 두고보고 닷이보아 부모ᄉᆡᆼ각 위로할가", - "일편가사 지여내여 명산에 기

우선적으로 주목할 사항은, 부모의 만수무강을 축원하는 내용을 기본으로 하면서(①의 부분), 필사행위를 통한 위로의 효과를 공통적으로 덧붙이고 있다는 사실이다(②의 부분). 다음에서처럼 대개의 작품에서 '기록하여', '위로할가' 등의 표현이 동원된 것을 볼 때, 〈사친가〉를 필사하는 작업은 정서적 측면에서 심리적 갈등을 해소하고 심정적 위로를 가능케 하고 있음을 알 수 있다.

- 부모ᄉᆡᆼ각 갈발업셔 이가ᄉᆞ 지어내여 벽장에 기록ᄒᆞ고 다시보고 다시보니 부모ᄉᆡᆼ각 위로된다 …

- 일편가사 지여내여 명산에 기록하여 보고보고 다시본들 부모생각 위로할가 …

- 부모ᄉᆡᆼ각 갈발업셔 이가사로 기록ᄒᆞ야 평ᄉᆡᆼᄋᆡ 전히 두고보고 닷이보아 부모ᄉᆡᆼ각 위로할가 …

---

록하여 보고보고 다시본들 부모생각 위로할가"

204) 이본별로 제시된 구체적인 표현을 보이면 다음과 같다. - "만고풍상 동유ᄂᆡ야 이팔청춘처녀들 여ᄌᆞ라 ᄒᆞ는 것은 ᄉᆞ람마다 당ᄒᆞ오니…", - "이리보나 저리보나 여자유행 가소롭다…" "한편에 상윷치고 한편에 책을읽고 그동안 일신영락 낙서이리 오작나서 만상이나 눌여부시오"

205) 이본별로 제시된 구체적인 표현을 보이면 다음과 같다. - "무심한 여ᄌᆞ들도 부모ᄉᆡᆼ각 이려할들 한물며 남ᄌᆞᄃᆡ여 부모ᄉᆡᆼ기난고 사람이라 이를손야", - "무심한 녀ᄌᆞ들도 부모ᄉᆡᆼ각 니려커든 ᄒᆞ물며 남ᄌᆞ되여 부모ᄉᆡᆼ각 어난ᄌᆡ ᄌᆞ랄니라쇼 ᄒᆞ을직가"

206) 이본별로 제시된 구체적인 표현을 보이면 다음과 같다. - "가소롭다 이글지은 이음 사친이라 어는뉘가 생각하리요마는 젼편을 셍각한이 부모슬하 셍젼하는 것이 먼풀사후 서로내왕 자조하여 자자고고히 친가부모을 엄엄한등 한ᄋᆡ진진후 부여의지은배라"

207) 이본별로 제시된 구체적인 표현을 보이면 다음과 같다. - "여러 동유들라 이글보고 셔로셔로 젼하여라"

다음으로 중요한 것은 〈사친가(자탄형)〉의 필사 작업이 단지 자탄의 심정을 위로삼기만 하는 데 있는 것은 아니라는 점이다. ③의 부분을 보면 남자들에게도 부모생각을 당부하고 있는데, 바로 이 부분에서 '부모를 생각하는' 사친지정의 표출이라는 것이 결국엔 '효양'을 강조하는 교훈적 주제(곧, 효친)로 전이되고 있음이 확인되기 때문이다.

- 무심한 여ᄌᆞ들도 부모ᄉᆡᆼ각 이려할들 <u>한물며 남ᄌᆞᄃᆡ여</u> 부모 ᄉᆡᆼ기 난고 <u>사람이라 이를손야</u> …

- 무심한 여자들아 부모생각 없나그선 <u>사람이라 하오리</u> …

- 무심한 녀ᄌᆞ들도 부모ᄉᆡᆼ각 니려커든 <u>ᄒᆞᆫ물며 남ᄌᆞ되여</u> 부모ᄉᆡᆼ각 어난ᄌᆡ ᄌᆞ랄니라 …

이 과정에서 〈여자자탄가〉류와 흡사하리라는 인상적 소견에도 불구하고 〈사친가(자탄형)〉은 여자신세 한탄에서 그치지 않고 계녀가적 효용성을 발휘하여 이른바 규범적 표현을 연습하는 훌륭한 텍스트의 역할을 수행하고 있음을 알 수 있게 된다. 곧, 〈사친가(자탄형)〉의 필사와 향수 작업을 통해 개인적인 '나(딸자식)'이라는 사적인 차원의 소재가 사회적인 '나(며느리이자 출가외인)'라는 공적인 차원의 공동담론으로 발전해나갈 수 있는 힘을 감지할 수 있기 때문이다.

유사한 사례로 이정옥이 소개한 〈은사가〉[208]의 경우를 들 수 있다. 이 작품집에는 표제작인 〈은사가〉를 비롯하여 〈숙여가〉·〈숙여경계ᄉᆞ〉·〈춘몽가라〉·〈셕춘가〉·〈계여가〉 등 여섯 작품이 수록되어 있

208) 이정옥, 『영남내방가사 4권』의 16-75면에 수록된 작품으로, 이 자료집에서 두 번째 작품으로 실려 있다. 이정옥 소장본으로 가로 1426.3, 세로 30 크기의 두루마리본이다.

는 두루마리본으로, 수록작품이 다양한 만큼 보기 드문 대작이라고 한다. 이정옥에 따르면 〈은사가〉는 현재까지도 많이 애송되고 있는 작품이라 하는데, 현재 상황에서는 별도의 소개사항이 없어 작품 이해를 진전시키기는 어려워 보인다.

다만, 연구자가 이 두루마리본에 수록된 〈게여가〉[209]를 고찰한 결과는 다소 흥미롭다. 9쪽과 4줄 분량으로 이루어진 필사기 부분에서는 자기 하소의 내용이 절절한 표현으로 이어지고 있는데, 그 분량이 무려 6쪽이나 되고 있어 주목되기 때문이다.

필사된 〈게여가〉는 〈계녀가(전형)〉의 내용과 거의 일치하며, 마무리 부분을 살피면 다음과 같다.

- 넷글에 잇ᄉᆞᆫ말이 셰정에 당ᄒᆞ기로 ᄃᆡ강 기록하여 ᄎᆡᆨ의올여 경계ᄒᆞ이 이ᄎᆡᆨ으르 일치말고 시시ᄎᆞᆫᄂᆡ보면 힝신쳐ᄉᆞ 뉴익ᄒᆞ고 부모ᄋᆡ기 귀하리라 경긔할말 무슈ᄒᆞ나 정신슈슈 긋치노라 경오쵸이월 김소져 ᄇᆡ운거시 ᄉᆞ오연 ᄇᆡ운거이리라 경오쵸팔일 김소져 하셔리

대개의 경우라면 이 부분까지가 한 작품(이 경우에는 하나의 두루마리본)에 대한 종료지점이라고 할 수 있을 것이다. 그런데, 다음부분에서는 동일한 필체로 별도의 제목 없이 다음과 같이 필사되고 있다. 이를 간략히 살피면 다음과 같다.

- (앞부분 판독불가) 가난절ᄉᆞ난 흐르ᄂᆞᆫ 유수갓탄 졀세난 흐르난 유수갓타 여어나듯 잇ᄯᆡ을 당ᄒᆞ연ᄂᆞᆫ고 슬흐고 ᄋᆡ들ᄋᆡ들 원통원통 우리아ᄶᅡ임 갑ᄌᆞ가ᄂᆡ … 슬흐고 통곡통곡 우리아ᄶᅡ임이 ᄉᆞ라 짓스면요면 …

---

209) 이정옥은 〈계여가〉라 소개하였으나, 대상자료를 살펴보니 실제 제목 부분은 〈게여가〉로 되어 있다.

완벽한 해독을 하기 위해서는 좀더 시간이 필요하겠지만, 우선적인 심증만을 이야기하자면 필사의 과정에서 심정적 차원의 몰입이 이루어지고 있음을 다시한번 확인할 수 있다는 점이다. 제목이 없는 상태에서 이어지는 이 부분은 필사자의 충동적이거나 의도적인 덧붙임 과정이라 볼 수 있기 때문이다.

이는 서사 부분에서 결사 부분에 이르기까지 선조적 구성의 기본틀을 취한다는 점에서 대개의 작품들이 외양은 비슷하지만 표현상의 가감변이를 거쳐 후반부로 가면서 점차 변이의 폭이 커지게 되며, 결국엔 필사자마다의 애틋한 필사기록을 덧붙임으로써 사유화되는 과정을 거치는 것으로 정리할 수 있다.

규방가사의 텍스트에서는 당면한 단락마다 설정된 장면화된 해당시간대에 집중하게 된다. 고로 선조적 구성의 기본틀에서 시차의 혼효, 기억의 재생과 몰입, 창작과 향수까지의 중첩성이 발생된다. 이는 시·공간을 공유하고 서로 잘 아는 사이라는 특성을 반영하는 것으로 청자가 세분화된 상태를 즐기게 되는 것이다. 또한 고정적 요소를 토대로 전형성을 담보하되 이형태의 양상이 개방적으로 허용됨으로써 개별적인 이본 중심으로 향수되는 장르라 할 수 있었다.

특히 장면화된 시간성을 강조하는 규방가사의 '글하기' 전략을 따른 결과 작품단락마다 매번 호소의 대상이 다르게 되었다. 여기에 표현상의 가감변이 양상이 보다 빈번하게 확대되면서 텍스트마다 소소한 변이가 일어나게 되었다. 이는 시간적 표지가 다양해져서 해당 단위별로 설정된 시간대에 몰입한 결과 필사자의 가감변이가 커지게 되었기 때문이다.

따라서 규방가사의 향수자들은 기명성의 부담없이 저마다 소소한 변이상을 담은 텍스트를 양산하고 보존, 전승하면서 향수하고 있는 셈이다. 창작의 과정은 아니지만 이러한 의식을 토대로 완성된 텍스트는 사소한 표현의 가감변이를 동반하여 유일무이한 텍스트가 되고 있다는 점에서 필사자마다의 개별 텍스트로 인정받을 수 있게 된다.

규방가사 텍스트는 유동적인 텍스트로 존재하면서 작자명이 불필요해지는, 필사자가 개인적으로 보유 가능한 텍스트로서의 면모가 커지게 되는 것임을 이해할 수 있을 것이다.

# 2. '글하기' 환경에 대한 이해

이 장에서는 두 가지를 주목하고자 한다. 그 하나는 어떻게 배우는가의 측면에서 문식성의 사회화 과정에 대한 관심이 '글하기' 환경에서는 중요한 동인으로 작용하고 있다는 점이다. 다른 하나는 '글하기'를 실천하는 과정에서 발휘되는 협동학습의 배경적 토대를 점검하는 일이다.

이는 '글하기'라는 것이 기본적으로 개인적 차원의 범위를 넘어서 실현되는 쓰기 행위임을 주목한 결과로, 이러한 관심과 배경적 토대가 규방가사의 향수상황에서 '글하기'의 구체적인 동인으로 작용하여 실천력을 증대시킨 것이라 생각한다.

## 1) 문식성의 사회화 과정에 대한 관심

1.

앞선 장의 논의에서는 '글하기' 전략의 근간으로 규방가사 텍스트의 유동성과 텍스트 필사 행위의 중첩성에 대하여 고찰하였다. 이 항에서 살필 작업은 규방가사 텍스트의 이러한 특성을 가능케 하는 환경적 요소를 분석하는 것으로, 규방가사를 어디서, 어떻게 배우며, 왜 배우는가에 대한 질문을 던지고 그에 대한 답을 구하는 과정이 된다. 이는 문식성 학습이 환경적 요인들에 영향 받으며 지속적으로 이루어진다는 사실[210]을 주목하여 규방가사의 '글하기' 환경에서 어떤 요인들이 지속적인 영향을 미치는지를 주목할 필요가 있기 때문이다.

우선적으로 주목할 사항은 규방가사의 '글하기' 행위가 개인적 활동이면서 동시에 사회적 행동이라는 사실을 주목하는 일이다. 쓰기능력이란 필자와 독자 간에 상호작용적으로 이루어지는 일련의 의사소통 행위들의 연속체인 '문제-해결' 구조라 할 수 있다.[211]

기왕의 논의에서는 규방가사 텍스트를 주로 개인적인 차원에서 이루어진 글쓰기의 결과물로 접근하였는데, '글하기' 전략의 근간을 주목한다면 개인적 차원의 능력도 중요하지만 타인과의 협동적 사고를 통한 과정적 모색도 중요한 요소가 될 수 있다.

무엇보다 진정한 의사소통능력은 사회언어학적 능력과 담화 능력을 필요로 한다. 이때 사회언어학적 능력은 필자가 집필 목적과 주제, 혹은 독자층에 따라 글을 다양하게 쓸 수 있는 능력을 의미하며, 담화 능력은 결합성과 응집성 있는 글을 구성하는 능력을 의미한다.

두 사람 이상이 언어적, 혹은 비언어적 기호로 서로의 생각과 느낌을 전달받고 이해하는 과정을 의사소통 과정이라 할 때, 이러한 과정은 상황에 따라 변하는 역동적 과정이 될 수밖에 없다. 이렇게 역동적으로 이루어지는 의사소통과정에서는 주어진 담화 상황에 대한 올바른 이해가 중요해지며, 따라서 담화에 참여하는 당사자들 간에는 상호작용에 의한 협상이 있게 마련이다.[212]

그런 의미에서 어떻게 '글하기'에 익숙해지는지를 주목할 필요가 있다. 다음에 인용하는 부분은 〈사친가(자탄형)〉에서 갓 시집온 화자의 걱정을 덜고 슬픔을 달래고자 시어머니가 며느리에게 하는 이야기로,

---

210) 원진숙 옮김, 『생태학적 문식성 평가』(한국문화사, 2004), 28면.

211) 오택환, 『협동작문의 이론과 실제』(역락, 2008), 17면.

212) 명지대 인문과학연구소 편, 『인간은 어떻게 말하고 쓰는가』(월인, 2003), 189-198면.

화자는 "구고님 은덕보소 미거한 이자부를 세량담ᄀᆡ 고이보고 슬하에 못떠나게 …" 한다면서 다음과 같이 서술하고 있다.

- ① 방아깐에 들지마라 이뫄이 ᄂᆡ물ᄒᆞ며 등게때가 오를세라 정지ᄋᆡ 들지마라 불ᄂᆡ맛기 오작ᄒᆞ리 침자질을 과히마라 목고개가 땅길세라 큰낭자를 하지마라 목고ᄀᆡ 앞프리라
② 저녁사관 일직하고 너방ᄋᆡ 들어가라 새배사관 하지마라 단잠을 어이깨리 음식이나 달게먹고 무병하기 제일이라
③ 어린아희 보문ᄌᆞᆼᄋᆡ 글줄이나 서서주고 창호지 대장지에 저글시나 밧겨보라
④ 혼ᄌᆞᄒᆞ기 심심커든 ᄉᆞ돈시ᄆᆡ 청ᄒᆡ다가 윷이나 처여보라
⑤ 만석당헤 발바기니 세집신을 시너보라 비단치마 감기거든 모수치마 이버보라 …[213]

인용부분에서는 문식성의 개념과 연관되는 매우 다양한 활동상을 제시하고 있는데, 특히 '써서주고'나 '베껴쓰고' 등의 언급을 주목할 필요가 있다.

시어머니는 갓 시집온 며느리에게 힘든 노동을 하지 말고(①의 부분), 달게 자고 잘 먹고(②의 부분), 글을 써주고 베껴주는 것을 권하고 있다(③의 부분). 시집살이라고 하면 연상되는 여러 가지 노동을 권하기보다 윷놀이를 하라거나(④의 부분) 온갖 치장놀음이라도 하라는 권유(⑤의 부분)는 실상 현실과 동떨어진 감이 없지 않아서 오히려 과장된 면모가 느껴진다.

화자 역시 이러한 과장을 인식한 듯 "이러트시 귀히보고 저러트시 사랑하되 어리고 어린소견 부모생각 뿐이로다"라며 겸연쩍어하고 있다.

---

213) 〈616번) 사친가〉로, 임기중의 『역대가사문학전집 12권』에 수록되어 있는 작품이다.

이는 인용부분에 제시된 활동들이 시집살이를 시작하는 여성들의 입장에서는 계녀교훈의 항목을 실천하는 어려움과 고통을 역으로 보여주는 것이라는 점에서 현실과 거리감을 갖는 것이기 때문이다.

〈여자자탄가〉의 한 대목을 인용하여 같이 비교하면, 〈사친가(자탄형)〉에서 생략된 노동고의 양상이 구체적으로 실감이 될 것이다.

| | 〈여자자탄가〉 | 〈사친가(자탄형)〉 |
|---|---|---|
| ① | 동지섣달 설한풍에 빨래씻고 물길으면<br>손시리며 발시리며<br>오뉴월 더운날에 방아찧고 베짤때면<br>팔아프고 다리아파<br>포시라이 자라던몸이 오늘당해 후회로다<br>하루삼시 짓는밥을 먹고나면 걱정이라<br>한해삼철 짓는옷은 떨어지면 근심이라<br>근심걱정 다제하면 잠시인들 편할손가 … | 방아깐에 들지마라 이뫄이 ᄂᆡ물ᄒᆞ며<br>등게때가 오를세라<br>정지ᄋᆡ 들지마라 불ᄂᆡ맛기 오작ᄒᆞ리<br>침자질을 과히마라 목고개가 땅길세라<br>큰낭자를 하지마라 목고ᄀᆡ 앞프리라 |

이러한 양상은 다음에서처럼 〈계녀가〉의 경우와 비교해도 마찬가지이다. 인용한 작품은 〈계녀가〉의 일부인데, 계녀가의 목적이 시집살이 규범에 대한 경계교훈의 내용이 중심을 이루다보니 세세한 지시사항만으로 채워진 듯 보인다.

| | 〈계녀가〉 | 〈사친가(자탄형)〉 |
|---|---|---|
| ② | 문밧계 사관할제 세수을 일즉ᄒᆞ고<br>문밧계서 절을ᄒᆞ고 갓가이 나와안자<br>방이나 덥ᄉᆞ온가 잠이나 편하신가<br>살들이 무릅적에 저근듯 안잣다가<br>그만ᄒᆡ 도라나와 진지를 차릴적에<br>식성을 무러가며 반찬을 맛계ᄒᆞ고<br>ᄭᅮ러안자 진지하고 식상을 물인후에<br>할일을 살와보아 다른일 업다ᄒᆞ면<br>ᄂᆡ방에 도라나와 일손을 밧비드러<br>홍돈홍돈 ᄒᆞ지말고 자쥬자쥬 ᄒᆞ여서라 | 저녁사관 일직하고 너방ᄋᆡ 들어가라<br>새배사관 하지마라 단잠을 어이깨리<br>음식이나 달게먹고 무병하기 제일이라 |

져역을 당ᄒᆞ거든 아침과 가치ᄒᆞ고
어을벌 당ᄒᆞ거든 ᄉᆡ비와 갓치ᄒᆞ고
어디로 누우실고 자서히 살피보고
이부ᄌᆞ리 정케피고 자리를 편케ᄒᆞ여
부모임 글역보고 부모님 말삼바다
굿히야 마조이시면 그만코 안잣다가
절ᄒᆞ고 도라나와
등촉을 도도우고 할일을 ᄉᆡᆼ각ᄒᆞ고
ᄎᆡᆨ을보나 일얼ᄒᆞ냐 이식히 안잣다가
밤들거든 잘거시라 …214)

그런데, 밑줄친 부분에서 보다시피 시집살이를 하는 하루 일과에서도 '책보기'와 같은 문식성 활동이 포함되어 있다. 중요한 것은 〈사친가(자탄형)〉에 표현된 언급이 다소 특이한 것처럼 보임에도, 〈계녀가〉의 밑줄친 인용부분을 보면 '글하기' 환경에서 제시되는 단서들을 보다 일반화시킬 수 있게 된다는 점이다. 곧 〈계녀가〉에서는 시집살이 규범을 알려주는 데 치중하였다면, 〈사친가(자탄형)〉에서는 규범외적인 측면에서 할 수 있는 여가활동을 나열하고 있는 것이다.

다음에 인용한 사례에서도 주목할 사항은 밑줄친 부분을 중심으로 문식성의 사회화 과정에 대한 관심을 보이는 지점이다.

- ① 자고열여 어진부인 되강일느 기록하니 긔긔이 외와ᄂᆡ고 자자이 달송하와 날마당 독송하고 일염에 잇지말면 헌철하다 층찬하네 옛사람도 양두할ᄶᅡ 일년일도 제삿날에 출가외인 책망잇다 급한일을 당하그든 망년되기 몰ᄂᆡ마라 성격조븐 엇든부여 방적맛기 소동치기 가매밧게 천만금도 사람하나 제일이라 남에집 흥망성쇠 부녀에게 잇나니라 ② 이글을 달송하고 쏀밧지 안이하면 이적에 비할소야 금수와 갓트니라 …215)

---

214) 권영철의 『규방가사 1』에 있는 작품으로, 작품명은 〈(2) 계여가〉로 정리하였다. 경북 안동군 서후면 이계동에서 수집된 자료이다.

인용부분에서는 계녀가류 규방가사를 전하는 목적과 훈련방법에 대해 제시하고 있는데, ①의 부분에서 보다시피 현모양처가 되는 방법을 대강 기록하니 이러한 내용을 '개개이 외워내고 달송하는' 경지에 이르게 하는 것, 그리고 '날마다 독송하여 마음에 새기는' 과정이 이 작품을 제대로 익히는 방법이라고 한다. 그래서 ②의 부분에서처럼 '이 글을 달송하고 본받지 않으면 금수와도 같다'는 식의 위협적 경고가 전혀 이상하지 않게 연결되고 있다.

중요한 것은, 여성들의 시집살이에서 노동고의 문제에만 관심을 두었던 것이 아니라 먹고 놀고 즐기는 것들에도 관심을 비중있게 두어 다루고 있다는 점이다. 특히나 글을 읽고 글씨를 베껴 쓰는 환경이 충분히 일상적으로 가능함을 알 수 있게 한다는 점에서 규방가사를 어떻게 배우는가 하는, '글하기' 환경에 대한 일차적 이해를 충분히 도모할 수 있게 된다. 그리고 이러한 일상적인 문식성의 활동상을 통해 고부간, 여성간, 세대간 어떤 식으로든 교류하고 협력하는 유대감이 형성되고 있을 것임도 짐작할 수 있다.

이는 다음 부분에서 보다시피 "놀다가 심심커든 책이나 들고보라"라며 독서환경이 조성되어 있음을 매우 직접적으로 제시해주고 있기 때문이다.

| | 〈(경북대본) 사친가〉 | 〈(2번) 사친가라〉[216] |
|---|---|---|
| ① | 사촌시매 청해다가 쌍륙이나 처어보아라 | 사촌시매 청해다가 쌍륙이나 처어보아라 |
| ② | 어린이해 불문장의 첫줄이나 써서주라 | 어린아히 몬문이라 첫줄이나 써서주라 |
| ③ | 창호지에 대장지에 책글씨나 써보아라 | 창호지에 대장지에 책글씨나 볏기여라 |
| ④ | 놀다가 심심커든 책이나 들고보라 | 놀다가 심심커든 책이나 들고보라 |

215) 권영철의 『규방가사 1』에 있는 작품으로, 작품명은 〈(6) 행실교훈기라〉로 정리하였다. 경북 예천군 용문면 금당실에서 수집된 자료이다.
216) 〈2번) 사친가라〉로, 이정옥의 『영남내방가사 3』, 33-62면에 수록되어 있는

인용부분을 보면 문장을 써서주거나, 책글씨를 써주거나 하는 표현이 눈에 띄는데, ③번 항에서 보다시피 '쓰다'라는 행위는 '베끼다'라는 행위와 동급으로 인식되고 있음을 재삼 확인할 수 있다.

다음의 자료에서도 이와 같은 맥락의 언급을 찾을 수 있는데, 성춘식이 구술한 기록이라는 점에서 〈사친가(자탄형)〉과 연결되는 실제 증언이 되는 셈이다.

> - 이월달 초사흗날 시댁 될 쪽에서 정성이(=예물이) 왔는데 떡을 해서 소복이 담고 왔어. 댕기갑사 가지고 접고 … 또 책 한 권, 두꺼운 건데 〈창성감회록〉하고 〈북천가〉하고 〈사회교양가〉하고 춘양서 나온 것 〈서도가〉, 숱하(=숱하게) 여러 가지 있었어. <u>글씨 써서 베끼라고 늘구라고 시아밧님께서 옇어 주싰어.</u> <u>글씨를 많이 쓰믄 느는 게거든.</u> 옷감 글은 거는 시어맛님이 옇지마는 <u>시아밧님은 책하고 먹하고 붓하고 옇어 주싰어</u>. 정성을 받고 사랑을 받으라고 팥하고 찹쌀하고 홍주머이(=홍주머니) 하나 깁어서, 돈 그때 삼십원 옇어서 그 고리에 보냈어. …[217]

밑줄친 부분에서 보다시피 성춘식의 구술 기록에서는 언문을 처음 배우는 과정 등과 자습하기에 관한 서술이 상세히 구술되어 있으며, 동류들과 편지를 주고받으며 문자생활에 익숙해지는 과정 또한 구체적으로 밝혀놓았다.

무엇보다 '글씨쓰기' 연습을 많이 권유하는 상황이라는 것이 '글하기'를 능숙하게 습득하는 기본전제가 된다는 것과도 연결된다. 일반적인 쓰기 수업에서 교사의 언어 혹은 대화 내용이 학습자에게 모방과 학습의 대상이 된다고 할 때,[218] 규방가사에서는 이러한 역할을 하는 것이

---

작품이다.

217) 성춘식 구술/신경란 편집, 『이부자리 피이놓고 암만 바래도 안 와』 (뿌리깊은나무, 1990), 50면.

바로 필사 대상이 되는 저본이라 할 수 있다.

지식의 구성과 적응, 비판과 수정이 이루어지는 담화를 습득하는 것이 문식성 교육의 목표이며, 이를 위한 가장 적합화된 공간이 바로 학교라 할 수 있다면,[219] 규방가사를 필사하기 위해 전해주고 전해받는 텍스트의 저본이 그대로 교육적 공간의 역할을 수행하기 때문이다.

성춘식은 그 당시 보통학교가 있어서 십 리나 되는 먼 길을 다니며 학교공부를 하는 것이 가능했지만, 성춘식의 조부가 완강히 반대하고 성춘식의 몸이 약하기도 해서 집에서 어머니가 가르치게 되었다고 한다. 성춘식은 자신의 어머니가 글씨와 글자를 가르치는 방식을 다음과 같이 서술하고 있다.

> - 그래 집에서 자십을(=자습을) 씨게 가지고, 옛날에는 어머니가 갈체신데, 군디목이라고 띠운데, ..이런 송판때기에다고 분을 보얗게 칠해가지고 분판이라고 금서 거그다 먹으로 가지고 글씨를 씨면 보한 데다 까망 걸씬께네 글씨가 보이잖아요. 그래 한번 씨가지고는 또 뭉개 뿌래고 또 딲아 뿌래고 또 씨고 씨고 그래 자십을 했어. …[220]
>
> - 이웃에 친구라도 그래 하고 그래 배왔제. 친척들한테도 씨고, 난 빨리 배운 셈이지요. 처음 어려서 일고여덟, 군디목 띠면서도 왜 아아들이 어매한테나 누구한테나 이래 사연을 불러달라 그이 쓰는데 난 그건 없었어, 내대로 썼지.

그는 '글하기'의 방법을 배우는 기초 작업으로 글자를 배우는 과정도 소상히 밝히고 있다. 언문을 배우는 처음 과정에서는 '가갸거겨' 식의

---

218) 이수진, 『쓰기 수업 현상의 이해』 (박이정, 2007), 54면.
219) 같은 책, 45면.
220) 성춘식 구술/신경란 편집, 앞의 책, 43-45면.

글자를 베껴쓰고, 다음 단계로 넘어가 열 살 정도가 되면 편지글을 쓰게 된다고 한다.

- 처음에 "가갸거겨" 옛날에 본문이라고 열다섯줄을 (요새 일학년들 한글 공부하는 것처럼 받아쓰고 베껴쓰는 과정을 거쳤다고 함) 일곱 여덟 때는 인제 분판에 써가지고 다 익히 가지고 글자를 받침할 줄 알고 말 맨들 줄 알 때 군디목 띠우고, 열 살 넘으믄 조우에 편지 겉은 것 좀 씨고 그랬지. 친구한테 "동류야 살펴라 보고 숩다. 언제 올라노.어데 어데서 만나자."

특히, 가장 대표적인 방법이 편지를 써서 교환하는 것이라고 하였는데, "그땐 친구를 동류라 그래"라는 언급을 통해볼 때 '동류들'에 대한 의식이 생기고 있음을 알 수 있다. 나아가 이러한 습득과정이 규방가사의 텍스트마다 상투적으로 등장하는 서두의 역할로 자리매김하게 되는 것이라 판단된다.

- 언문 배운데는 처음에 군디목이라 그는 건 어렵거러 말하잖고 "앞남산 장꿔이 뒷동산 깨깨를 물고 껄껄 푸드득 날아간다" 그래도 씨고 하하. 여나믄살 될 때 고래 배우지. 그래 이웃에도 일가 딸네가 같은 나이에 있잖아요? 있으면 서로 편지를 써가지고 -그땐 친구를 동류라 그래- "동류야 살펴라. 그립고 보고 섭다" 이래고 넌 어떻고 편지 써가지고 서로 그 집에 갖다 문구움으로 갖다 드리미고, 가아가 또 내한테로 편지해 가지고 그래도 하고. …221)

이러한 환경적 여건에서 짐작되는 바들은 규방가사의 창작과 필사와 향수상황에 동원되는 다양한 협력 지점들이 충분히 나열되고 있다

221) 같은 책, 45면.

는 점이다. 규방가사 텍스트에서도 다음에서 제시하는 것처럼 서신의 왕래, '책쓰기'나 '편지쓰기' 방법의 학습에 대한 구체적인 제시 등이 여러 번 언급되고 있기 때문이다.

> - 갈이크든 종잠들과 동기골육 정이깊어 형님동생 서로불어 이십년을 즐겨하더니 동서남북 출가하여 타향살이 되었으니 … 전편의 부친편지 히답이나 진작올가 …222)
>
> - 육칠시랄 ᄌᆞ라ᄂᆡ니 벼단명쥬 침자질과 가포무명 물ᄂᆡ질을 모리잇겨 가라치이 기역니연 ᄌᆞ받침과 ᄎᆡᆨ씨기며 편지씨기 쥴가라칠제 희미ᄒᆞᆫ ᄂᆡ의ᄌᆡᆨᄌᆡᆨ 션왕후셜 ᄒᆞᆫ가마난 지밋밋ᄒᆞᆫ면 안니시고 히롱갓치 가르치고 …223)
>
> - ᄒᆞᆫ납이 ᄒᆞ직홀지 ᄌᆞᆫᄉᆞ담을 말라 고이키 니기난니 친졍편지 보닐젹ᄋᆡ ᄌᆞᆫ사다믈 과니마라 남ᄋᆡ눈ᄋᆡ 써니나니 …224)

또한, 사돈지나 문안지 쓰는 방법도 배운다고 하는데, 이는 규방가사의 텍스트를 전하는 두루마리본에 흔히 섞여 나오는 것이라는 짐에서 익히 짐작되는 바이기도 하다.

> - 사돈지, 문안지 씨는 거도 배우지. 사돈지는 혼인 지낸 뒤에 사돈들끼리 주고 받그던. 종우를 석줄 드갈 만치 접고 우에 또 석줄 드갈 만치 접어. 접은 부분은 놔두고 글씨를 씨기 시작해. … 첫 사돈지는 여사 그래 씨지. 석줄 석줄 남기야지. 처음 하는 편지는 다 그래 씨고, 법도로 그래 맨들어 놓는 게야. …225)

---

222) 〈경북대본) 사친가〉. 이정옥의『내방가사의 향유자 연구』에 수록된 작품이다.
223) 〈2번) 사친가라〉. 이정옥의 『영남내방가사 3』에 수록된 작품이다.
224) 〈5번) 사친가라〉. 이정옥의 『영남내방가사 1』에 수록된 작품이다.
225) 성춘식 구술/신경란 편집, 『이부자리 피이놓고 암만 바래도 안 와』 (뿌리

이상에서 성춘식이 구술한 바 언문을 배우는 과정을 간략히 정리해 보면 다음과 같다.

| 연령 | 학습내용 | 구술내용 |
|---|---|---|
| 7, 8세 | 글자 익히기와 글씨 쓰는 법 배우기 | - 여나믄살 될 때 고래 배우지 …<br>- 분판에 써가지고 다 익히 가지고 글자를 받침할 줄 알고 말 맨들 줄 알 때 군디목 띠우고 … |
| 10세 이상 | 편지쓰기 등으로 익숙해지기 | - 편지 긑은 것 좀 씨고 …<br>- 이웃에도 일가 딸네가 같은 나이에 있잖아요? 있으면 서로 편지를 써가지고 … 편지 써가지고 서로 그 집에 갖다 문구움으로 갖다 드리미고, 가아가 또 내한테로 편지해 가지고 그래도 하고 … |
| 이후 | 사돈지 · 문안지 등 작성법 배우기 | - 사돈지, 문안지 씨는 거도 배우지 …<br>- 혼인 지낸 뒤에 사돈들끼리 주고 받그던 … |

이는 규방가사에서 여자행실을 배우는 고충을 토로하는 것만 강조해왔던 맥락과는 다른 차원에서 여성의 삶을 주목하게 하는 국면이다. 〈여자자탄가〉에서는 다음과 같은 식으로 성인여성이 되어가는 과정을 읊고 있기 때문이다.

> - 십세가 넘은후에 여자행실 배워보자 밥짓고 빨래하기 여자의 할 일이요 부모앞에 효양하고 동기간에 우애있고 늙은사람 공경하고 이웃사람 화목하고 이팔광음 다쳤으니 그무엇을 못할손가 규중심처 파묻히여 언어행실 잘배우고 범백사가 구비하라 침선방적 못할소냐 …[226]

글쓰기가 개인적 행위이면서 사회적 행위라는 전제를 부각시킨다면,

깊은나무, 1990), 43-45면.
226) 〈여자자탄가〉. 이재수, 『내방가사연구』(형설출판사, 1976).

기왕의 논의에서 익히 지적되었던 바와 같이 규방가사의 향수상이나 작품구조적 특성을 돌아볼 때 '규방가사를 짓는다/글하기'라는 것은 그 어떤 고전시가 장르에서보다 더한 사회성을 담보로 하는바, 이제는 개인의 문학적 행위가 어떻게 사회화되는지를 따지는 것이 가능하리라 생각한다.

규방가사를 통한 공유와 소통, 치유의 방식은 기왕의 논의에서 충분히 주목하고 있는바, 이제는 사회공동체에서 규방가사가 어떻게 인식되고 수용되고 있는지를 면밀히 살피는 것도 필요하다. 사람들이 대인관계에서 어떻게 읽기나 쓰기를 사용하며, 사회의 구조 유지와 발전에 읽기나 쓰기가 어떻게 도구로 이용되고 있으며, 읽기 · 쓰기의 개념과 그 사회적 기능을 이해하는 것이 한 개인의 삶과 사회생활에 얼마나 유용한가를 탐구하는 것과 마찬가지의 시각과 작업이 규방가사 연구에서도 필요하기 때문이다.

2.

문식성에 대한 학자들의 연구는 시대에 따라 크게 다른 모습으로 발전하여 왔다. 초창기 연구에서는 문식성을 행동주의적 관점에서 보았지만, 인지심리학의 등장 이후에는 인지주의적 관점에서 한 개인의 인지적인 문제해결과정으로 보았다. 최근에는 문식성을 구성주의적 관점에서 접근하여 읽기나 쓰기 활동을 독자나 필자가 자신의 과업수행을 위해 글을 매개로 필자 또는 독자와 나누는 의사소통과정으로 보고 있다.

이렇게 다양한 접근방법에도 불구하고 문식성 개념에는 몇 가지 공통된 기반이 존재한다. 그 하나는, 실제 생활 속에서의 기능을 강조하고 있다는 점이다. 과거에는 글을 읽고 쓰는 행위를 글과 독자, 또는 글과 필자와의 관계로만 파악하였다. 새로운 문식성 개념에서는 글을 읽는 행위나 쓰는 행위를 모두 상대가 분명히 있는 '사회적 행위' 곧

'필자-글-독자' 사이의 의사소통행위로 파악하고 있다는 점이다.

다른 하나는, 글을 읽고 쓰는 일을 역사적이고 문화적인 맥락 속에서 파악하고 있다는 점이다. 글을 쓰는 일이나 읽는 일이 단지 지금 다루고 있는 '그' 글에만 국한되는 것이 아니라, 필자 또는 독자가 지금까지 살아오면서 쌓아온 배경지식 · 생활경험 · 생활태도 · 가치관 등과 밀접한 관련 속에서 일어난다고 보는 것이다.[227] 따라서 문식성의 차원에서 규방가사의 창작과 향수의 특수한 본질들을 제대로 이해하고 그 양상을 분석하는 것이 무엇보다 중요해진다.

규방가사가 본격적으로 여성들만이 향유하는 갈래로 성장하면서 여성들이 참여하는 비공식적 모임에서 자연스럽게 그들의 체험을 공론화하는 형태로 향유되면서 일상적 대화가 들어간 것으로 보인다. 이처럼 모임에서 가사를 주고받으며 의사소통을 하는 단계에서 규방가사가 널리 읽히기 시작하였고, 언어에도 다양한 변화가 일어나기 시작하였는데, 동일한 의식을 공유하는 사람들끼리 모여서 이야기하는 모임이 현장에서는 그 모임 특유의 자유롭고 풀어진 분위기속에서 이야기에 담기는 내용이 달라질 수 있는 것이다. 규방가사의 표현에는 일상적 언어가 틈입되어 있다는 기왕의 연구 성과를 볼 때,[228] 이는 여성들만의 독립적인 향유공간 속에서 새로운 효과를 여성 스스로 모색하는 과정에서 창출된 문체적 특징이라 할 수 있다.

그동안의 규방가사 연구에서는 텍스트 자체에 주목하거나 전승환경을 조사했을 뿐, 텍스트가 형성되고 향수되는 맥락에서 어떠한 변인들이 구조적으로 규방가사 텍스트의 형성에 관여하는지를 주목한 논의들은 많지 않다. 그런 점에서 문식성의 성장 및 발달에 관해 지속적인

227) 노명완 외, 『문식성 교육 연구』(한국문화사, 2008).
228) 백순철, 「규방가사의 작품세계와 사회적 성격」(박사학위논문, 고려대학교, 2000), 84-85면.

기성세대와의 의사소통이 필요하다는 지적[229]은 충분히 유효하다.

독서는 독자 개인이 글을 읽는다는 측면에서 분명 개인적 행동이라 할 수 있지만, 그와 동시에 사회적으로 적절히 반응하는 사회적 행동이기도 하다. 독서 행위를 통해 독자는 필자와 사회적 관계를 이루며 때로는 자신의 사회적 관계를 해결해낸다.

이는 쓰기 활동의 경우에도 마찬가지이다. 쓰기 활동은 일차적으로 필자의 개인적 행동이라 할 수 있지만, '쓰기'라는 행동을 통해 필자가 독자와 교류하고 사회적으로 필요한 일을 수행한다는 점에서 사회적 행동이 된다. 그러므로 읽기와 쓰기를 포괄하는 문식 활동이라는 것은 모두 문자언어를 통한 사회적 기능이라고 지칭할 수 있게 된다.[230]

이러한 작업을 토대로 다음항에서는 '글하기' 과정에 개입되는 협동 혹은 협력의 의미에 관해 살피게 될 것이다. 이는 규방가사가 단지 '글쓰기'가 아니라 '글하기'라는 지칭으로 인식되는 상황과 긴밀히 연결되는 것으로, 이 부분에 대한 탐색이 규방가사의 '글하기' 전략이 갖는 궁극적인 의의가 될 것이다. 규방가사는 삶의 현장과 괴리되지도 않았으며, 필자 단독으로 고립되거나 폐쇄된 환경에서 만들어진 것도 아니며, 독자도 분명하지 않고 구체적인 글쓰기 목적도 없는 진공상태에서 오직 자신의 생각만을 단독적으로 표출하여내는 '글쓰기'의 양상과는 완전히 다른 것이기 때문이다.

---

229) 원진숙 옮김, 『생태학적 문식성 평가』 (한국문화사, 2004), 197면.
230) 노명완 · 이차숙, 『문식성 연구-읽기 · 쓰기에 대한 교육 · 심리학적 분석-』 (박이정, 2002), 14면.

## 2) 협동학습의 배경적 토대

1.

규방가사의 향수자들이 어떻게 '글하기'를 배우는가의 문제를 살피기 위해 다음으로 주목할 사항은 협동학습의 맥락에서 조명하는 일이다. 앞선 항에서 정리한 대로 규방가사의 글하기 전략에서 텍스트의 유동성이라고 하는 특징적 양상은 전형적인 틀을 숙지한 상태에서 필사자가 개방적으로 허용되는 개별성을 가미하면서 획득되는 지점이었다.

이런 과정을 거쳐 각 텍스트마다 필사자 혹은 소장자를 중심으로 사유화되는 것이 바로 규방가사 이본 생성의 동력이 되며, 이런 맥락에서 대부분의 규방가사는 탈-기명성을 지향한다고 할 수 있다. 규방가사의 작품세계에서 기명 표기작이 적다는 사실은 규방가사 텍스트가 구비문학에서와 같이 작가명을 기록하지 않는 관습을 보편적으로 허용한다는 의미이며, 그 허용범위는 자료개관에서 보다시피 상당히 광범위하게 이루어지고 있었다.

그리고 그러한 배경에는 '협동' 작업으로 이루어지는 텍스트의 형성과정에 대한 이해와 동의가 전제되어 있다. 예를 들어, '고립된 필자'의 행동을 관찰하면 침묵하면서 구상 단계에서 쓰기 단계에 이르기까지 직접적인 반면, '집단내 필자'의 행동은 구두로 텍스트를 확장하는 작업이 이루어지고 반응과 피드백은 필자의 상상에 의하기보다는 다른 사람으로부터 보다 실제적으로 얻고 있음을 알 수 있다고 한다.[231]

이에 이 항에서는 규방가사에서 '내려주기'라고 칭하는 습속을 주목하여, '글하기'라고 하는 것이 문식성의 성장에 필수적으로 요구되는 의사소통의 환경적 요인임을 살피고자 한다.

---

231) 오택환, 『협동작문의 이론과 실제』 (역락, 2008), 62-63면.

규방가사 텍스트를 일람하면 이미 성인이 된 기혼여성의 입장에서 신행을 맞는 어린 처녀들을 상대하는 어법을 쉽게 볼 수 있다. 이러한 측면은 특히 계녀가류 규방가사의 창작과 전승, 향수방식을 통한 논의에서 꾸준히 지적한 바 있으며,[232] 최근에는 이를 계녀가류 규방가사의 '내려주기' 관습이라 지칭하기도 하였다.[233] 이를 통해 규방가사를 배우고 익히며 도와주는 일련의 과정들이 어떻게 이루어지는가를 살필 수 있게 된다.

협동작문에 관한 논의에서 지적한 바 집단내 필자가 고립된 필자보다 여러 가지 점에서 이점을 얻게 되며 이것이 쓰기능력 향상과 연결된다고 할 때, 규방가사의 '글하기' 과정은 여러 가지 차원에서 이러한 측면과 합치되는 국면이 있다. 대개의 작문교육 논의에서는 협동학습의 특징으로 긍정적 상호의존성과 대면적 상호작용, 기회균등과 동시다발적 상호작용 등을 들고 있는데,[234] 이러한 협동학습의 특징은 '글하기' 환경에서 규방가사를 배우고 익히며 도와주는 양상에서 거듭 확인할 수 있기 때문이다.

무엇보다 규방가사에서 이루어지는 협동과정은 쓰기 과정에서 서로 참여하고 주제를 정하는 등 긍정적인 사회환경을 조성하는 데 가장 큰 영향력을 발휘한다. 이를 통해 쓰기와 학습에서 서로의 성장을 촉진하는 가능성을 보여주게 된다. 달리 말하면, 서로의 아이디어를 일반화하고 유효하게 계획하고 아이디어를 토의하고, 그들이 선택한 단어나 구조, 사고의 수준 등을 종합하는 것이라 할 수 있는데, 규방가사의 경우에도 이런 식의 협동작문의 과정을 짐작하기가 어렵지 않기 때문이다.

---

232) 양지혜, 「계녀가류 규방가사의 형성에 관한 연구」(석사학위논문, 이화여대, 1998), 42-43면.

233) 김석회, 「복선화음가 이본의 계열성과 그 여성사적 의미」, 『조선후기 시가와 여성』(월인, 2005), 289면.

234) 같은 글, 52-53면.

중요한 것은, 규방가사를 지은 여성들은 가사 한 편을 짓기 위해 수많은 가사를 돌려 읽는 과정을 겪었을 것이라는 점이다. 이러한 향유 과정에서 비롯되는 공감의 교류와 유대의 강화가 다양하면서도 한결같은 규방가사의 의식세계를 형성했을 것임은 물론이다. 그리고 이렇게 가사 창작 및 향수에 대한 여성적 관심의 확대가 다대하고도 다양한 규방가사의 작품세계를 형성하는 데 일조하게 된 것이라 생각한다.

글쓰기의 과정을 이해하기 위해 접근하는 세 가지 측면을 정리하면 의사소통이 이루어지는 과정의 측면, 언어 사용이 이루어지는 측면, 그리고 여러 하위과정들로 구성된 인지적 과정의 측면을 들 수 있다.[235] 대개의 텍스트 중심적 접근 방법에서는 언어 사용의 측면이 우선적으로 부각될 수밖에 없지만, '글하기'의 과정을 주목하면 의사소통의 측면과 인지적 과정의 측면도 아울러 부각되며 오히려 이들 측면이 훨씬 중요해지게 된다. 문화적 공간에서 여성들은 자연스럽게 일상의 소회를 가사에 담아냈고 수많은 규방가사가 산출되었는데, 이러한 과정을 통해 규방가사를 통한 문식성 교육이 이루어지고 글쓰기의 실천방식이 '글하기' 전략으로 특징화될 수 있기 때문이다.

중요한 것은 이러한 과정에 영향을 미치는 요소는 무엇이며, 어떤 의미를 갖는가를 추적하는 작업이다. 필자는 자신의 기억 속에 들어있는 기존 지식과 쓰기 과제에 필요한 여러 정보를 수집하고 '비교/분석/조직/통합'하여 하나의 온전한 글(텍스트)을 만들어낸다.

독자는 글을 읽는 과정에서 필자가 활용한 이런 지적 작용을 되풀이하면서 글을 해석해낸다. 그러면서 동시에 독자 나름의 지식과 정보를 활용하여 연상하거나 상상하거나 추리하고, 이런 과정을 통해 새로운 지식, 혹은 정보를 (재)창조해낸다.

---

235) 박영목, 『작문교육론』 (도서출판 역락, 2008), 58면.

그런 점에서 읽기와 쓰기의 대상이 되는 글(텍스트)은 필자가 수집·정리하여 놓은 지식과 정보의 전당이되, 읽기와 쓰기의 문식 활동은 이러한 지식과 정보를 다루는 가장 전형적인 지적 활동이자 정보활동이 된다.

그렇기에, '글쓰기'와 '글하기'는 모두 개인적 행위이면서 사회적 행위이게 된다. 곧 규방가사의 창작과 향수는 그 어떤 고전시가 장르에서보다 더한 사회성을 담보로 하는 것이다. 이는 규방가사의 향수상과 작품 구조적 특성에서 익히 지적되었던 바로, 이제는 개인의 문학적 행위가 어떻게 사회화되는지를 따지는 것이 그래서 필요하다.

이는 마치 고전수사학에서 말하는 설득적인 연설의 준비과정이 '창안-배열-표현-기억-전달'의 순서를 밟는다고 할 때 규방가사의 경우에도 이러한 준비과정이 있을 수 있되, 규방가사의 경우에는 오히려 그 순서가 조금은 다양하고 색다른 것으로 재배열되지 않을까 하는 착안점을 갖게 하는 것이다. 곧 '글쓰기' 차원에서와 달리 '글하기' 차원에서는 그 과정적 순서조차도 다를 수 있다는 이야기가 된다.

그리고 이를 위해 우선되어야 하는 기본전제는 쓰기 행위가 의미로 구성되는 '과정'이라는 사실을 기억하는 것이다. 쓰기 행위는 표면상으로만 독백적 행위일 뿐, 실제로는 필자와 담화공동체 사이의 숨겨진 대화에 의해 조종되는 행위이기 때문이다.236)

의사소통은 의미의 전달과 이해라는 사회적인 상호작용이라는 점에서 언어를 학습하고자 하는 사람은 담화상황에 대한 이해와 사회문화적인 지식이 필요하게 된다. 의사소통은 담화에 참여한 당사자의 입장에서 보면 정보의 교환을 통해 불확실성을 줄이면서 자신이 알지 못한 새로운 정보를 획득하는 과정이라 할 수 있다.237)

---

236) 이수진, 『쓰기 수업 현상의 이해』(박이정, 2007), 45면.
237) 명지대 인문과학연구소 편, 『인간은 어떻게 말하고 쓰는가』(월인, 2003),

조선후기 국문문학의 발달과 상업적 유통환경의 확대라는 문화적 변화는 여성들의 문화적 삶에도 큰 변화를 가져온다. 즉 독서인구의 확대를 통해 여성교화서와 국문소설 등이 여성들의 교양을 고양시키는 데 커다란 기여를 하게 된 것이다. 여성들은 17세기말 이후 활발해진 소설 유통이나 방각본 소설 간행에 힘입어 소설을 탐독하기 시작한다.

조선후기 장편소설과 밀접한 관련이 있는 주독자층은 사대부가 여성들이며, 특히 경북지역의 사족 여성들이 장편소설을 즐겨 읽었다는 점[238]은 중요한 의미를 지니며, 이는 규방가사에서도 쉽게 확인할 수 있다. 성춘식이 구술한 자료에서도 기본 독서 목록으로 다음과 같이 다양한 장르의 작품들이 등장하고 있다.

- "이월달 초사흗날 시댁 될 쪽에서 정성이(=예물이) 왔는데 떡을 해서 소복이 담고 왔어. 댕기갑사 가지고 접고... 또 책 한 권, 두꺼운 건데 〈창성감회록〉[239]하고 〈북천가〉[240]하고 〈사회교양가〉[241]하고 춘양서 나온 것〈서도가〉[242], 숱하(=숱하게) 여러 가지 있었어. 글씨 써서 베끼라고 늘구라고 시아뱃님께서 옇어 주싰어. 글씨를 많이 쓰믄 느는 게거든. 옷감 글은 거는 시어맛님이 옇지마는 시아뱃님은 책하고 먹하고 붓하고 옇어 주싰어. 정성을 받고

188-189면.

238) 이원주, 「고전소설 독자의 성향」, 『한국학논집』 3집(계명대 한국학연구소, 1975).

239) 지은이를 알 수 없는 고대소설. 장화홍련전 계통의 내용으로 전처 소생 아들 화진이와 계모와의 갈등을 그렸다.

240) 의성 김씨인 어느 학사가 북쪽으로 귀양을 가서 지은 가사. 적소에서 기생들과 어울려 놀았을 만큼 귀양살이가 호사스러웠다고 묘사된다.

241) 경상북도 안동군 이안에서 나온 가사. 어머니가 딸형제를 시집보내면서 여자가 지켜야 할 도리를 가르치는 내용이다.

242) 경상북도 봉화군 춘양에서 나온 가사. 진주 강씨 문중의 어떤 이가 서간도로 이주하면서 달을 보며 고향을 생각하는 마음을 읊었으므로 〈견월사향가〉라고 일컫기도 한다.

사랑을 받으라고 팥하고 찹쌀하고 홍주머이(=홍주머니) 하나 깁어서, 돈 그때 삼십원 옇어서 그 고리에 보냈어."[243]

또한 18세기 이후 여성들에게 나타나는 중요한 문화적 변화는 활발한 글쓰기이다. 즉 여성들의 문화활동이 책읽기에서 글쓰기로 발전한 것으로, 여성들은 논설 인물전 발문 묘지문 행작기 잠언 제문 상량문 기행문 등의 글로 남성의 영역에 참여하게 된다.

이 가운데 양적으로 가장 큰 비중을 차지하는 것이 바로 규방가사로, 대부분의 규방가사 자료집에는 규방가사만 단독으로 수록되어 있기보다는 다양한 텍스트들이 뒤섞여 있는데, 고전소설 작품이 함께 수록되어 있는 경우도 많다고 한다.

이정옥은 자료를 모으면서 두루마리 형태로만 존재하는 줄 막연히 알았던 규방가사가 소장자들 나름의 소박한 솜씨로나마 제책된 가사집 형태로 존속되는 것도 상당하다는 것을 발견하였고, 이에 그것들을 각기 장책본과 두루마리본으로 분류하여 싣고 있으며 두루마리본으로 전하는 제문 등도 배제하지 않고 같이 싣고 있다.

2.

협동작문의 유형은 그 활동 목적이나 범주에 따라 다양하게 나타날 수 있는데, 협동적 쓰기(collaborative writing)와 쓰기에 대한 협동학습(collaborative learning about writing)을 구분하여 설명할 수 있다.[244]

협동적 쓰기는 구성원이 공동으로 역할을 분담하여 단락 혹은 장을 나눠 맡은 뒤 완결된 한 편의 글이나 작품을 만드는 것으로 규정된다면, 협동적 학습은 작문의 모든 과정에 걸친 협의 활동과 초고 혹은

243) 성춘식 구술/신경란 편집, 앞의 책, 1990, 50면,
244) 오택환, 『협동작문의 이론과 실제』 (역락, 2008), 63면.

완성된 작품을 가지고 필자와 독자가 작품에 대해 토의하고 반응하는 동료반응 활동으로 나누어 설명할 수 있다.

이런 구분을 따르자면 규방가사의 '글하기' 작업은 양자를 아우르는 측면을 지닌다. 곧 〈화전가〉에서처럼 하나의 텍스트를 분담하여 집필한 후 합쳐 완성하는 경우도 더러 있지만, 텍스트를 완성하기까지 단계별로 성원들이 저마다의 몫을 갖고 참여하여 서로의 반응과 평가를 공유하며 개입하는 과정적 활동이 큰 비중과 의미를 갖기 때문이다.

가사를 짓고 서로 돌려보는 일에 대한 지적은 규방가사의 향수상에서 일반화된 논의이다.[245] 이때 동료에 대한 반응이 중요하다는 점은 '타인이 볼가' 등과 같은 필사기 등을 주목하면 매우 명확해진다. 〈홍씨부인 계녀사〉의 경우를 예로 들어 규방가사 향수의 전통이라는 맥락에서 이루어지는 작품의 존재방식을 주목하기로 하자.

다음에 제시한 발문에서 주목할 수 있는 사실은 크게 두 가지이다. 하나는 규방가사의 창작과 전승에 대한 것(①의 부분)이고, 다른 하나는 작품의 존재 방식에 대한 것(②의 부분)으로, 이 두 부분이 〈홍씨부인 계녀사〉의 특징을 온전히 가능케 하였다고 생각되기 때문이다.

- ① 세세ᄒᆞᆫ ᄌᆞᆫ ᄉᆞ연은 여산약히ᄒᆞ건마ᄂᆞᆫ 후인이 볼ᄌᆞᆨ시면 뉴ᄂᆞᆫ ᄒᆞ고 실업시 알듯 총총 츄필ᄒᆞ니 어미 ᄉᆡᆼ각나거든 조용이 ᄂᆡ여 보고 ②「규곤의칙」 본을 ᄇᆞ다 부ᄃᆡ부ᄃᆡ 조심조심 ᄌᆞᆯ 잇다가 명

245) 이원주, 「가사의 독자」, 『조선후기의 언어와 문학』(형설출판사, 1972); 이원주, 「잡록과 〈반조화전가〉에 대하여」, 『한국학논총』 7집(계명대 한국학연구소, 1980); 서영숙, 『한국 여성가사 연구』(국학자료원, 1996); 임재욱, 「가사의 형태와 향유 방식에 대한 연구」(석사학위논문, 서울대학교, 1998); 이정옥, 『내방가사의 향유자 연구』(박이정, 1999); 이혜순 · 성기옥 공편, 『한국고전여성작가연구』(태학사, 1999); 백순철, 「규방가사의 작품세계와 사회적 성격」(박사학위논문, 고려대학교, 2000) 등의 논의 참고.

츄간 네 동싱 딕ᄉᆞ씌의 반가이 다시 보ᄌᆞ 어미 ᄉᆡᆼ각 과히 말고
부ᄃᆡ 조심 잘 잇거라 …

먼저 ①의 부분을 중심으로 규방가사의 창작과 전승에 대한 것을 살펴보자. 타인의 독서 가능성에 대한 예상은 규방가사의 창작과 전승에 대한 중요한 실마리를 제공하여 왔다. 〈홍씨부인 계녀사〉의 경우에도 작품 출발이 다름 아닌 탄식에서 비롯되고 있고 딸에게 주는 편지글의 형식을 취하고 있어 지극히 사적인 차원에서 이루어진 작품이라는 성격을 강조하고 있었다. 그럼에도 '후인이 볼ᄌᆞ시면'이라는 표현에서 짐작되다시피 규방가사의 향수 방식이 사적인 차원 이상을 넘어 미치는 영향을 충분히 짐작케 한다.

또한 안동 지방에서 전해지는 〈계여효힝가〉에서는 "ᄂᆡ훈계 명심ᄒᆞ여 벽즁의 부쳐두고 날본다시 반겨ᄒᆞ야 조셕으로 ᄇᆡ우라"라는 발문이 본 작품에 이어 쓰여졌으며,[246] 성주 지방에서 전해지는 〈긔교사〉에서는 작품의 끝 부분에서 "이 가ᄉᆞ 부인의 즁중의 두고 볼만ᄒᆞ기로 지엇스니 한젹홀쟉 피여보고 졍히 산슈ᄒᆞ여라"라는 발문을 덧붙이고 있다.[247]

이들 사례에서 중요하게 생각되는 점은, "조석으로 배우라"라거나 "정히 산수하여라"라는 표현에서 느껴지는 교습적 성격, 곧 딸을 위해 지어지는 이러한 작품들이 딸의 생활 규범으로 자리잡기를 기대하게 하는 측면이 강하다는 것이다. 그러므로 〈계녀가〉의 향수 전통에서 하나의 작품이 가지는 차원은 개인적 차원을 넘어서 공적 향수의 일면을 가지게 된다고 할 수 있다.

---

246) - ᄂᆡ훈계 명심ᄒᆞ여 벽즁의 부쳐두고 날본다시 반겨ᄒᆞ야 조셕으로 ᄇᆡ우라 …〈계여효힝가〉

247) - 이 가ᄉᆞ 부인의 즁중의 두고 볼만ᄒᆞ기로 지엇스니 한젹홀쟉 피여보고 졍히 산슈ᄒᆞ여라 …〈긔교사〉

홍씨부인이 우려한 바 ①의 부분에서 언급한 '남이 알까' 하는 염려는, "유난하고 실없이 알 듯"·"조용히 내어보고"·"어미 생각 과히 말고"·"부디부디 조심조심 잘 잇다가"와 같은 표현에서 짐작되듯이, 창작과 향수의 전통에서 알게 모르게 작용하는 타인의 독서 가능성에 대한 배려와 연결된다고 할 것이다. 그리고 이러한 배려가 〈홍씨 부인 계녀사〉에서는 작품내 깔린 자탄의 모티프에 대한 지나친 몰입을 막고 감정의 절제를 가능케 하며 작품의 독특한 형상화를 이루어내게 한 것이라 생각된다.

다른 한 가지는 〈홍씨부인 계녀사〉가 규방가사 작품 단독으로 존재하기보다 책과 함께 병존하고 있다는, 규방가사 텍스트의 존재 방식에 대한 주목이다. 곧 ②의 부분에서 짐작되듯이 구체적인 시집살이의 경계 및 규범에 대해 『규곤의칙(閨閫儀則)』을 참고할 것을 권하고 있어, 교훈서와 병행하여 계녀가의 향수가 이루어지는 보편적인 상황을 짐작할 수 있다.[248] 이 책은 제목에서 유추되는 바 여성의 생활 지침서라 짐작된다는 점에서 작자 연대 미상의 부녀 교훈서라 할 수 있다. 개인의 소장 가능성에 대해서만 추측이 전해질 뿐, 책에 관한 전모가 밝혀지지는 않은 상황이다.[249]

그리고 이러한 규범적 교훈서가 규방가사 작품과 함께 딸에게 전해진다는 상황은, 결과적으로 교훈 사항의 반복적 나열을 제한하는 대신 자탄의 가능성을 크게 확대시키게 됨을 의미한다. 〈홍씨부인 계녀사〉의 경우, 계녀 사항의 구체적 경계는 『규곤의칙』이라는 교훈서를 통해

248) 양지혜, 「계녀가류 규방가사의 형서에 관한 연구」(석사학위논문, 이화여대, 1998), 48-60면 : 김정화, 「여자초학과 계녀가의 비교 연구」(석사학위논문, 경북대학교, 1994).

249) 홍씨 부인의 유묵으로는 이 책 외에도 「옥루몽 권지일」·「신문 논설 기록」·「한산서」등의 필사본이 전하고 있다고 한다. 강전섭, 앞의 논문, 59-66면; 손직수, 『조선시대 여성 교육 연구』(성균관대 출판부, 1982).

해결하는 방식을 채택함으로써 규방가사 곧 계녀가의 기능에 치중하기보다는 작가 자신의 정서적 술회에 보다 비중을 둘 수 있게 된 셈이다.

고로 〈홍씨부인 계녀가〉에서도 '계녀가'라는 점에 초점이 주어지기보다는, 오히려 규방가사의 창작이 자연스럽게 요구되는 상황에 계녀가적 요소가 필수적이며 이렇게 창작의 상황을 자연스럽게 만든 연후에야 작가의 감정이 어떠한 제재를 받지 않고도 생동감있게 표출될 수 있었으리라는 점에 초점이 주어지게 된다.

손익계산에 의한 쓰기태도를 살펴보면, 자신이 글을 잘 썼을 때 얻을 수 있는 가치(이득)을 따져서 쓰기태도를 결정하게 된다고 한다. 즉 글을 잘 쓴다는 평가를 잘 받을 수 있다고 하는 유인가를 확실히 인지하면 쓰기에 보다 적극적이게 되어, 이러한 신념이 태도의 적극성에 영향을 미치고, 적극적인 태도는 글쓴이의 의도에 영향을 미치는 식이 되는 것이다.[250]

이렇게 쓰기 태도에 중요한 영향을 미치는 것이 '신념'이라고 할 때, 특정한 행동의 결과와 평가에 관한 신념과, 특정한 행동에 영향을 미치는 타인의 기대에 관한 신념을 구분할 필요가 있다. 읽기와 쓰기는 전혀 별개의 영역이 아니라 문자언어를 매개로 하는 의사소통행위이면서 동시에 의미를 재구성하는 고등사고의 과정이라는 측면에서 필연적이다.[251]

그렇다면 규방가사에서 쓰기의 동기에 대해서 성찰할 필요가 있다. 여성작자들은 가사를 통해 개인의 고난의 기억들을 표출하고 다른 이들과 유사한 경험을 나누며 의식의 성숙을 경험한다.[252] 규방가사가

250) 오택환, 『협동작문의 이론과 실제』(역락, 2008), 36-41면.
251) 같은 글, 41면.
252) 백순철, 「규방공간에서의 문학창작과 향유」, 『여성문학연구』 14집(여성문학연구회, 2005), 102면.

독자들에게 많은 감명과 폭넓은 공감대를 획득할 수 있었던 것은 바로 이러한 고난에 대한 기억을 통해 서로를 위무하는 효과를 얻을 수 있었기 때문이다.

최근의 논의[253]에서는 화전가류 가사가 기왕의 견해와는 달리 화전놀이의 현장에서 즉석으로 창작된 것이 아니라 놀이가 끝난 이후에 창작되고 문중에서 소통되면서 자연스럽게 많은 답가를 산출하였다면서, 이것이 화전가류 가사의 가장 일반적인 소통 방식임을 주목하고 있다.

그리고 이 논의에서는 화전가류 가사가 소통되는 맥락은 화전놀이가 일회성 행사로 그친 것이 아니라 가사를 통한 조롱 형태의 놀이를 통해 일상의 생활문화로 자리를 잡았다는 데서 찾아야 한다고 역설하였다. 조롱 형태의 놀이는 우선 화전놀이의 현장에서 서로 친한 사람끼리 조롱 투의 재담을 주고받는 상황으로 연출되고, 이렇게 형성된 흥취는 화전놀이가 끝나면 놀이 공간을 벗어나 가사로 '기록'되면서 놀이적 상황이 다시 한 번 문학적으로 연출되게 된다는 것이다.

그런 의미에서 협동적 쓰기 내지 협동 학습에 대한 관심은 〈화전가〉 논의에서 흔히 거론되는 윤작의 의미를 고찰하는 것과도 연결된다. 인용부분이 다소 길어지기는 하겠지만, 해당 부분을 전체적으로 조망하면서 이러한 맥락의 과정을 살펴보도록 하자.

> - 어와 벗님네야 이ᄂᆡ말삼 드러보소 잇ᄯᆡ난 어난쎈고 계유년 춘삼월이라 춘규에 ᄌᆞᆷ든동유 어셔이러 살펴보게 어제갓튼 천산만학 빅설이 분분터니 어난ᄉᆞ이 다녹아서 잔잔한 유슈되고 작연잇ᄯᅢ 이별하고 도라가던 춤슴월이 지금다시 도라와서 춘ᄉᆡᆨ을 ᄌᆞ랑코져 고금에 명승지나 식후경이 제일이라

253) 권순회, 「화전가류 가사의 창작과 소통 맥락에 대한 재검토」, 『어문논집』 53집(어문학회, 2006), 5-6면.

우리비록 여ᄌᆞ라도 식물없이 될슈있나 예로부터 화전노름 ᄭᅩᆺ썩이 제일이라 행구를 ᄎᆞ려들고 가ᄌᆞ가ᄌᆞ 어서가ᄌᆞ 물좋구 반셕좋은 만유정ᄌᆞ 먼저가ᄌᆞ 정권에 삼폭포난 비류직하 삼천척이라

폭포도 기려ᄒᆞᆯ쌘 ᄭᅩᆺ그림ᄌᆞ 더욱조라 ᄇᆡᆨ일홍화 옛썰기난 정전에 비겨서셔 천지만지 핀꽃이 조홍으로 잔ᄌᆞᆼ하야  ᄉᆞᆷ폭포 저물속에 그림ᄌᆞ가 비쳐스니 산우에 비친화광 일ᄉᆡᆨ으로 만경이라 난간에 비쳐서서 동산을 바라보니 이곳이 어ᄃᆡ메야 가지가지 쌜근도화 옥골은 안이라도 만슈춘은 분명하다 백일홍화 구경하고 도화심처 잠간단여 황하산천 올라가니 경치도 황홀하다 연하난 처첩이오 만광은 말이로다 남으로 금학ᄉᆞᆫ이 반공에 소ᄉᆞ잇고 북으로 만경창파 토담간이 둘너난ᄃᆡ 그우에 명승지난 가전청ᄇᆡᆨ 김ᄉᆡᆼ님은 천츄만세 윤족지라 ᄃᆡ원군의 그당시에 회철은 ᄒᆞ얏스나 건종할ᄉᆞ 즁천강당 물결에 마조비쳐 슈정궁이 분명하다

여보시오 동유임ᄂᆡ 썩만먹고 농담말고 온갖경치 보난ᄃᆡ로 글이나 지어보세 김낭ᄌᆞ야 일노너라 자ᄂᆡ먼저 ᄒᆞᆫ귀짓세 녀김낭ᄌᆞ 거동보소 벽계수에 부숙하던 제비처럼 옷독안저 쥬지를 폐체들고 제법ᄒᆞᆫ귀 지어ᄂᆞᆫ다  ᄒᆞᆫ츰을 ᄉᆡᆼ각드니 송이송이 피인ᄭᅩᆺ티 쏭쏭이 난은나부 너도ᄯᅩᄒᆞᆫ 미물이나 춘흥을 못이겨서 춘풍도리 씌를타셔 화전ᄒᆞ로 네왓던야 묻노라 저나부야 명연삼월 ᄯᅩ만나자

권씨부인 여보시오 자제말고 지으시오 권씨부인 붓을들고 설넝설넝 쓰서ᄂᆡᆫ다 높고높은 황혹ᄉᆞᆫ에 구경ᄎᆞ로 올나오니 황학은 간곳업고 천ᄉᆞᆫ만홍 쌘이로다 운담풍경은 오천ᄒᆞᆫᄃᆡ 들리난이 황여성이라 즁천에 우난종 선경이 여기인 듯 무진한 화류구경 다ᄒᆞᄌᆞ면 몇날인가

여보시오 벗님ᄂᆡ들 절구경 ᄒᆞ고가세 성경사 발은길노 용담ᄉᆞ ᄎᆞᄌᆞ드니 의연한 조각불전 법승이 문을열고 ᄒᆞᆸ장ᄇᆡ례 인ᄉᆞᄒᆞ고 ᄌᆞ리보전 등ᄃᆡᄒᆞᆫ다 인ᄉᆞ받고 안자다가 암츰을 쉬인후에 노장을 살펴보니 보던중 화초구경 굉장ᄒᆞ고 울밀하다 화즁왕 목단화난 화왕이 분명하야 부처모양 겸ᄒᆞ엿고 촉금화 ᄌᆞ미화난 좌우승지 분명하고 ᄒᆡ당화 두견화난 츰의츰찬 곳아닌가 조약화 어ᄉᆞ화난 슈

령방ᄇᆡᆨ 분명ᄒᆞ고 ᄆᆡᆫ드람이 봉슈화난 ᄎᆞᆫ역ᄒᆞ난 간신이라 황국백국 홍국화난 ᄉᆞ절ᄒᆞ던 츙신이요 도리도리 제비ᄭᅩᆺ튼 포도ᄃᆡ장 기송이라 허리질슘 모ᄆᆡᄭᅩᆺ은 어전ᄉᆞ령 분명ᄒᆞ고 봉실봉실 욍두화는 ᄉᆞᆷ천궁여 ᄭᅩᆺ이로다 불전앞에 불등화난 ᄀᆡ국ᄒᆞ든 츙신이요 그나마 보듣곳흔 만조ᄇᆡᆨ화 그안인가 고루다녀 다본후에 금정에 물을먹고 ᄐᆡ보하야 도라서니 지령손이 거리로다 반화당 비각앞에 ᄌᆞᆷ간쉬여 이러서니 술술한 동쪽바람 머리털을 날리난ᄃᆡ 회슈천만 바라보니 만궁회슈 저물가에 실음업난 ᄇᆡᆨ구들은 강ᄉᆞᆫ풍월 낙을삼아 종아리를 훨씬걷고 짐검짐검 걸어가면 인옥천 노난고기 임우ᄃᆡ로 집어물고 물을ᄯᅡ라 나려가니 이슈중분 분명ᄒᆞ다
낙이망반 즐기다가 동구를 ᄉᆞᆯ펴보니 ᄉᆞ방에 저녁연기 ᄉᆞᆫ허리로 ᄯᅱ를ᄯᅱ고 강초에 목당화난 환우성이 낭ᄌᆞᄒᆞ다 동편에 종소리난 전역마다 ᄒᆞ난구나
어와 번임ᄂᆡ야 어서어서 가ᄌᆞ서라 강ᄉᆞᆫ구경 ᄒᆞᄌᆞᆫ면 몇날이 될난지 그만ᄒᆞ고 갓다가서 명연ᄉᆞᆷ월 오거덜랑 ᄯᅩ다시 모여와서 즐기고 노라보세 봄아봄아 이별말고 ᄌᆞᆯ갓다가 ᄌᆞᆯ오노라 금춘은 그만이라 명연잇ᄯᆡ 다시보ᄌᆞ 수현군ᄃᆡᆨ 씃슴이다 …[254]

그런데, 협동작문 과정에서의 의미 협상이 효율적으로 이루어지기 위해서는 협동작문이 이루어지는 집단 내에서의 구성원의 역할이 합리적으로 결정되어야 하며, 집단 구성원의 역할은 작문과제와 집단 사이의 상호작용을 강조하는 방향에서 부여되어야 한다.

협동작문의 가장 큰 영향은 학생들의 쓰기 과정에서 서로 참여하고, 주제를 정하는 등 긍정적인 사회 환경을 조성하는 데 있으며, 이러한 의미 협상이 효율적으로 이루어지기 위해서는 협동작문 집단 내에서의 구성원의 역할이 합리적으로 결정되는 것이 우선되어야 한다.[255]

---

254) 〈12) 화전가라〉. 권영철, 『규방가사1』(한국정신문화연구원, 1979).
255) 오택환, 『협동작문의 이론과 실제』(역락, 2008), 60-62면.

이렇게 협동작문 과정에서의 의미협상에 있어서 가장 중요한 일중 하나는 집단구성원 모두가 협동적인 작문활동의 과정에서 발생하는 갈등과 제약과 복수의 요구 등에 대하여 심사숙고하고 사려깊게 행동하는 일[256]이라고 할 때, 규방가사에서 '글하기'가 이루어지는 환경과 방식은 말 그대로 협동작문이 되는 셈이다.

규방가사의 '글하기' 상황에서는 이른바 작문활동의 목표와 계획, 작문과제에 대한 의사결정의 통로가 사전에 명시적으로 밝혀져 있으며, 무엇보다 협동작문 활동에 대한 집단구성원의 능동적이고도 적극적인 참여가 이루어지고 있기 때문이다.

3.

앞선 항에서 한 작품에서 독자(또는, 청자)의 세분화에 따라 달라지는 작품내 단위규모를 분석함으로써 의사소통의 맥락화가 내용의 생성과 조직이라는 양 측면에서 어떻게 이루어지는지를 주목한 바 있다.

문식성을 '사회 · 문화적 실천'으로 본다면, 동일한 주제라 하더라도 독자와의 친숙성 정도, 글쓰기가 이루어지는 사회적 상황에 따라 '전체적인 구조에 대한 고려'를 생략할 수도 있다.

일상에서 직접 경험과 추상적 가치개념은 어떠한 상황이나 맥락에서 이루어지느냐에 따라 달라질 수 있다. 만약 진솔한 이야기를 쓰고자 한다면 추상적 개념보다는 일상의 직접 경험에서 아이디어를 가져오는 것이 필요하다. 고로 텍스트의 내용을 조직하는 방식에서 드러나는 차이라는 것은 '수준'의 차이라기보다는 '실천 방식'의 차이가 된다.

이 방면의 연구에 큰 성과를 보이고 있는 이정옥의 연구결과에 따르면, 규방가사의 향수층은 시집을 간 여성들이 주 대상으로, 시집을 가

256) 같은 글, 62면.

기 전에는 그저 〈계녀가〉를 읽었을 따름이라고 한다.[257] 시집와서도 새댁 시절에는 가사라는 것을 향유할 만한 여유가 없었고, 어느 정도 시집살이 생활에 익숙해지고 집안의 대소사를 치르고 난 중년시절이 되어서야 가사를 읽을 여가가 생기게 된다고 한다.

당시 가문 사회에서는 문장이 뛰어나다면 그 자질에 대하여 문중이나 혹은 타처에까지 소문이 났는데, 이렇게 부녀자로서 문장가의 명성이 생기면 더러 문중의 편지를 대작하거나 가사를 창작하게 되었다고 한다. 이렇게 창작된 가사 중 뛰어난 작품은 필사와 낭송의 과정을 통하여 향유되고 전파되었다고 하는데, 개인적으로 전승되는 경우에는 필사를 통한 방식을, 집단적으로 전승되는 경우에는 한 사람이 낭송을 하면 집단이 모여 앉아 듣는 방식을 취하는 식이었다.[258]

이때에도 청자 중에는 따로 필사를 하는 사람이 있어서 이 필사본이 또다시 읽히기도 하였다고 한다. 따라서 규방가사의 향유층을 세분화하면 개인적인 독자와 집단적인 청자로 나뉘고, 집단적인 경우는 다시 낭송자와 청중으로 나눌 수 있는데, 낭송자는 보통 한 집안의 부녀자 중에서 초성이 좋고 글을 좋아하는 사람이 고정적으로 그 역할을 수행하였다고 한다. 이는 규방가사가 문식성 교육의 일환으로 이루어지고 있음을 알려주는 지점이 된다.

규방가사는 작자와 독자의 경계가 뚜렷하지 않은 장르라는 점으로 인하여 누구나 작자가 될 수 있었다고도 할 수 있다. 그리고 이로 인하여 많은 작자들이 규방가사를 창작하게 되고 규방가사가 더욱 성행할 수 있었던 것이다. 무엇보다 이러한 과정을 통해 규방가사에 나타난 협동 혹은 협력의 의미를 논의할 수 있는 기본토대가 마련된다.

257) 이정옥, 『내방가사의 향유자 연구』(박이정, 1999), 375-378면.

258) 이동영, 「규방가사의 전이에 대하여- 안동지방의 그 일 예」, 『논문집』 10집(영남공전, 1973).

이것을 문학에 있어서의 생산과 소비활동의 측면에서 따져보면 다음과 같이 생각해 볼 수 있다. 생산 활동은 소비활동을 전제로 하며 수많은 소비경험이 비로소 하나의 생산을 가능케 한다. 일정한 문화형태를 소비한 경험이 없는 사람은 동일한 문화형태를 생산할 수가 없게 되는 셈이다.[259)]

여성은 처음에 규방가사의 소비자에 불과하지만 이렇게 소비과정을 반복하게 되면 결국 보다 적극적인 소비활동을 하게 되고, 이러한 적극적 소비활동으로 인하여 좀 더 쉽게 생산의 주체가 될 수 있게 되는 것이다.

백순철은 최근 작업에서 규방가사가 그 형성 단계에서부터 현대에 이르기까지 역사적 전개과정 속에서 어떠한 사회적 의미를 가지며 형성되고 지속해왔는가를 살핀 결과, 규방가사의 창작과 향유가 단순히 여성들의 문학 활동에 그치는 것이 아니라 여성들의 문제의식을 공유함으로써 주체의식의 성숙을 도모할 수 있는 중요한 계기로 작용하고 있음을 주목한 바 있다.[260)] 따라서 개인적 차원의 경험이든 집단적 차원의 경험이든 작자들의 생활체험이라는 것이 작품의 주축을 이룸으로써 폭넓은 향유가 가능했던 것으로 볼 수 있다.

이는 독자 개념의 인식이라는 것이 곧 검열 내지 학습의 통로가 되는 역할을 하며, 향수방식의 문제를 따지는 것은 읽고 쓰고 말하고 듣는 상황의 복합성이 작품 창작에 관여하는 제반 국면들을 분석하는 것이 되기 때문이다. 이들 두 국면은 결국 담화양상의 문제로 귀결되어 담론 공유를 토대로 어떻게 표현하는가의 문제와 연결된다.

---

259) 이경화, 「조선조 여성의 문학생활 연구시론」, 『한국학보』 100집(한양대, 2000).

260) 백순철, 「규방가사의 작품세계와 사회적 성격」(박사학위논문, 고려대학교, 2000), 102-103면.

이 항에서 살필 남은 작업은 읽기나 쓰기와 같은 고등수준의 심리적 과정들이 어떻게 학습되고 있는지를 살펴 공적·사적 차원과 사회적·개인적 차원에서 적합화되거나 변형화되거나, 혹은 공개화되거나 관습화되는 양상들을 통해 '글하기' 과정에 개입되는 협동 혹은 협력의 의미, 곧 공유하기의 문제에 관해 정리하는 일이다.

익히 알려진 바와 같이 조선시대 여성의 글씨나 글이 가족 범위 밖의 공적인 세계, 이른바 '외간(外間)'에 전해지는 것은 매우 부정적으로 인식되었다. 허난설헌이나 혜경궁 홍씨의 사례, 이덕무의 언급이나 내훈의 언급 등이 그 근거가 될 만하다. 여성이 쓴 글은 대개 가족이나 친족내에 국한하여 더러 공동체나 지역범위의 여성들 사이에서 유통되는 정도였다.

그나마 가장 널리 유통되었으리라 추측되는 것이 규방가사 텍스트로, 규방가사는 여성들의 혼인을 통해 한 가문에서 다른 가문으로 전이되었지만 그것조차도 대개는 지역공동체의 범위를 넘지 않는 범위였다고 한다.[261)]

261) 이정옥의 논의에 따르면, 여성의 '자기서사'는 창작되기도 쉽지 않은 상황이었으며, 창작되었다 해도 제한적으로만 유통되었다. 요컨대 조선시대 여성 '자기서사'의 텍스트는 자족적인 글쓰기이거나 혹은 사적인 소통을 위한 글쓰기였다고 할 수 있다. 조선시대 여성의 자기서사의 작자-독자 관계도 남성적 상황이나 근대적 상황과는 사뭇 다르다. 남성의 자기서사는 작자의 문집에 수록되어 유통되거나 정식으로 출간되기도 했던 반면, 여성의 자기서사는 모두 필사본으로 되어있으며, 유통범위도 상대적으로 협소하였다. 전통시대 남성의 자기서사는 공식적인 문집을 매개로 유통되었기에 그 독자의 성별 및 계층에 제한 없이 무한히 개방된 작가-독자 관계가 전제된 것이었다. 반면, 전통시대의 여성이 익명의 다중을 상대로 글을 쓰는 것은 불가능하였고, 독자는 실제 작자가 구체적으로 어떤 인물인지를 알고자 하면 알 수도 있는 범위에 있는 것이 일반적이었다. 요컨대 전통시대 여성 자기서사의 일반적인 작자와 독자와의 관계는 성별이나 계층, 지역에 있어 제한적이고 비개방적인 것이었으며, 그런 만큼 공적인 성

이상의 논의를 토대로 남은 문제는 개방적 향수의 면모를 보다 구체적으로 천착하는 일이다. 곧 텍스트를 공유하는 문제를 살피면서 이른바 개인적으로 사유화되는 규방가사 텍스트가 어떻게 공적으로 향수되는가의 문제를 살피고자 한다.

요점을 미리 밝히면, 그 하나는 공간이 확대되는 것으로, '남이 볼가하여' 식으로 자기나 가족 아닌 타인이나 지역공동체 등으로 향수범위가 개방되는 것이다. 규방가사의 경우 향수층의 연령대를 고려할 때 경험에 의해 조정된다고 할 수 있는데, 작품단위별 지칭이 세분화되고 혼효되면서 공적 향수의 측면으로 볼 수 있는 국면이 드러나고 있기 때문이다.

예를 들어, 청자층에 대한 직접적 훈계의 양상도 타인의 독서 가능성에 대한 우려나 자기감정에 몰입하는 정도 등에 영향을 끼칠 수 있다. 특히 하나의 텍스트에 여러 향수방식이 중첩되면서 일관성을 탈피하고 있는데, 작품의 향수방식을 보여주는 지표의 양상을 확인한 결과, '짓거나, 보거나, 읽거나, 쓰거나' 등과 같이 다양한 향수방식의 중첩적 양상 확인이 가능하였다.

그런데 글은 그것이 자족적인 글쓰기인가 소통을 전제로 한 글쓰기인가, 사적인 독자를 상대로 쓰는가 공적인 독자를 상대로 쓰는가에 따라 성격과 의미가 달라지게 된다. 곧, '글의 유통 상황'이 텍스트의 의미 형성에 직접 관여하게 되는 것이다. 그런 맥락에서 볼 때, 연구자

---

격이 미약하였다고 할 수 있다. 조선후기 여성작가가 상정한 자기서사의 독자는 대체로 자기 자신, 가족, 여성 일반으로 나뉜다. 독자가 자신인 경우에는 글쓰기 자체에만 의미를 두었을 뿐, 아예 그 어떤 독자도 상정하지 않은 자족적인 글쓰기라고 할 수 있다. 독자가 가족인 경우는 자식이나 후손, 형제자매와 시집식구 등에게 자신의 과거사를 알리기 위해 쓴 것으로 사적인 소통을 목적으로 한 글쓰기라고 할 수 있다. 이정옥, 『내방가사의 향유자 연구』(박이정, 1999), 375-378면.

의 입장은 규방가사의 창작동기는 자족적인 경향이 큰 토대에서 사적인 소통의 범위가 보다 포괄적이면서 다양하게 이루어지고 있다고 보는 데 있다.

앞선 항목들에서 다양하게 지적한 바와 같이 여러 측면에서 접점이 존재하고, 이러한 접점은 규방가사 텍스트의 작품단위가 갖는 단위규모별로 사적이거나 공적이거나 한 범위가 설정되는 것과도 맞물리고 있기 때문이다. 따라서 글쓰기에 대한 태도는 지식과 경험에 의해 형성되거나 조정될 수 있는데, 무엇보다 쓰기에 대한 즐거움을 느끼는 것이 글쓰기에 대한 긍정적 태도를 강화시킬 것이다.

다른 하나는 시간이 확대되는 것으로, '후인이 볼작시면' 식으로 주고받는 대상의 범위가 알 수 없거나 알지 못하는 미래의 후손 등으로까지 향수층이 확대되는 것이다.

글쓰기는 기능적 측면에서 볼 때 문자언어를 사용하여 다른 사람과 의사를 소통하는 행위의 일종이지만, 과정적 측면에서는 주어진 문제를 해결하기 위해 여러 가지 전략을 사용하는 문제발견 과정이며 아울러 필자의 감정과 생각을 자신의 방식대로 표현하는 과정이라는 점에서 의미창조 과정이라 할 수 있다.

앞선 항에서 〈사친가(자탄형)〉은 여자신세 한탄에서 그치지 않고 계녀가적 효용성을 발휘하여 이른바 규범적 표현을 연습하는 훌륭한 텍스트의 역할을 수행하고 있음을 지적한 바 있다. 곧, 〈사친가(자탄형)〉의 필사/향수 작업을 통해 개인적인 '나(딸자식)'이라는 사적인 차원의 소재가 사회적인 '나(며느리이자 출가외인)'이라는 공적인 차원의 공동담론으로 발전해나갈 수 있는 힘을 감지할 수 있었기 때문이다.

최근에 이루어진 연구 성과를 참고하면, 작문교육의 중요한 부분은 학생들로 하여금 쓰기가 사적인 행위가 아니라 사회적인 행위이며, 자신들의 글을 읽을 독자를 염두에 두고 글을 써야 한다는 주장이 눈에

띈다.[262] 따라서 작문의 결과를 개인적 차원에서만 마무리 짓고 교사에게 제출하여 평가를 받고 끝나는 것이 아니라, 공적 차원에서 전체 구성원들과 함께 작문내용과 주제를 공유하여 해결책을 모색하는 방향으로 이루어져야 할 것이다.

이에 대해서는 다음 장에서 다루고자 하는 '글하기' 전략의 의미 모색 차원에서 논의를 이어가게 될 것이다.

---

262) 오택환, 『협동작문의 이론과 실제』(역락, 2008), 18면.

# Ⅳ

# '글하기' 전략의 의미와 소통의 수사학적 지향

Ⅳ장의 주된 관심사는 규방가사의 '글하기' 전략이 어떤 의미를 지니는지를 고찰하는 데 있다. 규방가사의 존재의의를 '교양인'에 대한 의미지향에서 찾을 수 있다는 점에서 그 양상을 두 가지 측면에서 살펴보고자 한다. 그 하나는 규방가사에서는 '계녀' 항목이 필수적으로 삽입된다는 점을 주목하여 이러한 요소가 필수적으로 요청되는 배경을 살피는 일이며, 다른 하나는 교훈의 전달이 교양의 측면과 자연스럽게 결합되면서 교양인의 면모를 보여주는 지점을 살피는 일이다.

규방가사의 '글하기' 전략은 '교양인'으로서의 글쓰기가 실현되는 과정과 방법을 대변하는 것이 된다. 규방이라는 울타리가 가진 가시적인 제한성에서 벗어나 보다 포괄적인 개방성으로 지향케 하는 힘이 바로 '교양'에 대한 지향성에서부터 비롯된다는 점에서, 규방가사의 '글하기' 전략을 '소통'의 수사학이라 이름붙일 수 있을 것이다.

## 1. '교양인'의 의미지향

규방가사의 '글하기' 전략이 어떻게 '교양인'을 지향하는 의미가 되는지를 살피는 것이 이 항의 관심사로, '교양인'의 의미지향을 실현하는 양상을 두 가지 측면에서 살피고자 한다.

그 하나는 규방가사에서는 '계녀' 항목이 필수적으로 삽입된다는 점을 주목하여 이러한 요소가 필수적으로 요청되는 배경을 살피는 일이다. 이는 규방가사의 텍스트에서 즐겨 나오는 '봉제사 접빈객은 부녀의 큰일이라'라는 식의 표현이 함의한 바 '여자됨'이나 '부녀됨'의 자격에 대한 관심의 증폭과도 연결된다.

다른 하나는 교훈의 전달이 교양의 측면과 자연스럽게 결합되면서 교양인의 면모를 보여주는 지점을 살피는 일이다. 곧 텍스트에 표현된 칭찬받거나 비판받는 이러저러한 모습 등 품평의 흔적들을 모아보면 인간답게 사는 것에 관심을 가지며 고상한 삶의 가치를 지향하려 한 향수층의 의욕을 읽을 수 있기 때문이다. 이는 결국 '사람됨'의 덕목에 대한 관심의 증폭으로 연결될 것이다.

1.

앞선 논의를 통해 규방가사 텍스트는 탈-기명성을 표방하되, 텍스트마다 개별적으로 사유화되는 국면이 있음을 확인하였다. 특히, 공유담론의 표출이 시간적 글쓰기를 기본구성으로 이루어지며, 어떤 작품군이든 기본적으로 시간적 구성을 지지대로 삼고 있음을 확인하였다.

그런데, 규방가사를 일별하면 작품 구성적 차원에서 주제와 긴밀하지 않은 요소들임에도 자유롭고도 다양하게 삽입되는 내용들이 눈에 띄는데, 이러한 양상이 구성적 차원에서는 대동소이한 접점을 보인다거나 평이한 외관이라거나 독립성이나 완결성이 부족하다는 식의 인상을 남기게 되고, 결과적으로 규방가사 텍스트에 통일성이 결여되었다는 식으로 폄하되는 근거가 되기도 한다.

특기할 것은 작품군별로 창작의 목적과 특징이 다름에도 불구하고 필수적으로 포함되는 요소들이 공통적이라는 사실이다. 예를 들어, '교훈'과 무관한 유형처럼 보이는데도 대개의 작품군에서 계녀교훈에 관한 내용을 필수적으로 삽입하고 있음이 구성 전략상 특별한 지점으로 관심을 끈다. 이는 규방가사의 향수자들이 '여자란 무엇인가', '무엇을 할 수 있나', '무엇을 해야 하는가'에 대한 문제에 대하여 큰 관심을 갖고 있음을 보여주는 국면으로, 대상자료들에서는 계녀훈계의 사항을 기본적인 필수사항으로 강조하고 있음을 보여주는 것이다.

흔히 규방가사에서 텍스트의 내용적 요소에만 주목하여 교훈이나 탄식, 유흥 등 어느 한 가지만을 주목하여 진단하는 경향이 있는데, 이는 텍스트 차원에만 집중한 일면적이고 단면적인 파악이라 할 수 있다. 규방가사 연구의 초창기에 보고된 자료[263)]에 의하면, 영남지역의 부녀자들이 규방가사를 창작하고 향수하는 이유는 자신의 창작 작품에 대한 애착심 · 타인의 작품에 대한 공명심 · 문학적 교양에 대한 자랑 · 선친의 필적을 기념하거나 보존하려는 욕구 · 창작방법을 배우고 후손에게 가르치려는 욕구 · 화전 놀이때 가져가거나 한가할 때 혼자서 즐기기 위한 욕구 등과 같이 매우 다양하였다고 한다.

이러한 항목은 규방가사의 향유 현장을 답사하여 얻은 정보라는 점

---

263) 권영철, 『규방가사연구』(이우출판사, 1980); 권영철, 「규방가사에 나타난 신변탄식류 연구」, 『효성여대문제연구』 10집(효성여대, 1981); 권영철, 『규방가사 각론』(형설출판사, 1986).

에서 규방가사의 창작 동인과 향수동기를 파악하는 데 직접적이고 객관적인 지표가 될 수 있다는 의의를 지닌다.

특히 본사 부분의 구성방식을 살피면 여자의 일생을 좇아 연령별로 서술하는 방식임에도 '신행-석별-계녀'항이 공통적이어서 이들 항목은 작품군마다 자동재생되는 공통요소가 되고 있다. 이를 통해볼 때, '부녀됨'에 대한 관심이 큰 것을 알 수 있는데, 개인으로서의 '여자'가 아니라 출가외인으로서의 '부녀자', 곧 사회화된 개인의 형성이 보다 중요해지며, 그래서 규방가사의 텍스트에서는 출가한 부녀로서의 도리를 다루는 '여자됨'의 도리에 관한 공론화가 가능해지게 되는 것이다.

이 항에서는 이렇게 대상자료의 작품군마다 주제와 무관하게 '계녀' 항목이 필수적으로 존재한다는 특징적 국면을 규방가사의 '글하기'에서 '교양인'의 의미지향을 살피는 일차적 지점으로 주목하고자 한다. 곧 '계녀'항의 필수 삽입은 교훈을 전파하고 교양을 쌓게 하는 공동의 목적성을 발휘케 하는 지점이 될 수 있을 것이기 때문이다.

2.

우선적으로 살필 사항은 〈계녀가(전형)〉의 경우를 통해 '계녀'항이 전면화되는 방식을 고찰하는 것이다. 규방가사의 창작배경을 고찰한 대개의 논의에서는 조선후기 여성들이 처한 억압적인 제도와 폐쇄적인 생활공간을 주목하여, 이러한 환경적 여건이 여성들의 의식 형성에 상당히 크게 작용했을 것으로 보고 있다. 또한 이 시기 여성들이 공식적 교육의 기회를 좀처럼 획득할 수 없었던 탓에 주로 가학이나 독립적 학습을 통해 자신들의 문화적 능력을 형성해왔는데, 이러한 사회적 환경이 규방가사 창작의 중요한 바탕이 되었을 것이라는 점은 이제부터 살필 '계녀'항의 전면적인 형상화에 시사하는 바 크다.

〈계녀가(전형)〉에서도 구성의 기본은 선조적 틀에 있지만, 이때 제시되는 선조적 구성의 기본틀은 항목별 중요도의 순서를 기준으로 하는 나열식 배열에 해당한다. 따라서 〈계녀가〉 작품군은 가장 단조로운 구성을 보이는 작품이자, 이본마다 천편일률적이고 대동소이한 양상을 보이게 되는 것이다. 이는 계녀서의 항목 구성과 비교해보면 더욱 명확하게 파악되는 특징이다.

기왕의 논의에서는 특히 〈계녀가〉와 계녀서의 비교 작업을 통해 그 상관성을 따지는 작업이 주목을 끌었는데,[264] 대표적인 사례가 『우암션싱계녀셔』[265]의 경우이다. 무엇보다 『우암션싱계녀셔』는 그 구성과 내용이 전형적인 계녀가의 그것과 상당히 흡사하다는 점에 주목을 요한다. 다음의 도표에서 보다시피 현전 계녀가의 구성 방식과 비교할 때 부분적인 차이를 빼고는 유사성이 확연히 드러나고 있기 때문이다. 『우암션싱계녀셔』는 서사와 결사, 그리고 20항목의 계녀 사항으로 구성되어 있으며, 본사의 내용들 역시 작은 항목들로 나뉘어 제시함으로써 교훈의 내용을 더욱 쉽게 전달하려는 의도를 확인할 수 있다.

---

264) 〈계녀가〉는 대체로 시집가는 여성에게 지어주던 것이기에 그 내용도 친정보다는 시댁과의 관계 속에서 지켜야 할 유교적 윤리도덕을 말한 것이 대부분이다. 여성 교훈의 내용적 실질이 이렇다 보니 여성 교훈서의 내용들이 그대로 〈계녀가〉에 흡수된 흔적을 찾기는 어렵지 않고, 이는 이 방면에 관심을 둔 여러 논의에서 부분적으로 밝혀놓은 바 있다. 예를 들어, 『여사서(女四書)』에서 교유하고 있는 신언(愼言)과 근행(勤行)의 덕목은 여성의 생활 주변에서 일어나는 여러 상황을 적절하게 제시하되 생활 현장에서의 언어규범을 구체화하는 양상을 보인다. 조선영, 앞의 글, 221-222면.

265) 송시열, 『우암션싱계녀셔』(필사본 1책, 국립중앙박물관 소장), 27면. 『우암션싱계녀셔』는 한글로 된 필사본으로, 작자인 우암 송시열(1607-1689)이 장녀를 출가시키며 부녀자가 행할 도리를 상세하게 밝혀 쓴 교훈적인 글이다. 필사자가 말미에 "우암부근 맛짜님 권씨부 되시니 보닉실 적의 경계하신 글인딕 권씨가의 젼하기로 어더 벅겨 집안에 젼하노라"라 기록하고 있는 것을 보아, 우암이 출가하는 장녀에게 시집살이의 도리를 적어 가르친 것이 후일에 계승 필사되어 오늘에 전한 것임을 알 수 있다.

| 순서 | 『우암션싱계녀셔』 | 순서 | 〈계녀가〉 |
|---|---|---|---|
| 1번 | 서 사 | 1번 | 서 사 |
| 2번 | 부모 섬기는 도리 | | ×(생략됨) |
| 3번 | 남편을 섬기는 도리 | 3번 | '事君子'항목 |
| 4번 | 시부모를 섬기는 도리 | 2번 | '事舅姑'항목 |
| 5번 | 형제와 화목하는 도리 | 4번 | '睦親戚'항목 |
| 6번 | 친척과 화목하는 도리 | 4번 | '睦親戚'항목 |
| 7번 | 자식을 가르치는 도리 | 8번 | '育兒'항목 |
| 8번 | 제사를 받드는 도리 | 5번 | '奉祭祀'항목 |
| 9번 | 손님을 접대하는 도리 | 6번 | '接賓客'항목 |
| 10번 | 투기하지 말아야 하는 도리 | 3번 | '事君子'항목 |
| 11번 | 말씀을 조심하는 도리 | 3번/4번 | '事君子'/'睦親戚'항목 |
| 12번 | 재물을 준절하는 도리 | 10번 | '治產'항목 |
| 13번 | 일을 부지런히 하는 도리 | | ×(생략됨) |
| 14번 | 병환을 모시는 도리 | 2번 | 事舅姑 |
| 15번 | 의복과 음식을 마련하는 도리 | 2번 | 事舅姑 |
| 16번 | 노비를 부리는 도리 | 9번 | '御奴婢'항목 |
| 17번 | 주고받는 도리 | | ×(생략됨) |
| 18번 | 팔고 사는 도리 | | ×(생략됨) |
| 19번 | 비숙원하는 도리 | | ×(생략됨) |
| 20번 | 종요로운 경계 | 12번 | '恒心'항목 |
| 21번 | 옛사람의 착한 행실 | 7번 | '胎敎'항목 |
| 22번 | 결 사 | 13번 | 결 사 |

따라서 계녀서의 항목을 〈계녀가〉의 항목으로 재조정할 때 보이는 단서와, 〈계녀가〉의 항목들이 일련의 시간적 흐름을 배려한 배치라는 점을 볼 때 이러한 특징이 더욱 부각되게 되며, 따라서 〈계녀가(전형)〉은 계녀교훈 위주의 단순한 나열에 불과해 보이지만, 그 안에는 정교한 배치의 의도성이 깔려있다는 점을 주목해야 할 것이다.

그런데 〈계녀가(전형)〉이 작품 전체적으로 출가하는 딸에게 일러주는 훈계의 내용이라면, 여타 작품군에서는 시간의 흐름에 따라 여자의 일생을 다루면서 출가외인으로 지내야 하는 화자에게 어김없이 훈계하는 내용이 삽입되어 있게 된다. 따라서 신행을 떠나는 과정에 삽입되는 친정모친의 훈계에 대한 서술은 일대기적 구성을 보이는 일련의 작품군에서 공통적으로 드러난다.

3.

앞서 〈귀녀가〉의 존재양상을 정리하면서 계녀가적 효용성에 대한 기대가 크다는 점을 지적한 바 있다. 〈귀녀가〉의 경우, 그 항목 구성을 보더라도 〈계녀가(전형)〉과 비교할 때 항목들이 생략되는 경향이 크다. 〈귀녀가(전집본)〉에서는 '태교 · 육아 · 치산' 등에 관한 서술은 생략하는 대신 '사구고 · 사군자 · 목친척 · 봉제사 · 접빈객 · 어노비' 등의 항목을 비중있게 다루면서 벼슬길에 오른 남편을 제대로 내조할 것을 새롭게 경계하고 있다.[266] 무엇보다 〈귀녀가(전집본)〉은 계녀 항목에 출사한 남편을 구체적으로 내조하는 교훈경계까지를 포함함으로써 〈계녀가(전형)〉의 통상적인 범주를 넘어서고 있음이 특기할 만하다.

이렇게 〈귀녀가〉의 경우에도 작품 구성의 큰 축이 '귀녀'라는 인물의 출생에서부터 중년 이후까지를 서술하는 일대기에 있음에도 불구하고 '계녀'항의 서술 비중이나 항목이 축소되어서라도 삽입되어 있음이 확인된다. 특히, 〈귀녀가〉의 이본들에서 보이는 추가 양상들은 모두 '여자의 일생'을 서술하는 일대기적 구성에서 '계녀' 항목을 조정하되, 필요에 따라서는 〈계녀가(전형)〉의 내용을 확장하고 있는 사례들이라고

266) - 군자가 영귀할 때 내직을 다지내고 도곡에 외임하여 당상에 열친하고 선산에 소분하고 쌍교를 비껴타고길대로상에 몰아가니 거리거리 구경이요 마을마을 칭찬이라. 실내를 바치어도 교기를 두지말아 내아에 들어서도 재물탐을 하지말아 비복들을 신칙하여 염성문에 나질말며 동헌의 훤화성을 듣지못함 같이하라 귀물이 생기거든 궁교빈족 나눠주라 사친의 편지답장 공간으로 하지말아 …

할 수 있다.

〈사친가(자탄형)〉의 경우에도 작품의 흐름상 다소의 어색함이 발생함에도 불구하고 친정모친의 훈계 부분이 삽입되어 있다. 여자의 일생에서 출가외인의 정체성에 대한 자각은 주로 '신행-석별'의 과정에서 직접적으로 확인되는데, 화자는 석별의 광경을 묘사하며 슬픔을 토로하고, 친정모친과의 이별에 더욱 서러워하며 모친과의 추억을 회상하고 있다. 이는 모두 사친지정의 표출에 집중하려는 〈사친가(자탄형)의 창작목적과 부합되는 부분들이다.

이러한 흐름에서 특이한 지점 중 하나는 친정모친의 발언 부분이다. 〈사친가〉의 이본마다 표현의 가감은 있을지언정 빠짐없이 보이는 이 부분에서 어머니는 "시댁이 내집이라 친정은 아주잊고 시댁만 생각하"라며 다소 직설적으로 '출가외인'의 이념을 전달하고 있다. '계녀'항이 삽입되면서 석별지정의 표출이 '출가외인'으로 살아야 하는 딸로서의 정체성을 재확인하는 단계로까지 발전되고 있기 때문이다. 해당 작품의 이전 부분에서는 자정과 은덕으로 자식사랑에 충실한 모습을 보여주는 친정부모의 이미지를 그려내고 있는데, 이러한 형상화의 방향과는 일견 상반된 것이라 할 수도 있다. 이런 구성상의 부조화는 일대기적 구성을 취하는 일련의 작품들에서 공통적으로 드러나는 사실이다.

이러한 양상은 〈석별가〉의 경우에서도 확인된다. 특히, 〈석별가〉에서 본사의 후반부에 나오는 당부의 인사 부분을 주목하면, 작품에서 내건 '석별지정의 토로'와는 상반되게 '계녀'항의 비중이 과장되게 커지고 있음을 흥미롭게 살필 수 있다.

〈석별가〉의 경우에는 두 부분에서 '계녀' 교훈의 전달상을 살필 수 있는데, 그 하나는 신행길에 나서는 화자가 친정모친과 이별의 정을 나누면서 삽입되는 모친의 훈계내용에 관한 것으로, 이 부분은 여타의 작품군에서도 반복적으로 나올 정도로 흔한 편이다. 다른 하나는, 본사의 마무리 부분에서 제시되는 일가친척 남성들의 발언을 통한 것으로, "우리ᄉᆡᆼᄉᆡᆨ 나게하라 … 일후의 바ᄅᆡ기난 우리의 소망은 너의ᄉᆡᆼᄒᆡ 유슌하고 현슉하다 쇼문듯기 지월일다 … 각별유심하여 … 여공의 직분을 닐닐니 쳥염하야 친뫼업시 ᄉᆡᆼ각하라" 등에서와 같이 더욱 노골적으로 시집살이에 충실할 것을 당부하는 양상으로 표출된다.

그리고 이러한 양상이 극대화되면 다음에서처럼 처녀의 행실이 좋지 못하면 기왕의 친정가족들과도 인연이 끊어지게 될 것임을 경고하며 협박하는 표현으로까지 서술되고 있다.

- 너의심ᄒᆡᆼ 고약ᄒᆞ면 친가부모 욕머기고 부모욕분 안이로다 지친그진 욕멱ᄂᆞ니 … 아무ᄃᆡᆨ아무ᄃᆡᆨ이 현쳘ᄒᆞ고 슌직ᄒᆞ다 친가견문 넉넉드러 ᄇᆡᆨ사가 소문나셔 우의귀의 들이기을 평ᄉᆡᆼ의 지원일다 <u>너히소문 고약ᄒᆞ면 지친도 안이착고 부모도 ᄇᆡ면한ᄃᆞ 안찬넌다</u> 슬려말고 마무려나 조현소문 우의귀의 들이오면 지친도 차자가고 부모도□ □려라 징기ᄒᆞ고 조심하라 …[267]

이러한 정리 작업에서 눈에 띄는 사실은 여자의 일생에서 '모친 훈계'에 해당하는 항목은 '성혼-신행'의 과정에서 필수적으로 등장하고 있다는 점이다. 이는 출가외인으로 집을 떠나는 딸자식의 정체성과도 긴밀하여, 이렇게 여자의 일생을 다루면서 삽입되는 계녀항목의 존재 양상은 계녀훈계가 필요한 시간적 표지를 기준으로 삼는다는 점에서 항목식 나열처럼 보이는 모친훈계의 내용도 사실은 시간성을 토대로 하고 있음을 짐작할 수 있다.

그런 의미에서 규방가사에서 선조적 구성이란 '시간성'의 중요한 기본 토대로 작용하는 것임을 다시한번 강조할 필요가 있다. 또한 규방

---

267) 〈1866번) 석별가라〉(임기중 편, 『역대가사문학전집 40권』)

가사에서 '계녀' 항이 필수적으로 삽입된다는 것을 규방가사 전체로 확대하면 '교훈'의 항목과 '교양'적 요소가 필수적으로 결합하고 있음을 재삼 확인할 수 있다.

4.

'교양/교훈'의 기본 전제는 "사람됨=여자됨=부녀됨"이라는 등식으로 정리할 수 있다. 이러한 전제를 토대로 규방가사에서는 '지켜야만 할' 훈계사항으로 '교훈'에 대한 한 축이 존재하며, '알아두면 좋을' 정보사항으로 제시되는 '교양'에 대한 또다른 축이 존재하게 된다. 곧, 교훈을 제시하는 차원과 교양을 제공하는 차원으로 나눌 때 전자에서는 '지키기'가 강조되며, 후자에서는 '알아두기'가 강조되는 셈이다. 그래서 전자의 경우에는 "~해라/~해야 한다"라는 식의 표현방식이나 그 반대인 "~하지 마라/~해서는 안 된다 "등과 같은 표현방식으로 서술되며, 후자의 경우에는 '여자됨됨이/생활 규범이나 인물전고' 등에 대한 내용이 정보 차원에서 수다하게 제시되는 것이다.

이렇게 '교훈'과 '교양'에 관한 두 항목이 필수적으로 결합되는 양상은 규방가사의 어느 유형에서나 쉽게 찾을 수 있는 공통적 요소로, 다양한 반복 양태를 통해 규방가사의 기본적 토대를 형성하고 있다. 규방가사를 일별할 때 작품 구성적 차원에서 주제와 긴밀하지 않은 요소들임에도 '교훈'을 기본항으로 설정하고 여기에 작품군별로 자유롭고도 다양하게 내용들이 삽입되고 있음은 규방가사의 구성 방식이 기본적으로 폐쇄적이기보다는 개방적인 토대에서 이루어지고 있음을 보여주는 것이다.

이는 기존의 논의들이 '탄식'을 그 기본주조로 주목했던 것과는 조금은 다른 맥락에서 해석될 수 있는 지점이기도 하다. 규방가사는 단지 자기탄식에서만 그치지 않고, 교훈과 교양의 결합을 통해 그 저변을 확대하며 활용상을 도모하고 있기 때문이다. 이러한 양상이 바로 선조적 구성의 기본틀을 토대로 다양한 양상으로 펼쳐지는 '글하기' 방법이 의의를 획득하는 기본 지점이 된다.

이제 이런 맥락에서 구체화시킬 사항은 교훈경계를 노골적으로 드러내는 앞선 사례들의 경우와는 달리, 은연중에 강조되는 계녀적 훈계의 사항들을 보여주는 양상을 분석하는 일이다.

예를 들어, 〈사친가(자탄형)〉의 경우에는 시집살이의 첫 관문으로 부엌에 들어가 식사준비를 하는 데서부터 시작된 어려움에 대해 다음과 같이 표현하고 있는데, 거듭 반복되어 표현되는 '조심'의 심리적 표출에는 〈계녀가(전형)〉에서 강조하였던 세세한 규범들이 그대로 연결되어 체화되어 있음을 감지할 수 있다.

- 삼일입수 정지간의 체장만 하올적의 구고님 귀미몰라 시매씨야 맛을보게 성글어도 조심이요 짭아도 조심이라 두손으로 들어두고 외정히 하자 어느반찬 딜기실고 상나도록 조심하니 …

〈계녀가(전형)〉에서 가장 먼저 나오면서 길고 자세하게 진술되고 있는 부분이 시부모를 모시는 도리에 관한 '사구고' 항목인데, 이 부분은 다음에서 보다시피 매우 세세한 사항까지 들어 자세하게 훈계를 내리고 있기 때문이다.

- ᄉᆡ부모ᄊᆡ 사관ᄒᆞᆯ제 쇼세를 일득ᄒᆞ고 문밧긔 졀을ᄒᆞ고 갓가이 나아안자 방이나 덥ᄉᆞ온가 침셕이나 편ᄒᆞ신가 살드리 ᄉᆞ른후에 저근ᄃᆞᆺ 안자싸가 단졍히 도라나와 진지를 ᄎᆞ릴젹에 식셩을 무러가며 구미에 맛게ᄒᆞ여 극진히 진지ᄒᆞ고 식상을 물린후에 ᄒᆞᆯ일을 품ᄒᆞ여 다른일 업다거든 일손을 쌜리드러 네방에 도라가셔 홍등홍등 ᄒᆞ지말고 ᄌᆞ즉ᄌᆞ즉 ᄒᆞ엿스라 저녁을 당ᄒᆞ거든 ᄉᆡ비와 갓치

ᄒᆞ되 어듸로 누의실고 자세히 살펴보와 이불을 졍케펴고 ᄌᆞ리를 편케ᄒᆞ되 부모의 글력보고 부모의 말ᄉᆞᆷ바다 구틔야 말리시면 가만이 안자ᄶᅡ가 절ᄒᆞ고 돌아나와 등쵹을 도도오고 ᄒᆞᆯ일을 ᄉᆡᆼ각ᄒᆞ여 ᄎᆡᆨ을보나 일을ᄒᆞ나 이윽히 안자ᄶᅡ가 밤들거든 ᄌᆞ거서라 부모님 병들거든 단ᄌᆞᆷ을 못ᄌᆞ나마 쳥령을 더욱ᄒᆞ여 성심껏 밧ᄌᆞ옵고 권쇽이 만흐나마 권쇽맛겨 두지말고 식음을 친히ᄒᆞ고 탕약을 숀쇼ᄶᅡ려 병셰를 보아가며 식음을 ᄌᆞ로권코 누으며 안즈실적 정셩을 다ᄒᆞ여라 ᄃᆡ소변 밧칠져긔 졍셩을 다ᄒᆞ여라 부모님 봉양ᄒᆞᆯ제 화경키가 졔일이라 구체를 젼슈ᄒᆞ여 주리실ᄯᆡ 업게ᄒᆞ고 치운ᄯᆡ 업게ᄒᆞ되 ᄯᆡ맛추어 ᄒᆞ게ᄒᆞ라 부모님 ᄭᅮ중커든 업드려 감슈ᄒᆞ고 아모리 올흐나마 발명을 밧비마라 발명을 밧비ᄒᆞ면 도분만 나ᄂᆞ니라 안ᄉᆡᆨ을 보아가며 노기가 풀리거든 조용히 나아안자 ᄎᆞ례로 발명ᄒᆞ면 부모님네 우스시고 용서를 ᄒᆞ시리라 …

중요한 것은 "ᄎᆡᆨ을 보나 일을 ᄒᆞ나"에서 보다시피 일상생활의 두 축으로 책보기와 일하기를 제시하고 있다는 점이다. 이는 여자의 일생이 노동고와 탄식, 애환으로만 구성되는 것은 아님을 보여주는 것으로, 이른바 '교양인'에 대한 관심의 증폭을 엿볼 수 있기 때문이다.

이러한 교훈경계의 태도는 〈화전가(전형)〉에서도 확인된다.

- ① 청명한식 좋은절계 이날로 정해보세 백노간지 골라내여 연상을 닦아놓고 반월연적 물기우려 산수동풍 먹을갈아 왕희지의 필법으로 화전통문 지어내니 남촌북촌 가가호호 화전가자 통기하니 그통문에 하였스되 만사를 제번하고 기산승수 좋은곳에 청명절 날을바다 우리동류 일차승회 담화소창 하옵기를 천만행심 바라노라 하인에게 분부하여 남촌북촌 통기하니 규중에 갖힌동류 여광여취 야단일세 상하촌 동류들아 이내말씀 들어보소 칭칭시하 몸이되어 부모허락 받으려고 부모침실 들어가서 두무릎을 꿇고앉아 백배사례 비난말이 모월모일 아무날에 화전가자 통문오

니 명령을 나리시와 부디허락 하옵소서 부모님 하는말씀 효녀로다 너의말이 백사순종 모든행실 허락않고 어찌하리 부모허락 받은후에 기쁜마음 둘곳없어 하마하마 그날인가 손을꼽아 기다린다 …

- ② 먹다가 남았으니 남은떡을 어이할꼬 훤당의 늙은부모 적막히 앉았으니 맛맛으로 가져다가 효성으로 봉양하세 다같이 부모두고 그뉘라서 흉을보리 오륙세 어린동생 인정으로 주어보세 다같이 동생두고 그뉘라서 말을하리 그중에 ××댁은 수치도 모르더라 그서방 주자하고 남모르게 몰래싸네 그중에 ××댁은 염치도 모르더라 손뼉같은 넓은떡을 넘큼넘큼 다먹더라 …

인용 부분은 화전놀음을 성사시키는 과정을 다루고 있는데, 상당히 구체적으로 서술하고 있다. 절차를 세분화하여 절차에 따른 예의를 자세히 가르치는 교훈적 효과를 부수적으로 얻고 있으며(①의 경우), 심지어 먹다가 남은 떡을 나눠 가져가는 경우에 있어서도 예의와 염치가 수반되는 것임을 구체적인 예시를 통해 보여주고 있다. 앞선 예와 마찬가지로 교육적 차원의 각성 효과를 도모하고 있다(②의 부분).

특히 '왕희지의 필법으로 화전통문 지어내는' 광경에서는 교양인의 면모가 물씬 풍기고 있다. 화전통문에 제시된바 "만사를 제번하고 기산승수 좋은곳에 청명절 날을바다 우리동류 일차승회 담화소창 하옵기를 천만행심 바라노라"는 표현은 다소 현학적인 어투를 활용한 것이기도 해서 '교양인'의 자부심을 바탕에 깔고 있음을 미루어 짐작케 된다.

또한, 앞선 부분에서 〈사친가(자탄형)〉의 필사 작업을 언급하며 필사 분량이 녹록치 않음을 지적하였는데, 필사 분량이 커질수록 시간과 노력의 투자가 그만큼 요구됨에도 불구하고 이렇게 하는 것은 규방가사가 개인적이면서 사회적이고, 사적이면서 공적인 접점을 가진다는 것을 보여주는 징표가 된다. 무엇보다 대상자료의 일차적인 목적으로 신변탄식, 풍류소영, 송축 등의 성격 표방이 중요함에도 교훈적 요소와 교양적 요소까지도 아울러 담으려는 의지와 노력이 가미되고 있음을 쉽게 알 수 있었기 때문이다.

그런 의미에서 추가적으로 확인하고 싶은 부분은 '교양'이 무엇인가 하는 문제이다. 예를 들어, 〈귀녀가〉에서는 기본적으로 '귀한 딸', '귀한 여자'의 라이프 스토리를 따라가는 선조적 구성을 근간으로 하고 있는데, 이를 통해 작품에 표면화된 일차적인 사실은 '귀한 여자'의 면모를 부각시키는 것이었다. 이는 다음과 같이 '귀녀'의 형상화가 외양이나 재질, 능력의 습득에 있어 출중한 인물로 그려지는데, 중요한 것은 밑줄친 부분에서 보다시피 귀녀는 '여자'임에도 '교양인'의 면모가 물씬 풍기고 있다는 점이다.

> - 귀에는 총기있고 눈에는 제도있어 가갸거겨 열네줄을 순식간에 농통하고 삽시간에 독송하니 총명도 그지없고 재주도 비상하다 … 인물도 아름답고 체신도 아름답다 … 틀위에 베짜기는 여자 같은 대성인은 여러날 아니배워 짜기도 잘도짠다 … 이팔영광 다 다르니 숙성하고 아름답다 …[268)]

> - 백사가 능통하니 생이지 고이하다 서책으로 벗을삼고 한묵으로 일을삼아 … 문한으로 소일하고 침선을 하여보라 … 재질이 비상하니 어떤집에 보내리오 …[269)]

> - 효우는 천생이오 재주뜬 절인이라 … 아름다운 성품으로 … 백행

---

268) 〈귀녀가(이대본)〉. 이종숙 외편, 「내방가사자료」, 『논총』 15집(이화여대 한국문화연구원, 1970).

269) 〈귀녀가(전집본)〉. 최태호 편, 『교주 내방가사』 (형설출판사, 1980), 84~101면.

이 구비한중 문화를 좋이여겨 옛사람의 명백자를 석역하여 아단 말가 … 스스로 동류만나 쌍륙판 내어놓고 사아를 던질적에 소삼 준육 비는소리 … 아무리 선경인들 환하고 맑은거동 이에서 더 할손가 문화도 하려니와 방적인들 바히말랴 … 수품도 능란하다 … 색덕이 가짐이여 언사지덕 겸하도다 …270)

인용 부분에서 보다시피 '귀녀'의 인물 형상화에 있어서 백행을 구비하고 서책과 한묵을 즐기는 문한의 삶을 살면서 침선 등과 같은 여공에도 능통하다는 식으로 완벽함을 구비하고 있다. 이는 '귀녀'라는 명명에서부터 예측이 가능한 상황이기도 하지만, 여자로서 해볼 수 있는 온갖 사항을 나열하고 있다는 점에서 무척 흥미롭게 느껴진다.

5.

〈화전가〉에서 단골로 등장하는 꽃이름을 나열하는 대목 역시 규방가사에서 교양을 자랑하는 방식 중 하나라고 할 수 있다. 〈화전가〉에서는 이른바 '화초가' 또는 '꽃타령'이라 하여 꽃이름을 나열하는 대목이 전형적인 작품에서부터 근세작에 이르기까지 즐겨 등장하고 있는데, 빠짐없이 등장하는 이러한 부분조차도 대동소이하기는 하되 완전히 동일한 양상으로 나타나지는 않기에 비교해보기로 한다.

- (1) 만학천봉 붉은꽃은 사랑도 끝이없다 머리에도 꽂아보고 입에도 물어보고 한가지을 손에쥐고 산유화을 노래하니 꽃아꽃아 물어보자 너는어찌 피었는고 동군의 넓은덕택 덕택 끝에 피엇는가 용황이 물을주어 조화 끝에 피엇는가 입춘가고 한식후에 벼랑에서 피엇는가 이십사번 화신풍에 바람 끝에 피엇는가 꾀꼬리 우는

270) 〈귀녀가(고대본)〉. 유지천, 「귀녀가」, 『어문논집』 4권(안암어문학회, 1960), 134~143면.

새는 춘흥을 자아내고 곳곳에 붉은꽃이 춘정을 희롱한다 풍경도 좋건이와 일기도 화평하다 부나니 동풍이오 넘노나니 비조로다 산천승지 좋은곳에 화초가를 불러보세 홍화백화 잦아진데 어느 꽃이 으뜸인고 국색청향 목단화는 화중왕이 되어있고 명사십리 해당화는 화중신선 되어있고 초당앞에 백일화는 백일홍도 기이하다 뒷동산 두견화는 어이저리 붉었던고 후원의 도리화는 홍홍백백 잦아있고 장천에 옥매화는 미인단장 얼굴이요 붉고붉은 봉선화는 벙긋벙긋 웃난고야 나라님의 어사화는 당상관의 관대화라 …[271]

- (2) 어화그말 셕좋구나 쏫흘한번 차져보자 낙양셩동 도리화는 비거비래 낙슈가오 연화삼월 하양주에 객사청청 버들쏫과 셜중기로 맹호연이 방매하든 매화쏫과 인당슈 깊으물에 심소져에 연쏫송이 월중단계 경생지에 향문십이 계화쏫과 팔도순탐 어사화며 은일처사 누른국화 둘씩셋씩 셕유쏫과 불고부는 초래쏫과 셩셩제혈 두견화며 듯기조흔 연쏫노래 놀기조흔 노류장화 오호통제 폐리쏫과 산호유리 호박쏫과 갑종을종 금사화며 화중부귀 목단화며 사란사형 난초쏫과 조모향일 해바례기 계처봉일 달구벼실 인간보화 목화쏫과 목동요지 살구쏫과 해득해득 고지쏫과 보기조흔 모메쏫과 유실무실 오동쏫과 셩남기도 백일화며 길인공작 봉순화며 삿도상우 접시쏫과  젹젹홍홍 자약쏫과 쥬왕계변 슈단화와 만산홍노 참쏫치며 모도다 화려한대 뒷동산 활무대야 청춘홍안 고은시절 독수공방 너지낸다 허리부터 숚어지노 명사십이 해당화는 만리풍상 격어내고 장미화 좋다마소 썩거보면 싸시로다 쏫하쏫하 피는쏫하 모준시절 가련하다 …[272]

- (3) 이와같은 좋은놀음 노래아니 부를손가 화전가를 불러보세 꽃아꽃아 좋은꽃아 빛가리도 좋거니와 내마음도 아름답다 뭉실뭉

271) 〈화전가(전형)〉. 권영철, 『규방가사1』. 한국정신문화연구원, 1979.
272) 〈11) 화전가라〉. 권영철, 『규방가사1』. 한국정신문화연구원, 1979.

실 목단화는 화중왕이 되어있고 오롱조롱 무궁화는 우리나라 국화로다 만당추수 국화꽃은 군자로 이름짓고 능자고절 국화꽃은 은일화로 불럿구나 봉실봉실 장미화는 미인같이 곱게피고 이산저산 두견화는 청춘을 자랑하네 꽃노래만 부르려니 흥이겨워 한이없네 우리또한 꽃이되어 인물노래 불러보세 넌들넌들 넌들화는 위련이의 꽃일래라 실봉봉실 봉선화는 노미의 꽃일래라 사랑앞의 목단화는 영숙일이 꽃일래라 우리불뚝 홍조꽃은 문규의 꽃일래라 우물가의 사팔꽃은 복숭이의 꽃일래라 노릿노릿 장미화는 순련이의 꽃일래라 오복소복 채송화는 순옥의 꽃일래라 뜰앞의 백합꽃은 점숙이의 꽃일래라 싱글벙글 무궁화는 옥희의 꽃일래라 논뚝위의 제비꽃은 춘희의 꽃일래라 오리불뚝 모메꽃은 기숙이의 꽃일래라 애교있는 따리아는 정호의 꽃일래라 열적스런 해바라긴 상호의 꽃일래라 봉실봉실 옥매화는 영수의 꽃일래라 흥이겨워 한이없네 …[273]

그렇다면, 이정옥이 소개한 〈화전가〉[274]의 경우에는 어떠한지를 살피기로 하자. 이 작품은 서두가 〈화전가(전형)〉과는 상이한데, 그럼에도 전체적인 구성의 틀이나 표현방식은 비교적 유사한 방향으로 표현되고 있다. 예를 들어, 다음과 같은 부분은 〈화전가(전형)〉에 공통적으로 나오는 것인데, 앞부분에서는 (2)의 부분에서 보여주는 것과 같은 식으로 온갖 꽃이름과 연결된 고사들을 상당히 길게 나열한 뒤 이어지는 부분을 보면 다음과 같이 되어있다.

- 쏫차쏫차 무러보자 너은엇지 피여는야 동군의 너분덕택 덕택 쏫태 피여는가 청용니 물을주어 조하 쏫태 피여는가 일매오일 양화졀의 비을 썌려 피여는야 쳐쳐제조 우난곳의 식소래도 듯기좃타 져져경게 조흔곳의 그져가면 무엇하리 화조가을 읍퍼보자 삼

273) 〈19) 평암산 화전가〉. 권영철, 『규방가사1』. 한국정신문화연구원, 1979.
274) 이정옥의 『영남내방가사 1권』 (14-20면)에 3번째로 수록되어 있는 작품이다.

> 백화보 쏫자치의 자자이 살펴보니 홍화백화 난만한대 어는 쏫치 엇듬인고 삼백쳔향 목단화은 화중군자 뒤야잇고 연당압해 부용화은 화즁의 제일이요 명사심니 해당화은 화즁신션 뒤야익고 만호촌즁 셕유화은 화즁미인 뒤야잇고 산즁의계수화은 월궁션여 뒤여잇고 …[275]

이상의 것을 비교 고찰하면 전형적인 의미단위의 나열이라 하더라도 조금씩의 변이가 있으며, 이러한 변이의 과정마다에 필사자의 의도들이 섞여 있으리라 생각한다.

또한, 권영철이 수집한 〈화전가〉 자료 중 〈9번(손종록씨 부인 작)〉 작품의 경우에는 기왕의 요소를 자기 것으로 소화시켜 변형하고 있다. 특히 교훈의 항목과 교양적 요소가 결합되는 양상을 주목할 필요가 있는데, 다음과 같은 대목은 〈화전가〉의 향수상에서 '교양인'에 대한 관심을 증폭을 보여주는 정황 내지 단서를 제공해준다.

> - 음식진지 다힛근만 풍유소일 다시노자 오전이는 풍악힛고 오후

275) 이정옥 소장본으로 가로 18.5, 세로 19, 총 57면의 필사장책본이다. 〈추픙감별곡〉12면, 〈김대비훈민가〉13면, 〈화젼가〉25면, 〈언문뒤풀리〉5면 등 3편의 가사와 1편의 민요가 수록되어 있다. 〈화젼가〉 끝에 '임진 十一月 二十九日로 보아, 기록연대가 1952년 혹은 1892년으로 추정이 가능하다고 하였다. 〈추픙감별곡〉과 〈김대비훈민가〉는 4음보 두 줄을 한 단위로 위아래로 줄을 바꿔 적었고, 〈화젼가〉와 〈언문뒤풀리〉는 줄구분이나 띄어쓰기 없이 이어 적었다. 이정옥은 이 작품집이 남성 필사일 가능성이 높은 두 가지 근거를 제시하고 있는데, 또박또박 한 자씩 적은 글씨가 여성의 필체인 내간체라기보다는 남성이 필사했을 가능성이 높다는 점과 〈화젼가〉 끝 구절의 '산중쳐사인생산업니박게다시업다'에서 처사(處士)는 남성을 지칭하는 불교용어라는 점을 들었다. 그리고 책 표지에 〈花餞歌/金大妣訓民歌/秋風感別歌〉로 쓴 한자제목이 있는데 이러한 한자표기가 종래 흔히 써오는 〈花煎歌/金大妃訓民歌〉와 다르다는 점에서 오기일 가능성이 크다고 지적하였다.

ᄋᆡ는 엇지놀고 척사치고 윳놀기는 승벽이야 잇다마는 잡기혼탁 쉽ᄉᆞ오니 이것쏘한 할수업고 전고사적 듣난 것은 견문유소 필듯하니 <u>우리피차 아는ᄃᆡ로 이약한번 ᄒᆡ여볼가</u> …

"우리피차 아는ᄃᆡ로 이약한번 ᄒᆡ여"보자는 제안은 장면화된 시간성에서 작품을 필사하는 주체와 읽는 독자를 아울러 그 향수범위를 넓혀 '우리'라는 공감대로 확산시키고 있다. 더구나 '아는 대로' 할 수 있는 만큼 '이야기를 하여보자'라는 제안에는 이제부터 펼쳐지는 내용이 서로의 인지적 공감대 안에서 매우 흥미롭고 참여적인 주제임을 암시하는 것이다.

그리고 이어지는 부분에서 아는 대로 이야기하며 이어지는 내용은 대강 다음과 같이 '충신'과 '현모'와 '양처' 등과 같은 인물사적에 대한 것이다.

| | 〈화전가〉276) |
|---|---|
| ① | 문왕모친 ᄐᆡ임후는 문왕님을 교양할ᄌᆡ ᄐᆡ중부터 주의ᄒᆞ야 악한빗틀 아니보고 음탕소ᄅᆡ 안이듣고 부정음식 아니먹고 부정자리 아니안고 열달만삭 ᄎᆡ운후의 문왕님을 탄생하니 천품천성 특이하다 덕화로서 정치하야 탄관ᄇᆡᆨ왕 명망잇고 |
| ② | ᄆᆡᆼ부자ᄋᆡ 모친임은 ᄆᆡᆼᄌᆞ임을 교양할ᄌᆡ 아시부터 주의하자 거짓말을 안속이고 세번까지 옴겨안ᄌᆞ ᄐᆡ학관 모든예을 안목숙심 ᄃᆡᄀᆡᄒᆞ서 성현가ᄋᆡ 명망잇고 왕손가의 모친임은 왕손가을 교훈하ᄃᆡ 너가일즉 나갈시는 ᄂᆡᄀᆞ문ᄋᆡ 바ᄅᆡ오고 너ᄀᆞ늦ᄀᆡ 나갈시는 네가들의 바ᄅᆡ난ᄃᆡ 너는왕을 심기다가 요치ᄋᆡ 날이판ᄋᆡ 임금거취 모르고서 엇지감히 모라온고 왕손가는 명을듯고 요치을 죽여스니 남ᄋᆡ 자모 ᄃᆡ거들나 저런어룬 쌘을보고 |
| ③ | 문숙ᄃᆡᄂᆡ 영여부인 청춘ᄋᆡ 혼ᄌᆞ팔분 시ᄃᆡᆨ까지 전멸ᄃᆡ고 이탁할곳 업난지라 진정거동 살펴보니 ᄀᆡᄀᆞ보ᄂᆡᆯ 듯이업시 귀을끈코 코을비고 수절하기 결심하고 공ᄇᆡᆨᄃᆡᆨᄂᆡ 공강부인 천춘ᄋᆡ 혼자ᄃᆡ여 ᄇᆡᆨ주시을 지어노코 불경이부 명서하니 남ᄋᆡ 처ᄌᆞ ᄃᆡ거들랑 저른정열 쌘을보고 |
| ④ | 왕무ᄌᆞ의 ᄐᆡᆨ늬부인 시모병이 악질이라 자기다리 비혀다ᄀᆞ 시모병을 고처ᄂᆡ고 유영달의 ᄃᆡᆨ늬부인 철빈막심 가난이라 젓먹이든 아희파피 유통까지 비여주고 돈을바다 ᄋᆡ양하야 시모봉양 이어ᄂᆡ고 |

| | |
|---|---|
| ⑤ | 곽거ᄃᆡᄂᆡ 효부인은 가ᄉᆡ역년 청빈이라 시모반찬 골난이라 아회또한 논아먹ᄂᆡ 자기아희 무드락고 구중이을 파ᄂᆡ다가 천우신조 금을어더 시모봉양 착실ᄒᆞ니 남의자부 되거들랑 저런효ᄒᆡᆼ 쓴을보고 |
| ⑥ | ᄀᆡ강자ᄋᆡ 종조모는 종손자를 볼ᄶᆡ라도 문지방을 경ᄀᆡ삼고 한ᄐᆡ안지 아니하니 남녀유별 유숙함을 공자님도 층찬힛고 율곡모친 사임당과 갈암모친 장시부인 학문박식 덕ᄒᆡᆼ으로 천추명망 노파스니 ᄒᆡᆼ신학문 싹을진ᄃᆡ 이른어룬 쓴볼지라 |
| ⑦ | 그런이약 듯기조타 뉘기든지 또하시오 별반이약 할것업고 농담한번 히여볼고 ᄃᆡ비하신 ᄐᆡ왕님은 극락ᄉᆡᄀᆡ 축원ᄒᆞ고 상ᄃᆡ여빈 각걸이는 장삼술노 치사ᄒᆞ고 ᄃᆡᆨ을쉬긴 오기장은 아주남ᄀᆡ 다라ᄆᆡ고 아힘파는 진평을낭 멍득마리 볼기치자 걸발부부 조강처는 불ᄒᆞ당을 할거신ᄃᆡ 하물며 쥐겨스니 ᄌᆡ을엇지 용서하며 수숙이라 길는곳은 허무만을 터수이라 물ᄋᆡ슈왈 빠지나마 원지이수 어렵거든 팔기까지 히엿으니 그들드리 어ᄃᆡ잇노 여ᄌᆞ됨도 원통커든 그다지도 산멸할ᄀᆞ 우리비록 후ᄉᆡᆼ이나 드러보니 격분난다 그것이야 옳고말고 듣는중ᄋᆡ ᄌᆡ일이라 … |

이는 〈화전가〉라는 제목으로 필사되고 향수되는 과정에 이미 전형적 틀은 숙지되어 있고, 이러한 숙지된 형식을 토대로 자기 작품을 만들어낼 수 있는 역량을 향수자들이 갖게 되었음을 의미하는 것이다.

특히 언급되는 부분들에서는 여성교육에서 반복적으로 나왔던 전형적인 규범들이 체화된 언어로 거듭 반복되고 있다. 조선조 사회의 여성교훈서의 내용 분석을 행한 김옥희의 작업에 따르면, 여성 교훈서의 내용적 특질은 '인 · 의 · 예 · 지 · 신'을 토대로 한 여성상의 구현과 밀접하며, 인간관계 교육의 측면에서 볼 때 순종 · 정숙 · 열녀 · 관인을 설명하며, 인륜의 근본인 효를 중요시하는데 효를 바탕으로 해서 사회적인 도리를 다할 수 있음을 강조하며, 의례교육의 측면에서 볼 때 여성교훈서는 형식보다 내용을 더 중시하였으며 절차에 관한 지식과 행동도 중시하였으며, 의복의 검소함과 단정함을 강조하면서 가족들의 건강과 행복을 위해 봉사하는 태도를 중시하고 있다고 한다.[277] 이러

276) 〈화전가〉. 손종록씨 부인이 필사자로 기록되어 있다.

277) 김옥희, 「조선조 사회의 여사서를 중심한 여성교훈서의 내용 분석에 관한 연구」(박사학위논문, 동아대, 1986), 107-112면; 정순목, 『조선시대의 교육

한 맥락에서 규방가사의 '글하기' 전략이 문식성의 사회화 과정에 근간을 두고 있음을 다시한번 알 수 있게 된다.

그리고 '여자됨'에 대해 다시한번 언급하고 있는데, 해당 부분에서는 매 항목마다 "남ᄋᆡ자모 ᄃᆡ거들나 저런어룬 쏀을보고", "남ᄋᆡ처ᄌᆞ ᄃᆡ거들랑 저른정열 쏀을보고", "남의자부 되거들랑 저런효ᄒᆡᆼ 쏀을보고", "ᄒᆡᆼ신학문 싹을진ᄃᆡ 이른어룬 쏀볼지라"와 같이 교훈경계의 태도를 다시한번 확실히 주지시키고 있다.

이를 통해 가정을 중심으로 그 활동범위와 교육내용이 제한된 조선시대의 여성교육의 목표는 효녀와 순부(順婦)·숙처(淑妻)·현모, 그리고 열녀로 요약되며, 여성의 일생은 이러한 여성상을 실현하는 삶으로 일관되게 된다.278)

명저 순례』(배영사, 1991), 190면.

278) 손직수, 「조선시대 여성 교훈서에 관한 연구」(박사학위논문, 성균관대, 1981), 7면; 염능용, 「조선시대의 여성교육에 대한 일고찰-여성교훈서의 내용을 중심으로-」(석사학위논문, 성균관대, 1984), 41면.

## 2. 경계적 지점에 놓인 몇 가지 시사점

이 항에서 다루는 내용은 '경계적 지점에 놓인 몇 가지 시사점'을 탐색하는 작업이다. 이는 가사 장르의 측면에서 여타 장르와는 다른 규방가사의 특수한 국면을 주목하는 일로, 무엇보다 현재진행형으로 지속되고 있다는 점에서 해석의 지평을 넓혀야 할 당위성을 지닌다.

또한, 규방가사의 '글하기' 전략은 글쓰기 개념의 다양화와 현실 적응력을 보여주는 표본이 될 수 있다는 점에서 디지털 시대로 대표되는 오늘날의 환경에서 글쓰기 · 매체 환경 · 교육과의 연관성을 따지는 작업이 필요하다. 현재까지도 왕성하게 지속되고 있는 규방가사의 창작 · 전승 양상을 볼 때 문화콘텐츠의 활용 · 전통의 실천적 계승 · 고전문학 이해의 기반 확대 등과 같이 고전문학에 거는 기대치를 연계하여 그 의의를 살릴 지점을 모색할 수 있을 것이다.

1.

"글은 개인에게는 상징적 구성물이고, 글을 읽는 상대방에게는 의사소통의 대상자가 어떤 사고와 행동을 취하도록 하는 사회적 행동의 구성물이며, 하나의 장르로 굳어지는 특별한 사용자를 위한 일종의 안내서가 된다."[279]라고 한다. 이는 대부분의 필자들이 의미를 구성하기 위해 사용하는 전략들이 있다고 할 때, 그 전략은 일반성을 지니는 동시에 개인에 따라 유동적이고 역동적이어야 하며 지속적인 관찰연구에 의해 발전되고 보장되어야 함을 강조하는 표현이다.

279) 이수진, 『쓰기 수업 현상의 이해』(박이정, 2007), 35면.

그런 의미에서 첫 번째로 주목할 경계적 지점은 규방가사의 '글하기' 전략이 지닌 역동성에 대한 것으로, 가사 장르의 측면에서 여타 장르와는 다른 규방가사의 특수한 국면을 고찰하는 일이 된다. 규방가사의 창작 및 향수의 상황은 기왕의 연구자들이 행해온 평면적인 독해 방식으로는 해결되지 않는 복잡하고도 미묘한 구석이 많으며, 이는 규방가사가 현재진행형으로 왕성하게 지속되고 있다는 점에서 해석의 지평을 넓혀야 할 당위성을 제시하고 있기 때문이다.

이런 맥락에서 규방가사의 작품세계에서는 구성된 의미를 보다 구체화시키는 작업이 필요하다. 왜냐하면 아주 간단한 한 편의 텍스트를 완성하기 위해서도 필자의 머릿속에서는 가시적인 텍스트보다 훨씬 많은 의미가 구성되기 때문이다. 그러므로 학습자들이 완성된 텍스트가 나오기 전에 구성하는 텍스트를 인식하도록 해주는 교육내용이 필요할 것이다.

앞선 장에서 살핀 바 '글하기' 전략의 실현양상들은 필사 · 창작 · 낭송 · 돌려읽기 등 다양한 방법을 통해 '글쓰기'가 '글하기'로 인식되는 구체적인 지표들을 보여주고 있었다. 이러한 양상을 통해 일차적으로는 구술성과 문자성의 교접지점이 전형성의 문제와 관련하여 어떻게 작용하는지를 검토할 수 있게 된다.

또한 전형적인 틀의 구심력을 기반으로 작품마다 이루어지는 다양한 변이상들을 통해 이본 생성의 동력과 적층성의 문화적 맥락에 대한 관심도 환기할 수 있다. 특히 유형적 틀의 고정화 안에서 개인적 · 개성적 욕구가 발휘되는 게 이본(異本)의 문제인 만큼 이본 생성의 동력을 탐색함으로써, 이를 통해 규방가사가 보다 역동적으로 창작 · 향수 · 전승되어온 정체성에 대해 성찰하는 계기를 가질 필요가 있다고 생각한다.

이는 연구자가 관심을 두고 있는 '문식성 교육의 과정화'를 검토하는 작업과 긴밀하여, 다름 아닌 '글쓰기는 개인적 행위이면서 사회적 행위'라는 전제를 부각시킨 결과이기도 하다. 곧 기왕의 논의에서 익히 지적되었던 바와 같이 규방가사의 향수상이나 작품구조적 특성을 돌아볼 때 '규방가사를 짓는다'는 것은 그 어떤 고전시가 장르에서보다 더한 사회성을 담보로 하는바, 이제는 개인의 문학적 행위가 어떻게 사회화되는지를 따지는 것이 필요하다고 생각하기 때문이다.

규방가사를 통한 공유와 소통, 치유의 방식은 기왕의 논의에서 충분히 주목하고 있는바, 이제는 사회공동체에서 규방가사가 어떻게 인식되고 수용되고 있는지를 면밀히 살피는 것도 필요하다. 예를 들면, 사람들이 대인관계에서 어떻게 읽기나 쓰기를 사용하며, 사회의 구조 유지와 발전에 읽기나 쓰기가 어떻게 도구로 이용되고 있으며, 읽기 · 쓰기의 개념과 그 사회적 기능을 이해하는 것이 한 개인의 삶과 사회생활에 얼마나 유용한가를 탐구하는 것과 마찬가지의 시각과 작업이 규방가사 연구에서도 필요하기 때문이다.

따라서 규방가사의 '글하기' 전략을 이해하는 첫 번째 단추는, 결과를 배제한 과정이 아니라 결과를 포괄할 수 있는 과정이 되어야 한다는 데 있다. 한 편의 텍스트가 완성되었다고 해서 쓰기 과정이 끝나는 것이 아니기 때문이다. 언어학습은 대상이 아니라 과정이다.[280] 그 글이 다음 글의 상호텍스트로 작용하기까지 잠재적인 휴지기간이 있을 따름이라는 점에서, 한 편의 글쓰기 과정은 그 후의 다른 글들을 쓰는 과정까지 연장된다. 곧 이러한 과정이 끊임없이 계속되고 변화되는 성질인 역동성을 인식할 때, 규방가사의 '글하기' 전략이 오늘날에도 유효한 지점을 명확히 짚어낼 수 있게 될 것이다.

280) 이관규 외 공역, 『(국어수업을 위한) 언어 탐구와 인식』(박이정, 2008), 105면.

2.

다음으로 주목할 경계적 지점은 '글하기' 환경과 방법적 변용이 갖는 의미에 관한 것으로, 음성언어의 측면인 말하기와 문자언어의 측면인 글쓰기가 교접하는 지점을 주목함으로써 이른바 규방가사가 '글하기'로 살아남을 수 있는 생존력을 탐색하는 일이다.

앞선 논의를 통해 규방가사에서는 시간의 착종 내지 기억의 편차가 나타나게 됨을 알 수 있었다. 이러한 양상이 등장하는 이유를 살피면 무엇보다 규방가사 텍스트에서는 '창작/필사/향수'의 시점이 다르기 때문으로, 작품내 시간성의 축이 여럿이게 된다.

특히 공통요소의 삽입이 필수적임에 따라 물리적 시간 대 정서적 시간의 비중 차이가 있게 된다. 곧, 작품에 구현된 내용을 과거의 이야기가 아닌 현재의 이야기로 각인시켜 현재화하고, 남의 이야기가 아니라 자신의 이야기로 다시금 내면화하면서 텍스트에서 다루는 내용들이 저절로 체화되는 과정을 거치게 되는데, 심지어 필수적으로 삽입되는 교훈경계의 이야기조차도 '나'의 이야기로 만들어가는 것이 규방가사의 '글하기' 전략에서 중요해진다고 할 수 있다.

규방가사 텍스트는 청자 설정의 다양화나 돈호형의 활용 등을 통해 비유기적 구성이 될 수밖에 없는데, 이것이 오히려 규방가사에서는 감정이입 내지 감정 노출, 혹은 감정 몰입을 용이하게 해주기 때문이다. 결과적으로 논리적이고 유기적인 구성을 취한다는 것이 규방가사의 텍스트에서는 어울리지 않게 되고, 이에 따라 이 방면의 노력에 절로 무관심하게 되어버리는 셈이다.

그런 맥락에서 창작과 필사와 향수의 행위가 중첩적으로 이루어지는 양상은 심정적 완결성과도 연결된다. 심정적 완결성을 지향하는 이유가 자기감정에 몰입하기 위함이라는 점에서, 규방가사가 단지 '글쓰기'가 아니라 '글하기'라는 지칭으로 인식되는 상황과 긴밀히 연결하여 이 부분에 대한 탐색을 지속적으로 실천하는 방안을 모색하여야 한다. 규방가사는 삶의 현장과 괴리되지도 않았으며, 필자 단독으로 고립되거나 폐쇄된 환경에서 만들어진 것도 아니며, 독자도 분명하지 않고 구체적인 글쓰기 목적도 없는 진공상태에서 오직 자신의 생각만을 글로 표출하여내는 '글쓰기'의 양상과는 완전히 다른 것이라 할 수 있기 때문이다.

예컨대, 판소리로 구전되는 몇몇 고전소설들의 경우에도 듣고 말하는 의사소통보다는 읽기의 성격에 가깝다고 한다. 음성언어는 일시적이나 이것이 문자화된다는 것을 인식하고 있는 한, 내용을 이해하고 해석하는 활동으로서 매우 효과적이기 때문인데, 읽기를 중심으로 하는 듣기-말하기-쓰기 활동이 유기적으로 통합될 때 그 효과가 극대화될 수 있다고 한다.[281]

규방가사의 작자층은 시대와 공간과 주체의 성격에 따라 매우 넓은 편폭으로 존재하나, 이들이 의식과 행동에 있어서 다양한 성향으로 존재하면서도 하나로 묶일 수 있는 것은 공통의 성격을 가진다. 무엇보다 규방을 중심으로 한 필사문화권이 조선후기 문화공간에서 차지하는 광범위한 영향력을 생각할 때[282] 이 방면의 관심과 논의가 보다 지속적으로 촉구될 필요가 있다. 따라서 무기명으로 존재하는 규방가사 텍스트의 왕성한 향수상황은 규방가사의 특징적 국면이라 할 수 있고, 이런 양상을 '글하기' 전략의 근간으로 주목하여 분석하는 것이 그래서 중요해진다.

이러한 지적은 또한 규방가사권에서 필사를 통한 향유는 작품에 대한 가장 적극적인 독서행위이며 가장 입체적인 향유방법이라는 언급

281) 김선민, 『국어교육방법론』 (역락, 2009), 221면.
282) 육민수, 「필사문화권에서 실현된 가창가사의 담론특성-규방에서의 향유를 중심으로-」, 『반교어문연구』 16집(반교어문학회, 2007), 143-144면.

과도 상통하는 바 있다.[283) 텍스트를 만드는 동인의 하나로 자신이 직면한 수사론적 상황이나 창작의 동기를 들 수 있다면, 규방가사 연구의 현 단계에서는 이렇게 다양하고도 직접적인 창작·향수의 욕구들이 어떻게 하나의 작품으로 형상화되는지를 주목하여 구체적으로 접근하는 시각이 필요하다.

예를 들어, 유형별 비교 작업을 통해 특정 유형의 현실적 유용성을 따지는 작업이 요구된다. 이는 독서·필사·창작·낭송이 복합적으로 동원되는 규방가사의 향수상이 이른바 규방가사의 적층성이라는 특징적 양상과 맞물리면서 오늘날까지 지속되는 현 상황을 돌아볼 때, 과연 어떠한 현재적 가치를 갖는지에 대해 고민하는 시간이 되어야 할 것이다.

3.

셋째, 현실 적응력에 대한 것으로, 현재까지도 창작·계승되고 있는 현대 규방가사를 대상으로 의사소통의 욕구발현이 글쓰기 개념을 다각도로 다양화하는 양상을 탐색하는 일이다. 이는 규방가사가 현재까지도 강한 전승력으로 창작·필사·낭송·유통되고 있다는 점에서 당대 여성의 일상을 다양하게 관찰할 수 있는 훌륭한 텍스트이며, 그래서 더더욱 흥미로운 주제를 가진 다양한 연구관점이 필요하다는 주장에 동의하기 때문이다.[284)]

흔히 규방가사에 대한 소박한 인상을 토대로 규방가사를 쉽게 쓰이

283) 최진형, 「고소설 향유 관습의 한 양상」, 『고소설 연구』 18집(고소설연구회, 2007), 6면; 최진형, 「규방문화권에서의 고소설 향유 양상-〈자치가〉를 중심으로-」, 『반교어문연구』 16집(반교어문학회, 2007), 203면.

284) 이정옥, 「여성의 자기 서사와 유교 규범」, 『신라학연구』 5집(신라대학교, 2002), 153면.

고 쉽게 읽히는 장르로 인식하는 경향이 있는데, 그렇다고 이런 인상이 이들 장르를 비논리적(非論理的)인 글로 알게 해서는 안 된다는 점이 강조되어야 할 것이다. 곧 사유의 결과물로 글이 존재한다고 할 때 외견상 인상적으로는 특별한 기교도 없고 정돈된 글쓰기가 아닌 것처럼 보이지만 작품마다 그 구체적인 글쓰기 전략을 주목하는 것은 규방가사의 가치를 알게 하는 것과 상통하며, 현대와의 계승 고리를 잇게 하는 부분이라고 생각하기 때문이다.

흔히 수사학은 서양 근대에 들어와서 일각에서는 사론(邪論)이나 그릇된 내용을 그럴듯하게 현학적으로 수식해 상대방을 현혹하는 그런 유의 것으로 잘못 인식된 적도 있지만, 진정한 의미의 수사학은 '무슨 말을 어떻게 해야 하는가'에 대한 이해체계이다. 수사학을 하나의 나무로 비유하여, 나무의 뿌리와 가지들을 고찰하는 것이 수사학의 정체와 진수를 이해하는 첫걸음이라 생각했기 때문이다.[285)]

또한, 말과 글을 닦는 것이 '진리의 발현'이나 '도의 드러남'과 같은 매우 추상적이고 정신적인 측면과 관련될 수도 있지만, 이 '닦음'은 어떻게 하면 커뮤니케이션이 잘 이루어질 수 있는가 하는 커뮤니케이션의 구체적 과정과 관련될 수도 있다.[286)]

그런 의미에서 다양성 · 개방성 · 견고성 등이 결국은 규방가사의 생존력을 높인다는 이야기가 된다. 규방가사의 '글하기' 전략은 글쓰기 개념의 다양화와 현실 적응력을 보여주는 표본이 될 수 있다는 점에서 디지털 시대로 대표되는 오늘날의 환경에서 글쓰기 · 매체 환경 · 교육과의 연관성을 따지는 작업이 될 수 있다. 예컨대, 현재까지도 왕성하

285) 키케로, 『수사학 : 말하기의 규칙과 체계』, 안재원 편역(도서출판 길, 2006), 12-13면.

286) 전성기, 『인문학의 수사학적 탐구-언어학 · 번역학 · 수사학』 (고려대학교 출판부, 2007), 135면.

게 지속되고 있는 규방가사의 창작·전승 양상을 볼 때 문화콘텐츠의 활용·전통의 실천적 계승·고전문학 이해의 기반 확대 등과 같이 고전문학에 거는 기대치를 연계하여 그 의의를 살릴 지점을 모색할 수 있을 것이다.

리터러시는 읽고 쓰는 것 이상의 문제로, 보다 큰 정치적 실체의 일부이자 '정체성의 도구'와 같은 것으로 해석된다고 한다.[287] 개인의 태도와 사회적 용인을 결정하는 데 있어 담론이 중요한 역할을 하기 때문이다. 중요한 것은 사람들이 자기자신의 제안에 명시적으로 혹은 함축적으로 표명하고 있는 세계관과 사고방식에 대해 토론함으로써 스스로 사고의 주인이 되었다고 느끼는 것이다.

결국 규방가사의 '글하기' 전략을 논의하는 것이 중요한 이유는 이를 통해 획득되는 읽기와 쓰기 능력이 결국은 자기 자신의 운명를 형성하는 데 도움이 되는 방식으로 힘있게 말하고 자신의 삶과 연관 짓는 동기를 부여하는 데 있기 때문이 아닐까? 연구자는 이런 문제의식을 명심한 데서부터 출발하였지만, 규방가사의 자료적 축적이 이루어져 보다 정치한 연구 작업을 필요로 하는 현 상황을 보자면 지극히 미약한 한걸음을 내딛었을 뿐이다.

---

287) 재닛 애번스 엮음, 『읽기쓰기의 진화(아이들은 미디어를 어떻게 읽고 쓰고 만드는가)』, 정현선 옮김(사회평론, 2011), 306-309면.

# Ⅴ 결 론

이 연구에서 '전략'이라는 용어가 생소함에도 이를 동원하여 규방가사의 '글하기' 전략을 주목하는 이유는, 이를 통해 규방가사의 문학성을 보다 역동적으로 이해할 수 있기 때문이었다. 규방가사의 자료적 실상에서는 유형간 접점을 이루는 작품양상들이 다양하게 펼쳐지고 있어, 규방가사의 적층성을 주목하되 텍스트마다의 개별성을 파악하는 새로운 접근방식이 필요하다고 판단하였다.

이에 연구자가 관심을 두었던 지점을 정리하면 다음과 같다. 그 하나는 규방가사의 '글하기' 방법이 실현되는 양상을 구체적으로 분석하는 작업이고(Ⅱ장의 논의), 다른 하나는 앞선 분석 작업을 토대로 규방가사의 '글하기' 전략의 근간과 환경을 이해하는 작업이며(Ⅲ장의 논의), 또다른 하나는 규방가사의 '글하기' 전략이 갖는 의미를 살펴 '소통의 수사학'을 지향하는 규방가사의 의의를 성찰하는 기회를 갖는 일이다(Ⅳ장의 논의).

이러한 관심사는 대상자료의 실상을 주목한 연구자의 문제의식에서 촉발되었던 것으로, Ⅴ장에서는 문제의식의 출발점을 재확인하고 논의성과를 요약하는 것으로 결론을 대신하고자 한다.

1.

규방가사 논의의 반성적 지점을 주목하여 다음의 세 가지 사항을 정리하였다.

첫째, 규방가사를 고전시가문학의 주변부로 보려는 경향을 반성하는 일이 우선되어야 한다는 점이다. 작품마다의 질적인 성취에 관심을 두기보다는 작품군으로 뭉뚱그려 획일적으로 보기 쉬웠던 그간의 경향에서 탈피하여, 문학사의 전개과정에서 문학의 양적 확산 이상의 의미를 부여할 수 있는 시각을 갖고 이를 실천해내는 작업이 필요하기 때문이다.

둘째, 규방가사의 문학성을 살피되 여성적 글쓰기의 맥락으로만 집중하여 보는 경향을 반성할 필요가 있다는 점이다. 규방가사를 고전시가문학의 주변부로 보려는 경향은 다른 한편으로는 여성문학의 범주로만 제한하는 태도와도 연결되어 있고, 이는 규방가사의 실상을 여성적 글쓰기 일변도로만 파악하려는 편향성으로 연결되기 때문이다.

최근에는 남성 작 규방가사 혹은 남성과의 교류 양상에 대한 주목과 결과 보고 역시 꾸준히 이어지고 있는 만큼 규방가사 논의를 '여성'이라는 키워드만으로 제한하는 것은 규방가사의 이해를 편협하게 하는 것일 수 있으며, 규방가사의 다대한 작품세계를 여성만의 글쓰기 환경에서 이루어진 여성적 작품으로만 이해하기 어려운 지점을 통찰할 필요가 있다.

셋째, 규방가사의 자료적 실상을 볼 때 초창기 논의에서 제시한 유형별 논의에 집중하여 다대하고도 다양한 자료적 실상을 효율적으로 직면하지 못하고 있음을 반성할 필요가 있다는 점이다. 이러한 유형분류는 규방가사의 대체적 특징을 파악하는 데 효율적인 방편이 되지만, 다른 한편으로는 전형적 틀을 전제로 삼는 만큼 작품의 실상 파악에 있어 전형적 특징만을 우선적으로 강조하는 경향이 있을 수 있기 때문이다. 따라서 유형별 전제에 구속되지 않은 상태에서 보다 다양하고 새로운 유형적 특징을 찾고 그 의미를 다채롭게 부여하는 과정적 이해가 필요할 것이라 생각하였다.

연구자는 규방가사의 작품론을 지속적으로 진행하면서 다대하고도 다양한 규방가사의 세계에 매료되었고, 이러한 자료적 실상을 제대로 보여주기 위해 오랜 기간 선학들이 쏟은 노고에 깊이 감사하고 있다. 또한 규방가사가 고전시가에서 작품 창작과 향수의 실상을 보다 다양하고 구체적으로 관찰할 수 있는 훌륭한 텍스트이며, 그래서 더더욱 흥미로운 주제를 가진 다양한 연구관점이 필요하다는 문제 제기에 충분히 동의한다.

이에 연구자는 '글하기' 전략을 주목하는 이유로 다음과 같은 두 가지를 제시하였다.

첫째, 규방가사의 전승환경에 대한 존중이라는 측면이다. 일찍이 이정옥은 규방가사의 작가의식에 주목하여 작가의식 표출에 관한 섬세한 작업을 시도하여 향유자 연구에 관한 탁월한 논의성과를 제시하였다. 최근에는 수집된 규방가사 자료들을 정리하여 『영남 내방가사』라는 제목의 자료집으로 집대성하기도 하였다. '글하기' 개념을 주목한 최초의 논의이자 중요한 선행연구가 될 수 있는 이정옥의 연구 성과는 규방가사의 표현미학에 관심을 두고 있는 연구자의 문제의식을 첨예하게 다듬는 데 중요한 시사점을 주었다.

특히, '글하기'라는 용어를 중심으로 규방가사의 전승환경을 살핀 결과 조남이, 성춘식 등의 구술채록자료를 정독함으로써 규방가사의 '글하기' 전략을 주목해야 하는 보다 구체적인 근거를 마련하게 되었다. 그리고 텍스트의 표면적 이해를 넘어 그 이면에 놓인 규방가사의 향수상황에 대한 공감대를 형성하는 데 노력할 수 있었다. 현재진행형으로 지속되는 규방가사 연구에서 텍스트 자체만을 보기보다 텍스트에 부여하는 향수자들의 의식과 가치를 아울러 보는 것이 필요하다는 문제의식을 되새길 수 있었다.

둘째, 규방가사의 자료적 실상에 대한 주목이라는 측면이다. 규방가사는 원래 문자문학의 형태이지만, 향유되는 과정에서 낭송의 방식이 첨가되어 이른바 '글하기'로서 존재하게 되는데, 이 과정에서 구술문학의 특성을 띠기도 한다. 이때 구술의 과정에서 작품의 변형이 많이 생겨나고 이것을 다시 필사하는 과정에서 작품이 양적으로 많아지게 되었다. 즉, 낭송과 필사의 유통방식은 다양한 다수의 작품이 생산되고 변형되고 향수되는 과정에 깊게 관여하면서 규방가사 성행의 간접적 역할을 하였고, 이것은 또한 필사하는 과정에서 필사자의 창작의 욕구를 자극함으로서 새로운 작자와 작품이 탄생하게 하는 원동력으로 작용하여 규방가사 성행의 직접적인 역할도 하였다고 한다.

이 연구에서 '전략'이라는 용어가 생소함에도 이를 동원하여 규방가사의 '글하기' 전략을 주목하는 이유는, 이를 통해 규방가사의 문학성을 보다 역동적으로 이해할 수 있기 때문이다. 규방가사의 자료적 실상에서는 유형간 접점을 이루면서 다양하게 펼쳐지는 작품양상들이 다양하게 펼쳐지고 있어, 규방가사의 적층성을 주목하되 텍스트마다의 개별성을 파악하는 새로운 접근방식이 필요하다고 생각한다.

이러한 문제의식을 토대로 연구자는 규방가사의 자료 수집과 검토 작업을 통해 규방가사 연구에서 의미 있게 살피고 싶은 몇 가지 지점을 설정하였으며, 이 작업의 구체적인 지향점을 두 가지로 나누어 설명하였다.

그 하나는, 텍스트 상에 구현된 '규방가사를 짓는다/글하기'라는 것의 양상을 구체적으로 살피는 작업이다. 이를 통해 규방가사 창작 및 향수의 인지적 과정을 추론할 수 있으리라 기대한다. 이러한 관심은 Ⅱ장('글하기' 방법의 실현 양상) 부분에서 다루고자 하는 내용으로, 크게 '구성적/의미적/표현적' 차원으로 나누어 구체적인 양상을 분석하는 일이다.

다른 하나는, 규방가사는 필사와 낭송 등의 다양한 향수과정을 통해 자연스럽게 변형 텍스트를 생산하면서 양적 팽창을 보이고 있는데, 이러한 과정을 보다 논리적으로 규명하는 작업에  박차를 가하는 일이다. 이를 통해 문자문학 일변도의 평가기준으로 우열(優劣)을 가르는 상대평가의 방식에서 탈피할 수 있으리라 기대하였다.

연구자는 Ⅱ장에서 행한 작업을 토대로 Ⅲ장('글하기' 전략의 근간과 환경에 대한 이해) 부분에서는 '글하기' 전략의 근간과 환경적 특성을 살펴보았다. '글하기' 전략의 근간으로 텍스트의 유동성이라는 측면과 '창작/필사/향수' 행위의 중첩성이라는 측면을 주목하였는데, 이는 '글하기' 환경이라는 것이 문식성의 사회화 과정에 대한 관심을 바탕으로 협동학습의 이념을 배경으로 하고 있기 때문이다.

2.

규방가사의 '글하기' 전략이 구체적으로 실현되는 양상을 구성적 차원과 의미적 차원, 그리고 표현적 차원으로 나누어 고찰하였고, 논의 결과를 요약하면 다음과 같다.

우선, 구성적 차원의 전략에서는 동일한 작품명으로 존재하는 작품군마다 공통요소의 비중을 조절하는 방식을 주목하는 작업이 중요하였다. 대상자료마다 '서사-본사-결사'로 구성되는 선조적 구성을 기본틀로 삼는다는 점에서는 공통적이나, 작품군 유형은 크게 '일대기적/탈(脫)-일대기적/논리적' 구성으로 세분화할 수 있다. 본사 부분에서 각기 일대기적 시간구성을 담거나, 특정 행사의 내용을 담거나, 규범의 항목을 나열하는 논리적 전개방식을 취하는 식의 차이가 드러나고 있기 때문이다.

이런 유형화가 중요한 이유는 규방가사 텍스트의 외양이 비슷해보이지만 그럼에도 변별력을 갖게 하는 지점을 파악할 수 있었기 때문이다. 대상자료를 통괄하여 해당작품군의 분포도를 따진 결과 '일대기적 구성〉탈-일대기적 구성〉논리적 구성'의 순서로 비중의 크기가 드러났다. 이는 기왕의 논의에서 다양하고 다대한 규방가사의 자료적 실상을 주목하면서 계녀가류 규방가사의 영향력에 무게중심을 두었던 것과는 다소 상이한 결과라 할 수 있다.

이러한 내용을 토대로 또다른 구성전략 중 하나로 시간성의 두 축을 설정하고 있음을 주목하였다. 시간성의 한 축은 작품내 설정된 시간성을 말하며, 다른 한 축은 필사 및 향수상황에서 유지되는 시간성을 말한다. 작품단위별로는 작품군마다 설정된 구체적인 상황마다를 포커스로 삼아 집중적으로 조명하는 방식을 취하고 있는데, 이를 '장면화된 시간성'으로 특징화할 수 있었다. 규방가사에서는 시간적 표지가 다양해지면서 작품단위별로 단락화가 이루어지고 있는데, 특히 여자의 일생 중 기억의 재생이 용이하거나 강렬하게 각인된 경험, 예를 들어 '신행-석별-계녀' 등의 항목은 장면화의 방식을 동원하여 그때 그 상황을 소상히 묘사하려는 경향을 보이고 있었다.

그리고 심정적으로 몰입이 큰 장면일수록 '나'와 '너'의 관계성이 강화되고 있었는데, 추상화된 문자로 서술하기보다는 일상적인 대화체로 '그때 그곳'의 현장에 그대로 있는 듯 복기해내는 식으로 작품이 형상화되고 있기 때문이다. 따라서 이본별로 심정적 차원의 몰입이 가능해지면서 이본별 편차 역시 커지고 있었다.

또한, 규방가사에서 '제목'은 여타 작품군과 중첩되는 모티프를 변주하여 기왕의 작품군들과 변별될 수 있도록 방향을 조정하는 역할을 수행하고 있었다. 특히 〈사친가(자탄형)〉나 〈석별가〉의 경우에서처럼 비교적 길지 않은 시간대를 다루느라 작품간 소재가 중첩될 소지가 큰 경우에는 이런 측면에서의 배려가 훨씬 커지고 있음을 주목하였다. 이들 작품군에서는 선조적 구성의 기본틀을 공유하되 해당작품에서 다루는 시간적 거리가 '신행' 혹은 '근친' 시점까지만으로 제한되면서 '석별' 혹은 '사친'의 주제가 부각되고 있다는 점에서 제목 설정은 시간성을 조절하는 중요한 요소로 작용하였다.

다음으로, 의미전략의 차원에서 의사소통의 욕구 발현이 이루어지는 양상을 주목하였다. 한 작품에서 청자(또는, 독자)의 세분화에 따라 달라지는 작품내 단위규모를 분석함으로써 의사소통의 맥락화가 내용의 생성과 조직이라는 양 측면에서 어떻게 이루어지는지를 고찰하였다. 독자와의 관계성을 유지하는 방식은 돈호법의 활용과 관련되어 있었다. 규방가사에서는 대개 "세상사람들아/부녀들아/동류들아" 등과 같이 서두를 시작함으로써 돈호 대상의 일관된 적용 범위를 설정하고 있다. 돈호법의 활용은 독자의 범위를 다단계로 · 다양하게 · 부분적으로 확대하는 장치로 작용한다.

이를 토대로 개별 체험을 공유하려는 의지가 세대를 아우르는 동류의식이나 딸 둔 사람 일반으로의 공감대 등으로 발산되고 있음을 확인하였다. 규방가사는 혼잣말처럼 보이지만 항상 대타적인 면모를 기반으로 하는 의사소통의 범주를 설정하다는 점에서 의사소통의 욕구를 발현하는 적극성으로 해석할 수 있다.

또한, 하나의 작품에 청자(혹은, 독자)를 세분화하는 양상은 의미전략의 차원에서 '의사소통의 욕구 발현', '독자와의 관계성'을 분석하는 지점으로 부각되었다. 이는 그 사람(들)과 '대화'를 나누고 싶어 한다는 지향적 의미를 갖는다는 점에서 그 바탕에 대외적인 성향이 깔려있음을 파악할 수 있었다. 청자 설정의 다양화와 돈호법의 활용 등을 통해 청자(혹은, 독자) 설정의 통일성이나 일관성을 유지하기는 어렵게 되었지만, 이것이 오히려 규방가사에서는 작품에 대한 감정이입 내지 몰입이 용이해지는 효과로 연결된다. 이를 통해 면대면(面對面)으로 밀착된 관계를 유지하면서 경험과 정서를 공유하는 효과를 갖게 됨을 확인할 수 있었다.

마지막으로, 표현적 차원에서 이형태의 양상을 분석하는 작업은 담론 공유를 토대로 어떻게 표현하는가를 주목하기 위함으로 규방가사의 표현 전략을 추적하는 것으로 연결된다. 표현 전략의 차원에서는 다음과 같은 세 가지 양상을 주목하였다.

그 하나는 표현상의 가감변이를 허용하는 양상을 주목하는 것으로, 표현상의 가감변이를 자유롭게 허용하여 동일한 제목의 필사본이라 하더라도 표현적 차원에서 이루어지는 다양한 변이의 지점들을 확인할 수 있었다. 따라서 규방가사 텍스트에서 필사 작업은 필사자의 차원에서 사소하고도 개별적인 변이가 허용됨으로써 정해진 텍스트의 저본에 맞춰 정확한 표기를 목표로 단지 베끼는 데 그치는 '소극적 행위'가 아니라, 필사자의 감정과 의도가 자유롭게 개입되는 '적극적 행위'라는 의미를 부여할 수 있게 된다.

다른 하나는 오류 혹은 혼용에 대하여 무감각한 양상을 살피는 것으로, 이는 필사상의 오류, 혹은 오기(誤記)에 대한 무감각과도 연결되었는데, 그렇다고 작품 독해나 주제 전달에 큰 방해를 주거나 지장을 초래하는 것은 아니라는 점을 주목할 만하였다. 또한, 서로 다른 작품군 간 동일한 부분을 공유하는 이형태의 양상에서는, 동일한 내용임에도 표현상의 가감첨삭이 이루어지고 있어서 단순히 보고 베끼는 차원에 머물기보다는 보다 적극적으로 두 작품의 문맥과 상황에 맞게 해당 부분을 융통성있게 조정하고 있다고 해석하였다.

표현 전략의 차원에서는 율조 조성을 통해 감정의 조절이 이루어지면서 해당되는 작품단락에 보다 집중하는 양상 또한 주목하였다. 이른바 aaba식 율조의 표현을 활용하여 장면화된 상황에서 심정적 차원의 몰입을 강화하고 있었는데, 이러한 율조 조성의 기대치는 '신행-석별-계녀' 등과 같이 심정적 차원의 몰입이 강하게 이루어지는 작품단락에서는 매우 빈번하게 이루어지고 있음을 확인할 수 있었다.

3.

앞선 부분의 논의를 통해 규방가사의 '글하기' 전략이 어떠한 근간을 이루는지를 살피고, 이를 통해 '글하기' 환경에 대한 이해를 정리할 수 있었다. 논의 결과를 요약하면 다음과 같다.

우선, '글하기' 전략의 근간으로 텍스트의 유동성이 중요한 역할을 하고 있음을 주목하였다. 이형태의 양상이 다양하고도 포괄적으로 형성되면서 동일한 제목임에도 이본별 분량 차이가 존재하였고, 이는 규방가사의 작품세계에서 다양하고 다대하게 존재하는 이본 생성의 동력을 파악하는 것으로 연결되었다. 곧, 선조적 구성의 기본틀을 취한다는 점에서 대개의 작품들이 외양은 비슷해보이지만 표현상의 가감 변이를 거치면서 변이의 폭이 조절되며, 후반부에 이르면 저마다의 필사기록을 덧붙임으로써 무기명작임에도 사유화(私有化)되는 과정을 거치는 것으로 정리할 수 있었다.

다음으로, 이본 생성의 기본 동력으로 쓰기의 자동성과 통제성이 영향을 끼치는 국면을 주목하였다. 다른 제목임에도 동일한 부분을 공유하는 변이상이 허용되는 사례만 보더라도 규방가사의 '글하기' 전략이 폐쇄적이기보다는 개방적인 토대에서 이루어지고 있음을 확인할 수 있다는 점에서, 이를 통해 규방가사의 '글하기' 전략이라는 것이 '글쓰기'라는 제한된 개념에서 벗어나고 있음을 확신하게 되었다.

'글하기' 전략의 또다른 근간으로, '창작/필사/향수' 행위 간에 이루어지는 중첩적 양상을 주목하였는데, 이는 규방가사의 작품세계에서 특징적 국면으로 지적되는 탈(脫) 기명성의 의미를 추적하는 것과 연결되었다. 읽고 쓰고 말하고 듣는 상황의 복합성이 작품 창작에 관여하는 국면들을 분석한 결과, 텍스트를 저본으로 베끼는 과정이라 해도 저마다 '짓거나, 쓰거나, 베끼거나' 하는 의미를 중복적으로 부여하고 있으며, 이를 통해 규방가사의 텍스트마다에는 오랜 세월 적층된 시간의 흔적을 담게 됨을 확인할 수 있었다.

규방가사의 텍스트에서는 당면한 단락마다 설정된 장면화된 해당시간대에 집중하게 되면서, 선조적 구성의 기본틀에서 시차의 혼효·기억의 재생·창작과 향수까지의 중첩성이 발생되었다. 또한 고정적 요소를 토대로 전형성을 담보하되 이형태의 양상이 개방적으로 허용됨으로써 규방가사의 향수자들은 기명성의 부담없이 저마다 소소한 변이상을 담은 텍스트를 양산할 수 있었던 셈이다. 창작의 과정은 아니지만, 이러한 의식을 토대로 완성된 텍스트는 사소한 표현의 가감변이를 동반하여 필사자마다에게는 유일무이한 텍스트가 되고 있음을 주목하였다. 규방가사 텍스트는 유동적인 텍스트로 존재하면서 작자명이 불필요해지는, 필사자가 개인적으로 보유 가능한 텍스트로서의 면모가 커지게 됨을 이해하게 되었다.

이를 통해 '글하기' 환경에 대한 이해를 정리하면 다음과 같이 요약할 수 있을 것이다.

우선적으로 주목할 사항은 규방가사의 '글하기' 행위가 개인적 활동인 동시에 사회적 활동이라는 사실이다. 쓰기능력이란 필자와 독자 간에 상호작용적으로 이루어지는 일련의 의사소통 행위들의 연속체인 '문제-해결' 구조라 할 수 있다. 기왕의 논의에서는 규방가사 텍스트를 주로 개인적인 차원에서 이루어진 '글쓰기'의 결과물로 접근하였는데, '글하기' 전략의 근간을 주목한다면 개인적 차원의 능력도 중요하지만 타인과의 협동적 사고를 통한 과정적 모색도 중요한 요소가 될 수 있다.

따라서 '배우기'를 강조하는 문식성의 사회화 과정에 대한 관심이 중요해지게 되는데, 분석결과를 요약하면 다음과 같다. 규방가사의 '글하기' 전략은 기본적으로 규방가사의 향수상에 학습적 의의를 부여하고 있음을 보여주는 국면으로, 규방가사 텍스트에 표현된 바를 통해 독서 환경이 조성되어 있으며, 무엇보다 '글씨쓰기' 연습을 권장하는 상황이 '글하기'를 능숙하게 습득하는 기본전제가 되고 있음을 확인하였다. 규방가사 텍스트에서 산견되는 표현 등을 통해 '쓰다'라는 행위가 '베끼다'라는 행위와 동급으로 인식되고 있으며, 글을 읽고 글씨를 베껴 쓰는 환경이 충분히 일상적으로 가능함도 확인하였다. 이를 통해 규방가사를 어떻게 배우는가 하는, '글하기' 환경에 대한 일차적 이해를 충분히 도모할 수 있게 되었다.

이러한 환경적 여건에서 짐작되는 바들은 규방가사의 '창작/필사/향수' 상황에 동원되는 다양한 협력 지점들이 충분히 나열되고 있다는 점이다. 규방가사 텍스트에서도 서신의 왕래, '책(베껴)쓰기'나 '편지쓰기 방법' 등이 자주 언급되고 있는데, 이러한 일상적인 문식성의 활동상을 통해 고부간, 여성간, 세대간에 어떤 식으로든 교류하고 협력하는 유대감이 형성되고 있음을 파악할 수 있었다.

다음으로, 규방가사에 기명 표기작이 적다는 사실은 규방가사 텍스트가 구비문학에서와 같이 작가명을 기록하지 않는 관습을 보편적으로 허용한다는 의미이며, 그 허용범위는 자료개관에서 보다시피 상당히 광범위하게 이루어지고 있었다. 그리고 이러한 배경에는 '협동' 작업으로 이루어지는 텍스트 형성에 대한 구성원들의 이해와 동의가 전제되어 있는바, '고립된 필자'의 경우와는 다르게 '집단내 필자'의 쓰기 작업은 서로간에 구두로 텍스트를 확장하는 작업이 이루어지고, 텍스트에 대한 반응과 피드백 역시 구성원으로부터 보다 실제적으로 얻게 되기 때문이다.

따라서 규방가사에서 '글하기'라고 하는 것이 문식성의 성장에 필수적으로 요구되는 의사소통의 환경적 요인이 되고 있음을 살필 수 있었다. 규방가사 텍스트를 일람하면 이미 성인이 된 기혼여성의 입장에서 신행을 맞는 어린 처녀들을 상대하는 어법을 쉽게 볼 수 있는데, 이러한 측면은 특히 계녀가의 향수방식 논의에서 '내려주기'라 칭하는 습속과 맞물리는 국면이다. 무엇보다 규방가사에서 이루어지는 협동과정은 쓰기 과정에서 서로 참여하고 주제를 정하는 등 긍정적인 사회환경을 조성하는 데 영향력을 발휘할 수 있다는 점에서, 규방가사를 배우고 익히며 도와주는 일련의 과정들이 어떻게 이루어지는가를 살필 수 있었다.

'글하기'를 실천하는 과정에서 발휘되는 협동학습의 배경적 토대를 점검하는 일은 '글하기'라는 것이 기본적으로 개인적 차원의 범위를 넘어서 실현되는 쓰기 행위임을 주목한 결과로, 이러한 관심과 배경적 토대가 규방가사의 향수상황에서 '글하기'의 구체적인 동인으로 작용하여 실천력을 증대시킨 것이라 생각하였다.

4.

규방가사 연구의 초창기에 보고된 자료에 의하면, 영남지역의 부녀자들이 규방가사를 창작하고 향수하는 이유는 자신의 창작 작품에 대한 애착심 · 타인의 작품에 대한 공명심 · 문학적 교양에 대한 자랑 · 선친의 필적을 기념하거나 보존하려는 욕구 · 창작방법을 배우고 후손에게 가르치려는 욕구 · 화전 놀이때 가져가거나 한가할 때 혼자서 즐기기 위한 욕구 등과 같이 매우 다양하였다. 규방가사의 존재의의를 '교양인'에 대한 의미지향에서 찾고자 하는 것은 이렇게 규방가사의 '글하기' 전략이 '교양인'으로서의 글쓰기가 실현되는 과정과 방법을 대변하는 것이기 때문이다.

이 논의의 최종적인 귀착점 역시 규방가사의 '글하기' 전략이 어떻게

'교양인'을 지향하는 의미가 되는지를 살피는 것에 주어져서, 연구자는 규방가사의 '글하기' 전략을 통해 '교양인'의 의미지향이 실현하는 양상을 두 가지 측면에서 살펴보았다. 그 하나는 규방가사에서는 '계녀' 항목이 필수적으로 삽입된다는 점을 주목하여 이러한 요소가 필수적으로 요청되는 배경을 살피는 일로, 이는 '부녀됨'의 자격에 대한 관심의 증폭과도 연결되었다. 다른 하나는 교훈의 전달이 교양의 측면과 자연스럽게 결합되면서 교양인의 면모를 보여주는 지점을 살피는 일로, 인간답게 사는 것에 관심을 가지며 고상한 삶의 가치를 지향하려 한 향수층의 의욕을 읽을 수 있었으며, 이는 결국 '사람됨'의 덕목에 대한 관심의 증폭으로 연결되었다.

이러한 논의를 통해 '경계적 지점에 놓인 몇 가지 시사점'을 탐색하는 작업이 남아있음을 논의의 전망으로 제시하고자 하였다.

첫째, 가사 장르의 측면에서 여타 장르와는 다른 규방가사의 특수한 국면을 주목하는 일이다. 규방가사의 창작 및 향수의 상황은 기왕의 연구자들이 행해온 평면적 독해방식으로는 해결되지 않는 역동적인 국면이 있으며, 무엇보다 현재진행형으로 지속되고 있다는 점에서 해석의 지평을 넓혀야 할 당위성을 지닌다.

둘째, 규방가사의 '글하기' 전략은 글쓰기 개념의 다양화와 현실 적응력을 보여주는 표본이 될 수 있다는 점에서 디지털 시대로 대표되는 오늘날의 환경에서 글쓰기 · 매체 환경 · 교육과의 연관성을 따지는 작업이 필요하다. 예컨대, 현재까지도 왕성하게 지속되고 있는 규방가사의 창작 · 전승 양상을 볼 때 문화콘텐츠의 활용 · 전통의 실천적 계승 · 고전문학 이해의 기반 확대 등과 같이 고전문학에 거는 기대치를 연계하여 그 의의를 살릴 지점을 모색할 수 있을 것이다.

# 참고문헌

## Ⅰ. 자료


강전섭, 「홍씨부인 계녀사에 대하여」, 『어문연구』 5, 대전어문연구회, 1967.

경상북도, 『傳統文化의 脈』, 경상북도 교육위원회, 1987.

권영철, 「부여노정기 연구」, 『국문학연구』 4, 효성여대, 1972.

권영철, 「쌍벽가 연구」, 『상산이재수박사회갑기념논문집』, 1972.

권영철, 『규방가사1』. 한국정신문화연구원, 1979.

권영철, 『규방가사 : 신변탄식류』, 효성여대출판부, 1985.

권영철, 『규방가사연구』, 이우출판사, 1980.

권영철, 「규방가사에 나타난 신변탄식류 연구」, 『효성여대문제연구』 10, 1981.

권영철, 『규방가사각론』, 형설출판사, 1986.

김성배, 『주해가사문학전집』, 집문당, 1961.

김원국. 「무아계 가요 연구」. 석사논문, 홍익대, 1990. 6~20면.

노태조, 「교주금행일기」, 정훈출판사, 1992.

성옥련, 『한국규방가사연구』, 1962.

영천시 간행위원회, 『규방가사집』, 영천시, 1988.

유지천. 「귀녀가」. 『어문논집』 4권. 안암어문학회, 1960. 134~143면.

이선자, 『안동의 내방가사』 1 · 2, 도서출판 한빛, 2002.

이신성, 「협천화양동파평윤씨가규방가사해제」, 『어문학교육』 11, 한국어문교육학회, 1989.

이재수, 『내방가사연구』, 형설출판사, 1976.

이정옥, 『영남 내방가사 1』, 국학자료원, 2003.

이정옥, 『영남 내방가사 2』, 국학자료원, 2003.

이정옥, 『영남 내방가사 3』, 국학자료원, 2003.

이정옥, 『영남 내방가사 4』, 국학자료원, 2003.

이정옥, 『영남 내방가사 5』, 국학자료원, 2003.

이정옥, 『내방가사의 향유자 연구』중 자료편, 박이정, 1999.
이종숙 외편, 「내방가사자료」, 『논총』 15집. 이화여대 한국문화연구원, 1970.
임기중 편, 『역대가사문학전집』 1 - 50권, 여강출판사, 1992.
임기중 편, 『한국가사문학주해연구』, 아세아문화사, 2005.
조애영, 『은촌내방가사집』, 금강출판사, 1971.
조애영 · 정임순 · 고단, 『한국현대내방가사집』, 당현사, 1977.
진동혁, 「공인 남원 윤씨의 명도자탄사 연구」, 『단국대 논문집』 19, 1985.
최강현. 「귀녀가(貴女歌)를 살핌」. 『어문연구』 26. 1995. 411~427면.
홍재휴, 「전의이씨유문고(절명사)」, 『국어교육논지』 1, 대구교대, 1973.
최송설당, 『송설당집』, 조선인쇄주식회사, 1922.
최태호 편, 『교주 내방가사』, 형설출판사, 1980.

## Ⅱ. 논저

강전섭, 「홍씨부인 계녀사에 대하여-기호 내방가사의 一関로서-」, 『어문연구』 5집, 충남대 어문연구회, 1967.
경상북도 · 국립민속박물관 공편, 『경북의 민속문화』, 국립민속박물관, 2009.
고순희, 「가사문학의 문체적 특성- 반복과 병렬의 문체」, 『한국문학논총』 27, 2000.12.
국제문화재단 편, 『한국의 규방문화』, 박이정, 2005.
권재성, 「규방가사 수신가 연구」, 동국대 석사학위논문, 2004.
김도규, 「규방가사연구- 여성의식의 변화를 중심으로」, 경희대 석사논문, 2000.
김병국 외, 『조선후기 시가와 여성』, 월인, 2005.
김성례, 「여성의 자기 진술의 양식과 문체의 발견을 위하여」, 『또하나의 문화』 9, 1992.
김수경, 「신변탄식류 규방가사 〈청상가〉를 통해본 여성적 글쓰기의 의미」, 『고전여성문학연구』 9집, 2004.
김연숙 · 이정희, 「여성의 자기발견의 서사, 자전적 글쓰기」, 『여성과 사회』 8, 1997.

김옥희, 「조선조 사회의 여사서를 중심한 여성교훈서의 내용 분석에 관한 연구」, 동아대 박사학위논문, 1986.
김용숙, 「내방가사에 나타난 여성의 결혼에 대한 의미」, 『이화여대여성학논집』 13, 1996.
김원국, 「무아계 가요 연구」, 홍익대 석사학위논문, 1990.
김정화, 「여자초학과 계녀가의 비교 연구」, 경북대 석사학위논문, 1994.
김종순, 「규방가사 신변탄식류에 나타난 담론양상과 지향의식」, 『한성어문학』 21, 2002.
김진명, 「가부장 담론과 여성억압-내훈서 및 의례서의 분석을 중심으로-」, 『아세아여성연구』.
김창현, 『한국문학에 나타난 가족과 공동체』, 도서출판 제이엔씨, 2004.
김철호, 「규방가사와 여성의 자아의식- 신변탄식류를 중심으로」, 부산외국어대 석사논문, 1993.
김학성, 『한국고전시가의 정체성』, 성균관대 대동문화연구원, 2002.
김현인, 「내방가사연구」, 전남대 석사학위논문, 1991.
김현자 외, 『한국여성시학』, 깊은샘, 1999.
김혜순, 「여성적 글쓰기에 대한 단상」, 『문학동네』 2000 봄-겨울.
나임윤경, 『여자의 탄생』, 웅진지식하우스, 2005.
나정순, 「규방가사의 문학성과 여성인식」, 『한국고전시가문학의 분석과 탐색』, 역락, 1995, 251-277면.
나정순, 「가사와 여성성의 문제」, 『우리 문학의 남성성 · 여성성』, 월인, 2001.
나정순 외, 『규방가사의 작품세계와 미학- 유명씨의 작품을 중심으로』, 역락, 2002.노규호, 「조선후기 교본성 가사 연구」, 홍익대 박사학위논문, 1997.
노명완 · 이차숙, 『문식성 연구-읽기 · 쓰기에 대한 교육 · 심리학적 분석-』, 박이정, 2002.
노명완 외, 『문식성 교육 연구』, 한국문화사, 2008.
돈암어문학회 편, 『한국문학과 가족 이데올로기』, 푸른사상, 2007.
박경주, 『규방가사의 양성성』, 월인, 2007.
박무영, 「여성 한시의 시세계」, 『한국고전여성의 세계』 1, 이화여대 한국어문학연구, 1998.

박수밀, 『18세기 지식인의 생각과 글쓰기 전략』, 태학사, 2007.
박애경, 『한국고전시가의 근대적 변전과정 연구』, 소명출판, 2008.
박연호, 『교훈가사 연구』, 다운샘, 2003,
박연호, 「놀이공간에서의 문학적 금기위반과 그 의미」, 『어문연구』 50집, 2006.
박연호, 「애정가사의 구성과 전개방식」, 고려대 석사논문, 1993.
박영순 외, 『우리 옛집 이야기-한국 전통주택의 실내공간-』, 열화당, 1998.
박은경, 「여성가사의 갈등해소와 그 의미」, 경북대 석사논문, 1999.
박진임, 「비선형적 서술구조, 여성적 글쓰기의 한 가능성」, 『내러티브』창간호, 한국서사연구회, 개마고원, 2000.
박춘우, 「규방가사의 글쓰기 방법 연구」, 영남대학교 박사학위논문, 2007.
박혜숙, 「한국여성의 자기서사」, 『여성문학연구』 7, 2002.
백기숙, 「내방가사에 나타난 여성의식 연구」, 단국대 석사논문, 1991.
백순철, 「문답형 규방가사의 창작환경과 지향」, 고려대 석사논문, 1995.
백순철, 「규방가사의 작품세계와 사회적 성격」, 고려대 박사논문, 2001.
사재동, 「내방가사연구서설」, 『한국언어문학』 2집, 한국언어문학회, 1964.
서영숙, 『한국여성가사연구』, 국학자료원, 1996.
서영숙, 「가족의 변경에 서서 부르는 노래」, 한국고전여성문학회 편, 『한국고전문학 속의 가족과 여성』, 월인, 2007.
서영숙, 『조선후기 가사의 동향과 모색』, 역락, 2003.
성무경, 『가사의 시학과 장르실현』, 보고사, 2000.
손직수, 「조선시대 여성 교훈서에 관한 연구」, 성균관대 박사학위논문, 1981.
신경숙, 「규방가사, 그 탄식 시편을 읽는 방법」, 『국제어문』 25집, 국제어문학회, 2002.
신은경, 「내방가사와 페미니즘」, 『고전시 다시읽기』, 보고사, 1997.
신은경, 「조선조 여성텍스트에 대한 페미니즘적 조명- 내방가사를 중심으로」, 『석정 이승욱선생 화갑기념논총』, 1991.
송재연, 「계녀가사의 구성 양상과 서술특성」, 서울대 석사학위논문, 2000.
양지혜, 「계녀가류 규방가사의 형성에 관한 연구」, 이화여대 석사학위논문, 1998.
양태순, 「규방가사에 나타난 한탄의 양상」, 『한국시가연구』 18집, 한국시가학회, 2005.

염능용, 「조선시대의 여성교육에 대한 일고찰-여성교훈서의 내용을 중심으로-」, 성균관대 석사학위논문, 1984.
윤택림, 『(문화와 역사 연구를 위한) 질적연구방법론』, 아르케, 2004.
이경화, 「조선조 여성의 문학생활 연구 시론」, 『한국학보』 100, 2000.
이광규, 『한국 가족의 구조 분석』, 일지사, 1975.
이동영, 「규방가사의 전이에 대하여-안동지방의 그 일예」, 『논문집』 10, 영남공업고등전문대학교, 1973.
이동찬, 『가사문학의 현실인식과 서사적 형상』, 세종출판사, 2002.
이배용 외, 『우리나라 여성들은 어떻게 살았을까』 1, 청년사, 2000.
이병민.「리터러시 개념의 변화와 미국의 리터러시 교육」, 『국어교육』 117(2), 2005.
이숙인, 「유학의 가족사상」, 한국고전여성문학회 편, 『한국고전문학 속의 가족과 여성』, 월인, 2007.
이순구, 「조선시대 가족제도의 변화와 여성」, 한국고전여성문학회 편, 『한국고전문학 속의 가족과 여성』, 월인, 2007.
이순형, 『한국의 명문종가』, 서울대출판부, 2002.
이원주, 「가사의 독자」, 『조선후기 언어와 문학』, 한국어문학회, 형설출판사, 1982.
이원주, 「잡록과 반조화전가에 대하여」, 『한국학논집』 7집, 계명대학교 한국학연구소, 1980.
이임하, 『계집은 어떻게 여성이 되었나』, 서해문집, 2004.
이재수, 「女子 自歎歌 硏究」, 『동양문화연구』 2집, 경북대 동양문화연구소, 1975.
이재수, 『내방가사연구』, 형설출판사, 1976.
이재승, 『글쓰기 교육의 원리와 방법 : 과정 중심 접근』, 교육과학사, 2002.
이정옥, 『내방가사의 향유자 연구』, 박이정, 1999.
이정옥, 「내방가사의 청자호명의 기능과 사회적 의미- 영남의 내방가사를 중심으로」, 『어문학』 78, 2002.
이정옥, 「내방가사 향유자들의 문명 인식과 그 표출 양상」, 『현상과 인식』 4, 한국인권사회과학원, 2002.
이정옥, 「경북여성의 글하기」, 경상북도 · 국립민속박물관 공편, 『경북의 민속문화』, 국립민속박물관, 2009.
이혜순, 『한국 고전 여성문학의 세계』, 이대 출판부, 1998.
이혜순, 「열녀상의 전통과 변모 - 삼강행실도에서 조선후기 열녀전까지」, 『진단학보』 85, 진단학회, 1998.
이혜순, 『조선시대 열녀담론』, 한국고전여성문학회, 월인, 2002.
이혜순, 『한국고전 여성작가 연구』, 태학사, 1999.
이혜순 외, 『한국 고전 여성작가 연구』, 태학사, 1999.
이혜순, 『조선조 후기 여성지성사』, 이화여대 출판부, 2007.
전경욱 외, 『한국여성문화사1』, 숙명여대 아시아여성연구소, 2004.
전성기, 『인문학의 수사학적 탐구 : 언어학 · 번역학 · 수사학』, 고려대학교출판부, 2007.
전현숙, 「규방가사와 현실인식- 신변탄식류를 중심으로」, 강원대 석사논문, 1993.
정길자, 「규방가사에 나타난 결핍과 실현의 심리적인 성격」, 숙명여대 석사논문, 1993.
정길자, 「규방가사의 사적 전개와 여성의식의 변모」, 숙명여대 박사논문, 2002.
정순목, 『조선시대의 교육명저 순례』, 배영사, 1991.
정재호, 「규방가사에 나타난 말의 아름다움」, 『한글』 214, 1991.
정창권, 「미시적 관점으로 본 한국여성사」, 한국고전여성문학회, 2000.
조강희, 「영남지방의 혼반연구」, 『민족과 문화』 2, 정음사, 1988.
조금주, 「여성가사의 표현의 특성과 그 변모양상에 관한 연구」, 연세대 석사논문, 1994.
조동일, 『한국문학통사』 3. 지식산업사, 1984.
조상우, 『고전산문의 발견과 활용』, 보고사, 2007.
조선영, 「계녀가류 가사와 여사서」, 『한국문학연구』 22집, 동국대 한국문학연구소, 2000.
조세형, 「가사의 시적 담화 양식」, 『한국국어교육연구회 논문집』 59, 1996.
조세형, 「가사를 통해본 여성적 글쓰기, 그 반성과 전망」, 『한국고전여성문학연구』 12집, 한국고전여성문학회, 2006.
조성숙, 『어머니라는 이데올로기-어머니의 경험세계와 자아찾기』, 한울아카데미, 2002.

조한숙, 「우암선생 계녀서의 수필성 연구」, 이화여대 석사학위논문, 1976.
최강현, 『가사문학론』, 새문사, 1986.
최규수, 「홍씨부인 계녀사에 나타난 자전적 술회의 글쓰기 방식과 의미」, 『규방가사의 작품세계와 미학』, 역락, 2002.
최규수, 「김대비훈민가의 말하기 방식과 가사문학적 효과」, 『규방가사의 작품세계와 미학』, 역락, 2002.
최규수, 「대학생을 위한 고전시가 교육의 몇 가지 키워드」, 『한국고전연구』 15집, 한국고전연구학회, 2007.
최규수, 『고전시가 연구의 전망과 모색』, 도서출판 다운샘, 2007.
최혜진, 『너는 나의 딸이라 : 계녀약언, 규훈문학 연구』, 역락, 2004.
하상규, 「규방가사 석별가라에 대하여」, 『동아어문논집』 1집, 1991.
한국고전여성문학회 편, 『고전문학과 여성화자, 그 글쓰기의 전략』, 월인, 2003.
한국고전여성문학회 편, 『한국고전문학 속의 가족과 여성』, 월인, 2007.
한국여성문학학회, 『한국 여성문학 연구의 현황과 전망』, 소명출판, 2008.
한 명, 「규방가사의 형성과 변모양상 연구」, 전주대 박사학위논문, 2001.
한 명, 「규방가사에 나타난 여성의 근대의식」, 『인천어문연구』 17 · 18, 2002.
한정선. 「21세기 교사를 위한 멀티리터러시 교육」, 『교육과학연구』 31(3), 2000.
한정희, 「내방가사 연구 - 자탄류를 중심으로」, 전남대 석사논문, 1992.
허왕욱, 「규방가사와 조선 후기 여성의 자아 정체성 찾기」, 『한국어문교육』 12, 한국교원대학교 어문교육연구소, 2003.
홍형욱, 『한국 주거사』, 민음사, 1992.
황재군, 「규방가사의 사상적 배경 연구」, 『국어교육』, 1982.
황재군 · 김경남 · 문복희 공편, 『한국문학과 여성』, 박이정, 1997.

Crosswhite, James, 『이성의 수사학 : 글쓰기와 논증의 매력』, 오형엽 역, 고려대학교 출판부, 2001.
Eco, Umberto, 『글쓰기의 유혹』, 조형준 역, 새물결, 1994.
Flower, Linda, 『글쓰기의 문제해결 전략』, 원진숙 외 역, 東文選, 1998.
Jett-Simpson, Mary, 『생태학적 문식성 평가』, 원진숙 역, 한국문화사, 2004.
Richardson, Laurel, 『질적 연구에서의 글쓰기 전략 : 다양한 독자에게 다가가기』,

손행미 외 역, 군자, 2009.
Vygotsky, Lev Semyonovich, 『사회 속의 정신 : 고등 심리 과정의 발달』, 양서원, 2000.
Williams, Joseph M, 『논증의 탄생 : 글쓰기의 새로운 전략』, 윤영삼 외 역, 홍문관, 2008.

# 찾아보기

**최 규 수(崔圭穗)**

이화여자대학교 국문과 및 동 대학원 졸업(문학박사)
현재 명지대학교 방목기초교육대학 교수

**주요 논저**

『송강 정철 시가의 수용사적 탐색』
『19세기 시조 대중화론』
『고전시가 연구의 전망과 모색』
『규방가사의 작품세계와 미학』(공저)
「대학생을 위한 고전시가 교육의 몇 가지 키워드」 등이 있다.

choiks@mju.ac.kr

**규방가사의 '글하기' 전략과 소통의 수사학**

**발행일** _ 2014년 2월 20일 초판
**저 자** _ 최규수
**발행인** _ 유병진

**명지대학교출판부**

서울특별시 서대문구 거북골로 34
**전 화** (02) 300-1740
**팩 스** (02) 300-1742
**등 록** 제 9-25호 1969. 10. 15
**제 작** 네오프린텍(주)

ISBN 978-89-7335-377-4 93090
값 25,000원